佛藏經講義

——第九輯

平實導師　述著

ISBN 978-986-99558-0-5

佛法是具體可證的，三乘菩提也都是可以親證的義學，並非不可證的思想、玄學或哲學。而三乘菩提的實證，都要依第八識如來藏的實存及常住不壞性，才能成立；否則二乘無學聖者所證的無餘涅槃即不免成爲斷滅空，而大乘菩薩所證的佛菩提道即成爲不可實證之戲論。如來藏心常住於一切有情五蘊之中，光明顯耀而不曾有絲毫遮隱；但因無明遮障的緣故，所以無法證得；只要親隨眞善知識建立正知正見，並且習得參禪功夫以及努力修集福德以後，親證如來藏而發起實相般若勝妙智慧，是指日可待的事。古來中國禪宗祖師的勝妙智慧，全都藉由參禪證得第八識如來藏而發起；佛世迴心大乘的阿羅漢們能成爲實義菩薩，也都是緣於實證如來藏才能發起實相般若勝妙智慧。如今這種勝妙智慧的實證法門，已經重現於臺灣寶地，有大心的學佛人，當思自身是否願意空來人間一世而學無所成？或應奮起求證而成爲實義菩薩，頓超二乘無學及大乘凡夫之位？然後行所當爲，亦不行於所不當爲，則不唐生一世也。

——平實導師

如聖教所言，成佛之道以親證阿賴耶識心體（如來藏）爲因，《華嚴經》亦說**證得阿賴耶識者獲得本覺智**，則可證實：證得阿賴耶識者方是大乘宗門之開悟者，方是大乘佛菩提之眞見道者。經中、論中又說：證得阿賴耶識而轉依**識上所顯真實性**、**如如性**，能安忍而不退失者即是**證真如**，即是大乘賢聖，在二乘法解脱道中至少爲初果聖人。由此聖教，當知親證阿賴耶識而確認不疑時即是開悟眞見道也；除此以外，別無大乘宗門之眞見道。若別以他法作爲大乘見道者，或堅執**離念靈知**亦是實相心者（堅持意識覺知心離念時亦可作爲明心見道者），則成爲實相般若之見道内涵有多種，則成爲實相有多種，則違**實相絕待**之聖教也！故知宗門之悟唯有一種：親證第八識如來藏而轉依如來藏所顯眞如性，除此別無悟處。此理正眞，放諸往世、後世亦皆準，無人能否定之，則堅持離念靈知意識心是眞心者，其言誠屬妄語也。

——平實導師

目次

自序

《佛藏經》之所以名爲「佛藏」者，所說主旨即以諸佛之寶藏爲要義。諸佛之寶藏即是萬法之本源——如來藏，《楞嚴經》中說之爲「如來藏妙眞如心」，《入楞伽經》卷七〈佛性品〉則說：「大慧！阿梨耶識者名如來藏，而與無明七識共俱，如大海波常不斷絕，身俱生故；離無常過，離於我過，自性清淨。餘七識者心，意、意識等念念不住，是生滅法。」大略解釋其義如下：

【所謂阿梨耶識（通譯阿賴耶識）又名如來藏，含藏著無明種子與七轉識種子，並與所生之無明及七轉識同時同處，和合相共運行而成爲一個五陰有情。七轉識與無明相應而從如來藏中出生，每日運行不斷；意根每天一早促使意識等六心生起之後相續運作，與意識等六心和合似一，看似常住而不斷之心，其實是從如來藏中種子流注才出現的心，就是一般凡夫大師說的「清清楚楚明明白白」的心，早上睡醒再次出生以後，就與處處作主的意根和合運作看似一心。這七識心的種子及其相應的無明種子，每天同時從如來藏中流注出來，猶如大海波一般「常不斷絕」，因為是與色身共俱而出生的緣故。如來藏離於無常的過失，是常住法，不曾剎那間斷過；無始而有，盡未來際永無中斷或壞滅之時。如來藏亦離三界我等無常過失，迥無我見我執或我所執；其自性是本來清淨而無染污，無始以來恆自清淨，不與貪等六根本煩惱及其餘隨煩惱相應。其餘七轉識都是心，即是意根、意識與眼等五識，即是面對六塵境界時清楚明白的前六識，以及處處作主的意根；這七識心與無明種子都是念念不住的，因為是從如來藏中流注這七識心等種子於身中才有的，當色身出生以後，意根同時和合運作，意識等六識也就跟著現行而與色身同在一起，所以是與色身同時出生而存在的。而種子是剎那剎那生滅的，以此緣故說意根與意識等七個心是生滅法。若是證阿羅漢果而入無餘涅槃時，由於我見、我執、我所執的煩惱已經斷除的緣故，這七識心的種子便不再從如來藏流注出來，死時就不會有中陰身，不會再受生，便永遠消滅了，亦因此故是生滅法。】

在三種譯本的《楞伽經》中，都不說此如來藏心是第八識（第八識是通俗的說法），而是將此心與七轉識區分成二類，說如來藏一心是常住的，是出生「意」與「意識等」六識者，也說是出生色身者，不同於七識等心。所援引的上開經文，亦已明說如來藏「離無常過，離於我過，自性清淨」；從如來藏中出生的「餘七識者心，意、意識等」，都是「念念不住，是生滅法」。這已經很明確將如來藏的主要體性與七轉識的主要體性區分開來：一是能生，一是所生，能生與所生之間互相繫屬；能生者是常住的如來藏心，沒有三界我的無常過失，沒有我見我執等過失，自性是清淨的；所生的七識心，是念念生滅的，也是可滅的，有無常的過失，也有三界我的我見與我執等過失，是不清淨的，也是生滅法。

今此《佛藏經》中所說主旨即是說明此心如來藏的自性，名之爲「無名相法」或「無分別法」，仍不說之爲第八識，而是從各方面來說明此心；並且希望後世仍有業障而無法實證佛法的四眾弟子們，未來世中都能滅除業障而證得解脫及實相智慧。以此緣故，先從「諸法實相」的本質來說明如來藏，兼及實證此心者於實證前必須留意避免的過失，才能有實證的因緣；若墮邪見或誤導眾生，並有犯戒不淨等事者，將成就業障；於其業障未滅之前，縱使未來歷經無量無邊不可思議阿僧祇劫，奉侍供養隨學九十九億諸佛以後，仍無實證之可能。以此緣故，釋迦如來大發悲心，首先於〈諸法實相品〉廣釋實相心如來藏之各種自性，隨即教導學人如何了知惡知識與善知識之區別。善於選擇善知識者，於解脫及諸法實相之求證方有可能，是故以〈念佛品〉、〈念法品〉、〈念僧品〉中的法義教導，令學人以此為據，得以判知何人為善知識、何人為惡知識，從而得以修學正確的佛法，然後得證解脫果及證入諸法實相，發起本來自性清淨涅槃智，久修之後亦得兼及二乘涅槃之實證，再發十無盡願而起惑潤生乃得以入地。

若未慎擇善知識，誤隨惡知識者（惡知識表相上都很像善知識），不免追隨惡知識於無心之中所犯過失，則未來歷經無數阿僧祇劫奉侍九十九億佛之後，於解脫道及實相了義正法仍無順忍之可能，欲求佛法之見道即不可得，遑論入地。以此緣故，世尊隨後又說〈淨戒品〉、〈淨法品〉等法，教導四眾弟子們如何清淨所受戒與所修法。又為杜絕心疑不信者，隨即演說〈往古品〉，舉出過往無量無邊不可思議阿僧祇劫前 大莊嚴佛座下，苦岸比丘等四人為惡知識，執著邪見而誤導眾生，成為不淨說法者；以此緣故與諸眾生相牽流轉生死，於人間及三惡道中往復流轉至今，反復經歷阿鼻地獄等尤重純苦及餓鬼、畜生、人間諸苦，終而復始、受苦無量之後，終於來到 釋迦如來座下精進修行，然而竟連順忍亦不可得，求證初果仍遙遙無期；至於求證諸法實相而入大乘見道，則無論矣！思之令人悲憐，設欲助其見道終無可能，對彼諸人助益無門，只能待其未來甚多阿僧祇劫受業滅罪之後始能助之。

如是警覺邪見者之後，世尊繼以〈淨見品〉、〈了戒品〉而作補救，期望以此二品能轉變諸人的邪見，勸勉諸人清淨往昔熏習所得的邪見，並了知清淨戒之所以施設的緣由而能清淨持戒，未來方有實證解脫果與佛菩提果的可能。如是教導之後，於〈囑累品〉中囑累阿難尊者等諸大弟子，當來之世以善方便攝受諸多弟子，得能清淨知見與戒行，滅除往昔所造謗法破戒所成之業障，而後方有實證之世到來。由此可見 世尊大慈大悲之心，藉著舍利弗尊者之因緣，在與舍利弗對答之時演說此實相法等，期望後世遺法弟子得能滅除業障而得證法。普察如今末法時代眾多遺法弟子，精進修行仍難遠離邪見與邪戒，求證解脫果及佛菩提果仍將難能可得，令人不覺悲切不已，是故將此經之講述錄音整理成書，流通天下，欲以利益佛門四眾。

佛子 **平實** 謹誌

於公元二〇一九年 夏初

第九輯：

《佛藏經》卷上

〈念法品〉第三（延續前一品未完內容）

這就是說，學佛時最大的盲點是要把虛妄的變成眞實，不知道虛妄的永遠虛妄，眞實的本來就眞實。因爲有生的法將來必滅，只有本來就沒有出生過的一直都存在，祂才能夠永遠無生，永遠無生才能永遠無滅。但世間人不懂這個道理，所以那一神教常常在電線桿上掛著牌子：信上帝得永生。就沒有哪個佛教徒把它加個註腳——一世又一世不斷地死。永生當然要永死，因爲有生之法必定會死，所以不離生滅性；凡是已經出生的將來必定會壞，這個道理要是想通了，就不會把離念靈知當作眞如。因爲他會想：「父母沒有生我以前，我這個覺知心在哪裡？父母生了我以後，我什麼都不懂，如果我這個覺知心是上一世來的，那我應該一出生就要趕快看，一時還沒看到媽媽，先看到醫生就該先說：『醫生！辛苦您了！』」要先道謝，雖然人家是賺錢的，也要道謝。然後醫生終於幫你處理好、包好了，送到媽媽胸前來，你這時候終於才看到，就得開口說：「媽媽！辛苦您了，好感謝您，十月懷胎很辛苦！」因為你意識是從上一世來的啊。

可是你要真是道謝了，父母一定說：「這一定是個魔。」所以洋人寫了《聖經》都還不知道自己的問題，還到處宣揚得永生。有智慧的人就告訴他：「那你就一世又一世不斷地死吧。」但是佛門中不要這樣的永生。如果這個覺知心是從上一世來的，是同一個，就表示這個覺知心是常住法，能通三世；常住法就不必藉緣來生起，可是這離念靈知假使五勝義根出問題，就不能生起，這離念靈知就中斷了；假使沒有六塵，這離念靈知也不能生起，這就很清楚的證明離念靈知心依他而起；依他而起的就是生滅法，不可能是常住法。

可是外道們都不懂，中國人比外道們聰明很多倍，中國人會想到這一點：「假使我這覺知心是從上一世來的，和此世是同一個覺知心，可我沒辦法解釋為什麼我生下來什麼都不懂。我在上輩子就算再怎麼笨，也會知道這是媽媽、這是爸爸，為什麼我這一世出生時什麼都不懂？」後來就想了個辦法把它解決掉：「因爲人死後要先去喝孟婆湯才能投胎，喝了孟婆湯什麼都忘了。」就把這個問題解決了。你們看中國人聰明吧，好聰明啊！再看臺灣民俗，有老人家過世，弄了兩臉盆裝了水，中間跨了個木板，說那叫作奈何橋，然後道士在那邊鏗鏗鏘鏘繞著走，要大家投錢：「這叫作買路錢，父母才可以過奈何橋；到了閻王老子那邊喝了孟婆湯才能去投胎，沒喝就不能去投胎。」

當年我悟後大概二、三年，我那丈母娘在桃園過世；因爲他們不信佛，那時我也沒有名氣，我要是說了他們也不信；我只是女婿，不是兒子，因此我就不講話。但道士在那邊弄那個奈何橋，說個孟婆湯，在那邊唱啊跳啊；那時臺灣還沒有一千元紙幣，但有五百元的紙幣；道士就是一張嘴亂扯，家屬總是會擔心老人家能不能眞過得奈何橋，能不能再去投胎，都擔心；道士花言巧語在那邊一直唱著，看家屬投的錢少，老是投銅板，他們就開始講一些話；然後就有家屬開始投五十元的銅板。我看道士誑唬迷信的家屬，看不下去，一個人到旁邊納涼去，不參加那個繞奈何橋；最後我大舅子果然投了五百元紙幣，一張又一張不曉得投了幾張，他信了就投錢。我說：「那叫作奈何橋？人間哪來那麼多的奈何橋？」以後都可以人間過橋了。

這就是說，不懂正法的佛門大法師心想：「我這個覺知心是從上一世來到這一世的，只要離念回復到像嬰兒剛出生那樣，什麼妄想都沒有，那就是開悟了，叫作返本還原。」聽過吧？對啊！但如果要這樣講的話，那證量最高的就是嬰兒，邏輯就是如此。但是從世間相來看，嬰兒還不算是證量最高的，證量最高的應該是蚯蚓、細菌，因爲牠們更加沒有妄想雜念；因爲外道他們認爲妄想雜念越少、越笨的就是證量越高的，他們就是沒有想到這個覺知心如果是上一世來的，爲什麼出生了都不懂？中國人聰明有想到這一點，知道這個大問題要設法解決，所以發明了孟婆湯的說法。

因此假使有人提出這個質問：「覺知心既然是上一世來的，我上一世幹了什麼行業賺了多少錢，如何孝養父母，如何撫養子女，我總該記得吧？就像今天早上醒來記得昨天晚上幾點睡覺，但爲什麼我都不記得前世的事？」中國人聰明，說：「因爲你喝了孟婆湯就忘了，沒有喝孟婆湯你就不能投胎，就不得不喝啊！」這一講還眞有道理，所以有很多中國人到現在還信孟婆湯的說法。可是我說他們那些人都喝過孟婆湯，但咱們無始以來都沒喝過；因為我們知道識陰六個識是這一世才出生的，不是從上一世轉生過來的，當然不記得上輩子的事；除非你修得宿命通，可以從如來藏那些種子去瞭解到往世的事情，否則你這個意識無法瞭解過去世的事。

既然意識是這一世新生的心，不從前世來；有生必有滅，就是生滅法，不應想要把生滅法變成不生滅法。因為生滅的法既然已經生了，將來必滅；是將來必滅的法，你再怎麼修練，時候到了還是要壞，修練是無用的。所以不會壞的本來就在，祂不曾出生過；因為祂本來就在，沒有生過，以後就不會有滅的時候，才是常住法。那你覺知心可以有世間法的智慧，有世間法的智慧就可以修學出世間法，乃至修學世出世間法，因此你可以擁有出世法的智慧；但是你這個出世法的智慧要根源於一個本來無生的法，叫作「**無名相法**」、「**無分別法**」，又名第八識如來藏、阿賴耶識。你要去把第八識如來藏找出來，因為你這個生滅的覺知心不可能無中生有，一定要依於眞實法才能出生；這個生滅的心既然是生滅的，不可能經由修行翻轉過來變成不生滅的；因為已經生了，已經出生是事實，不可改變；既然不能改變，就表示不可能變成無生的，這不是你要實證的標的。你要用已經生了將來必滅的覺知心，來求證自己本來就有的，從無始劫以來不曾生過，祂本來就在的那個如來藏，要把祂找出來。

找出來以後你這個五蘊開始有智慧了(有明)，滅掉一部分的闇，悟後無妨五蘊身心繼續有明有闇；但是你找到那個常住的、本來就在的、從來無生的如來藏，祂本身依舊「無闇無明」；你要從祂身上找到無明，找不到；要從祂身上找到智慧光明，也找不到；所以如來藏不在闇與明兩邊，因此祂「無闇無明」，所以世尊說「無闇無明」聖教，因爲這個聖教不可推翻。那我們繼續有闇有明，一世又一世延續，這一世五陰壞了，但是意根和如來藏繼續去到下一世；由意根的作意使如來藏入胎又出生了五蘊，又繼續進修，這樣一世一世次第成佛。

所以學佛人的大盲點就是不懂得實相與生滅法並行存在的道理，因此被假名善知識大法師們所誤導，大家跟著努力打坐修定，說那叫作參禪修禪；不然就像一位大法師生前叫人家打禪七，他有過二、三次在打禪七時叫人家看話頭，怎麼看呢？就在座位上坐著，然後問自己：「我是誰？我是誰？我是誰？」我聽到了笑不出來；本來是應該笑的，因爲太荒唐，可是我笑不出來。因爲像他這樣問自己是誰，正是無明的表現；問到天荒了、地老了、海枯了、石爛了，依舊問不出一個名堂，所以他最後也只能抑鬱而終。這就是說，我每一本書出版後寄給他，他沒有吸收正法道理；我說得很明白：「用我們這個生滅的覺知心來尋找另一個同時存在的不生滅心。」可是他捨報前大概六、七年都還在教人家打禪七，都還在教人家：「問問看我是誰？要弄清楚我是誰？」

那我要請問諸位了，譬如一顆蘋果你把它切一半，這兩半是不是蘋果？再對切成四塊還是蘋果，你把它攪爛了依舊是蘋果。那我色身與覺知心正是五陰，再怎麼分析成細微的狀態也還是五陰，弄到最後我是誰？我就是五陰啊！那不是白費事兒？何苦來哉！所以我書上講的他沒有吸收。我說的是：你這個生滅法的五陰好好去參禪，要找出你身中本來就在的另一個心叫作如來藏。可是他不信這一點，所以直到他死後，他們寺院的網站上面—好像第三頁—都還在講邪見；第一頁還說有如來藏，吸引人家進去讀，結果讀到第三頁時說「如來藏是方便說」，意謂沒有如來藏這個心可證；怪不得他會教弟子們打禪七問：「我是誰？」問來問去，問到最後終究還是五陰的我，這個我有什麼好自問的？

你總不能夠把蘋果不斷的砍、不斷的切，最後能切出一根香蕉來吧？不可能啊！因爲它的本質是蘋果，不是香蕉，香蕉是本來就是香蕉，不會是由蘋果提煉變成的。所以你不可能從五陰裡面去分析出某個部分成爲如來藏，絕對不可能；如來藏是跟五陰在一起，而且是五陰未出現以前就存在而能出生五陰的心，不應該藉修行而想要把五陰的某一個部分或五陰的全部變成如來藏，不該把生滅性的五陰中的一部分修行變成不生滅的法，那是永不可得的事。所以末法時代大法師們陷入這個盲點中，不知道自己瞎了眼，繼續摸索還四處張揚說「我是明眼人」；可是人家一看就說，他根本都要用摸索的，就知道他是瞎子。

所以這個五陰不可以期望修行之後會變成「無闇無明」的境界，因爲有的人愚癡，他想：「我就打坐，坐到忘了明也忘了闇，這樣就是開悟了。」如果這樣可以叫作開悟，我還有更簡單的方法——睡覺就好了。眠熟時有明有闇嗎？什麼都沒了，那不是每一個人都開悟了？有誰生來沒睡過覺的？何必那麼麻煩，還要在那邊盤腿苦熬著想：「爲什麼還不敲引磬？」不需要那麼辛苦，床上躺著睡覺去，更乾脆！而且比坐在那邊「悟境」更高，因爲坐在那邊都還有自己在，繼續有明也有闇；但睡著了闇也無、明也無，我也無、無我也無，全部都無，不是更徹底嗎？

所以他們沒有突破這個盲點，因爲落在六識論裡面，所以我說印順的六識論害人不淺；宗喀巴的《菩提道次第廣論》也是六識論，同樣害人不淺，多少人法身慧命死在那上面。我記得初學佛時在農禪寺，那時在禪坐會辦公室，有人在流通那本《廣論》，我翻一翻，沒興趣。按道理說，求悟的人對那一本書應該很有興趣，可是我沒興趣；人家在那邊討論時，我連聽都不想聽，根本不想去理解。可是有一位法師說到《瑜伽師地論》，我一聽，耳朵就尖了！那時還沒有破參，有一次在一個書攤看見藍紙皮的線裝書，總共差不多有這麼厚，大概六、七冊，就這麼大一套，看見了立刻買回家；可是讀不懂，眞的讀不懂，所以第一冊讀了三分之一，只能掩卷嘆息，眞的沒辦法讀懂。後來有一次去看我一位高中時代的老師，因爲他是國文老師，他的國文太棒了，我就帶去送給他，我說：「我看不懂，聽說這本論太好了。」但是現在想來，他應該也是讀不懂，因爲這得悟了並且發起道種智以後才能讀懂啊！

所以六識論害人不淺，他們想要把妄心變成眞心永不可得。而這「無闇無明」講的是第八識「無名相法」的境界，不是指涉覺知心的境界，不該把有生有滅的覺知心想要經由修行去變成常住的眞實心；有了這個理解，建立了八識論正見，知道五陰都是可壞的，也知道有一個常住的第八識如來藏，又名「無名相法」而與我們五陰同時同處，參禪人只要把祂找出來就好，不必辛苦地在那邊盤腿。早期弘法爲了破他們「以定爲禪」的邪見，我往往會引述六祖的話、以及引述祖師的話：「念佛不在嘴，參禪不在腿。」可是他們終究沒有聽進去，才會一直耽誤下來。

這樣，諸位懂得眞心妄心並行的道理以後，就知道學佛要證悟般若時，是要用這個虛妄的覺知心努力修行參禪，找到另一個同時存在的第八識好兄弟，要把祂找出來，祂叫作如來藏；找到了以後不要自大，因爲你這個兄弟夠當你爺爺的爺爺、的爺爺、的幾十幾千幾萬幾億輩分去了！這樣講都還太客氣，因爲祂很老，根本就是無始。有人嘲笑說：「你們正覺老是要講公案，那個老掉牙的東西，都二十世紀了你們還講。」我說：「雖然老掉牙，可是祂永遠不陳舊。」祂很老當然沒有牙齒，你想祂是無量千萬億不可數的阿僧祇劫的阿僧祇劫倍，過無量無邊的倍數，根本無法計算祂幾歲，連劫都沒辦法計算祂；祂夠老，當然早就沒牙了；可是祂活蹦亂跳，從來沒有老過。

而你這位兄弟把祂找了出來，你稱呼祂說：「兄弟啊！我找你好久了！」祂不回應你。妳們女眾悟後也許說：「老姊啊！妳怎麼不趕快早一點出現，害我辛苦那麼久。」祂不跟妳回應，祂無男無女；祂也不跟妳套交情，因爲祂「無闇無明」。但也不可埋怨祂，禪師有一句話說得很好：「一似八十歲老婆，被三歲孩兒索喚。」翻成現在的話叫作：活像一個八十歲的老婆被三歲的小兒索喚來索喚去、要這個要那個。怪不怪？聽懂了就知道你有入處，聽不懂就知道還沒有入處。面對這個「八十歲老婆」，假使你說：「我今年八十歲了，那祂不是跟我同年嗎？」我可告訴你，八十歲是個譬喻，祂永遠都不跟你同年，因爲祂超越時間想、超越時間相。那八十歲只是個譬喻，如果你今天八十歲了，我轉一句話跟你講：「一似八萬歲的老婆被八十歲小娃索喚。」對八萬歲的人來講，你八十歲只是個小娃兒，算不得什麼。

那你跟祂稱兄道弟沒用，爲什麼沒用？因爲祂「無闇無明」。「無闇無明」

就表示你講什麼祂沒有在聽，沒有在聽就不知道你在講什麼；如果祂有在聽，就有闇有明了。因爲如來藏離見聞覺知，所以你說什麼祂聽不見；祂沒聽見，不是能聽而聽不見，祂沒有聽的功能；祂把聽的功能交給你了，對你夠好了吧？你還埋怨什麼？所以祂不需要聽，由你來聽就好；那祂既然沒有聽，你跟祂套交情，要跟祂熱呼熱呼，祂不知道；那祂知道好不好？不好！祂若能知道，就表示祂是生滅法，祂就有闇亦有明。

所以這個法還眞奇特，「無闇無明」是實相的境界，「有闇有明」是五陰的境界。所以中國有一個寓言講得太好：「渾沌是永遠不死的。」當他不再渾沌時，他就死了。你看這種哲學寓言，西洋人有哪個國家、哪個民族能發明出來？渾沌就是沒有眼耳鼻口等七竅，他就能永遠活著；好朋友說：「你沒有眼睛看不見。」幫他雕鑿，讓他有眼睛看得見；接著幫他打造耳朵，後來眼耳鼻舌身全部都有，七竅都有了，結果他死掉了。爲什麼死掉？因爲不再渾沌啊！有這個哲理，不渾沌，所以渾沌就死了（大眾爆笑…），終於聽懂了。有時我講得太含蓄，你們還是聽不懂。好，這就是「無闇無明」。

實相法界的「無闇無明」境界是不可改變的，而五陰有闇有明的境界也是不可改變的。假使有誰企圖要把實相的「無闇無明」境界變成有闇有明，或者像末法時代這些大法師們，企圖把有闇有明的覺知心轉變成「無闇無明」的實相境界，那都是愚癡人，不論他們再怎麼努力修行，永不可得。

接著說「魔、若魔民所不能測，但以世俗言說有所教化，而作是言：『汝念佛時莫取小相，莫生戲論，莫有分別；何以故？是法皆空，無有體性，不可念一相，所謂無相，是名眞實念佛，所謂無生無滅無相；』」今天要先講到這裡。這是說，世尊接著開示：「無名相法的這個境界，天魔或者他的魔子魔民們所不能猜測，」確實也不能猜測，莫說魔民，釋印順那麼聰明，能夠把經典這樣子斷章斷句取義扭曲成那個樣子，寫出《妙雲集》那些邪書而讓釋昭慧那些人信得服服貼貼地，其餘的大法師們要不是我們出來破斥，他們至今都還在信，那你說釋印順是不是夠聰明伶俐？絕對夠聰明伶俐！但是他披了僧服、出了家，遊心法海八十年，能臆測這個「無名相法」嗎？他根本沒有辦法想像這是什麼境界。他確實夠聰明，所以當正覺評論他時，他永遠不回應；他這個人藉一句俗話說「柿子挑軟的吃」，有一天出來個青柿子，他知道自己啃不動，乾脆不理你，看久後會不會軟了再說；沒想到等了十幾年一直到他往生，這個青柿子依舊硬梆梆，他上了年紀下不了嘴。所以你看，往年好多人罵正覺是新興宗教，現在不罵了，因爲新興宗教只存在十幾年、大不了二十年，現在正覺早就超過二十年了。如果從我弘法，我是民國七十九年年底十一月（一九九〇年十一月）證悟開始弘法算到現在二〇一五年，正覺是晚一點才成立的，但我弘揚正法是一九九〇年就開始的，現在已經有二十五年。這就是說，這個法不是意識藉聰明伶俐思惟所能理解的，再怎麼猜測都沒用，但是卻又必須要講出來；因爲如果不講出來，那麼 佛來人間一趟那麼辛苦就白來了；人天至尊來人間這麼一趟，一定要有很圓滿的成果，所以要把三乘菩提教給大家，而且也有很多人實證，才可以捨離我們而去。

所以這個法一定非常深妙，無法猜測。即使天魔以他的廣大神通，也無法猜測出來，因爲神通不是智慧。除非有誰故意在野外宣講這個妙法，否則天魔聽不到，他無法臆測。不要懷疑我說的這一點，如果天魔可以猜測出來，他就不再是天魔，今天我們弘法就會很順利，因爲他會一天到晚這裡護持、那裡護持。如果天魔悟了一定會來護持，但他來護持時我可慘了，諸位可能沒想到，也不能怪諸位，因爲不在其位不謀其政，但我第一個念頭就是：「糟了，那些大山頭信眾都歸到我這裡來，我怎麼辦？」他們一個一個把大山頭都奉獻給正覺，那我不能沒有回報，這時不是要給累慘了嗎？你想人家一個大山頭每年動不動都是二、三百億臺幣規模，那一大片產業捐了給正覺，我就得要照顧他們所有信徒，這時我不是兩難的局面嗎？

所以有的人說：「那些大山頭爲什麼都不懂得學印宗大師一樣把寺廟捐出來？」我說：「你別想，這事情也要從長計議，不是人家要捐我們就收；我們拒絕了不少寺廟，因爲那都是負擔。」我們要的是合用的弘法場所而不是要財產。但很多寺廟要的是財產，因爲你現在有名氣、徒眾多了，所以才會有這麼一個大山頭，人家才會捐給你；可是你今天能夠有這麼多徒眾，寺廟這麼大，山頭這麼大，表示你年紀也老了；所有寺廟都捐給你，你還能夠掌控幾年？

結果還在那建築硬體上勞心勞力，不是夠沒智慧的嗎？所以有時人家說這個寺院要捐給我，派人去看看，回來說不適合弘法，我就婉謝：「先代我向他謝謝，說我們不便接受。」有的寺廟弄得好好地養蚊子，徒弟也不願意接，因為覺得要經營事業太辛苦，所以徒弟也走了，只剩下一個老和尚住，那我接過來幹嘛？奉養他？然後派人每個月去維修？如果那個寺院弘法時用得著，那我就接受，如果弘法用不著我就不要接受。

也就是說，天魔如果猜得著這勝妙法，那他就會成為菩薩，因為天魔會想很遠，他如果猜到這個法，知道這叫作如來藏，那他會比對經典：「啊！原來如此！」他越讀智慧就越發出生，因為他有神通，有神通也有根本無分別智時，對智慧可以產生幫助；人家想不到的他也可以想到，他所知的層面會比較廣，那他一定就來護持；當他來護持時，咱們還是那句話：「一則以喜，一則以憂。」喜的是正法要弘揚了，要大力復興起來了，有大護法來了！憂的是我有沒有那個體力，在很短的時間幫助很多人實證，才能到處都復興起來，這是個最大的問題了。所以我們從現在來看，天魔有沒有來護持？沒有。這表示他沒有猜到，很容易證明他真的沒有臆想到，所以 佛說「魔、若魔民所不能測」，這也是不二語。

佛又說：「但以世俗言說有所教化，」因為這法太深奧，拿出來示現給大眾時，大眾也看不見，而你說出來的言語已經不是如來藏。「這樣就沒辦

法傳了，那乾脆都不要成佛算了，也不要來人間示現八相成道。」可是不行，得要繼續教化衆生；所以要施設人天善法，接著施設三乘菩提，這樣一一教導。但是光教導，衆生也無法悟入，怎麼辦？所以一定要有「教外別傳」。當年大家跟著 如來時，如來若只是以《般若經》不斷地演述，大家能開悟嗎？不能。如果 世尊不斷開示大家就能悟，那麼現在詳讀《般若經》就等於面聞 如來開示；如果說《心經》太短、《金剛經》太短，或者說《小品般若》還太短，那不然《大品般若》六百卷開示，總該夠多了吧，爲什麼大家讀完好幾遍了都還悟不了？爲什麼釋印順將《阿含經》讀到經本邊邊都起毛了，竟然還錯會、悟不了？表示一定要有「教外別傳」，另外施設一些方便善巧讓弟子們體會到如來藏在哪裡；體會出來以後繼續再講《般若經》時就能聽懂。所以須菩提才能與 如來對話而引生了《金剛般若波羅蜜經》，如果還沒有悟，根本不可能跟 世尊對話。

這表示「**無名相法**」第八識，魔與魔民都不能臆測；但是爲了要讓有緣人可以實證，因此得度生死，當然要用「**世俗言說有所教化**」，所以 如來施設了人天善法、二乘菩提，然後再來講大乘菩提，這是有原因的。但是不論怎麼說，十二分教說完，化緣圓滿了，正是這句話講的「**但以世俗言說有所教化**」，講出來的終究不是眞正的法。諸位可以回想看看，我們講《法華經》時，經中講的「此經」是如來藏，不是在講這本經本，經本就是「**世俗言說**」，目的是對眾生「**有所教化**」。

並且爲了要教化眾生，佛當然就得要開示說：「**汝念佛時莫取小相，莫生戲論，莫有分別；**」這時談到念佛法門，說念佛時不要「**取小相**」。什麼叫作「**小相**」？還記得《金剛經》說的嗎：如果取了釋迦如來的應身如來法相，就是「**取小相**」；即使取了如來的三十二種大人相依舊是「**取小相**」，眞正的大人相是無相，所以才說是大人相；大人相是無相，才是眞的大；只要取了相，那個相就是小，因爲有侷限，有限量，「**取小相**」就表示落在五蘊的相上，所以眞正念佛時不要「**取小相**」。

念佛時也不要產生戲論，如果念佛時是在觀想著如來多麼莊嚴，也叫作戲論；如果念佛時是在想著如來有那麼大的功德，也是戲論；凡是想到如來的悲心、三不護、四無所畏……等，全部都是戲論。因爲這裡講的是實相念佛，當然不要產生戲論，也不要有分別——「**莫有分別**」。

可是從念佛法門中的體究念佛來說，好像有衝突、好像有矛盾。我說的是好像，爲什麼呢？因爲淨土宗古來修念佛法門的人，包括淨土宗那麼多祖師們，爲何證悟的人那麼少？就是因爲念佛時或者「**取小相**」，或者「**生戲論**」，或者「**有分別**」。念佛門中有一個笑話說：「**大念見大佛，小念見小佛。**」這是第一階段的笑話；接著有人讀了淨土宗祖師如此說，他就出來說明：「**大念就是大聲唸，小念就是小聲唸，就只能見到小佛。**」這已經是第二階段的笑話。

唉！我都說他們那樣念佛，遠不如慈航老法師那位當過將軍的徒弟。他那徒弟是將軍退伍下來，以前當上了將軍在沙場馳騁，從大陸轉戰到臺灣，在戰場上殺了多少人，他怕自己沒辦法去極樂世界；眞要沒辦法去時會怎麼樣？可想而知，所以他怕。因此他都是等人家都走了以後關起門來，獨自一個人念佛，他獨自念佛時眞的是鬼哭神嚎，因爲他害怕不能去極樂世界，所以他就聲嘶力竭這樣呼喊哭求：「**阿彌陀佛呀！求您讓我去極樂世界，現在就來接我往生去吧！我不去不行啊！**」他是這樣念佛的，那個念佛心眞叫作懇切。可是從　世尊這個聖教來說，他依舊是「**取小相**」，依舊是「**生戲論**」、

「有分別」。那麼這樣說來，念佛想要求開悟時，究竟是該怎麼念？我先賣個關子，下回分解。

上週最後說慈航法師的將軍弟子念佛時聲嘶力竭求佛接引他立刻往生極樂世界，眞是懇切，這是因爲他懂得佛法以後心中想：「以前帶兵打仗殺了多少人，殺業不可謂不重，既然如此就不要留在這裡，乾脆求生西方極樂世界吧！」因爲去那邊就不會下墮地獄，再不濟也可以得中品下生，最多就是在蓮花寶殿那大蓮花——十二由旬方圓的蓮花寶殿中——繼續待下去，總是不會下墮地獄。所以他每天晚上等信徒們都離開了，一個人在大殿中門窗緊閉念佛；他是怎麼念的？他大聲哭喊：「阿彌陀佛啊！您來帶我去啊！我要去極樂世界啊！阿彌陀佛……」就這樣念，那是用哭喊的方式在念佛。不知道的人會以爲他的精神狀況有問題，因爲他是用哭的、用喊的，那不是像一般人念佛還有一個韻律、一個旋律這樣念；他是用哭的大喊，就喊著：「阿彌陀佛來帶我去啊！趕快來帶我去啊，我要去極樂世界！」這樣喊，喊到聲嘶力竭才去休息，每天晚上都這樣；聽說他身體非常壯，可以忍得這樣子作，否則的話，到了六十歲以後每天晚上這樣哭喊念佛，其實撐不了幾年的；他晚這樣每夜哭喊著求佛，一直到　彌陀世尊接引他往生爲止。

那諸位可以探討一下，像他這樣子念佛，心中有沒有念著佛？有喔？這眞的叫作一心念佛，因爲如果不抓著唯一的救命繩，一鬆手就是地獄，所以他得要這樣子念。那麼這是讓大家瞭解什麼叫作念佛的第一個階段，但一般人念佛時拿著數珠，嘴巴唸一句就撥一個珠子，可是這種念佛是口唸心不念，他覺知心中並沒有在憶念佛，還在想別的事情，只是嘴巴喃喃不停地唸著佛號；你聽他有唸出聲而一直在唸，數珠也一直在撥，可是他心中卻是在打妄想，沒有在想佛，那就不是念佛，在《佛說觀無量壽佛經》下品下生裡面有談到。

那麼像這種一般的念佛人，只能叫作唱佛號，不是念佛。因爲《觀經》的下品下生講的夠白了，只有唸佛號時心中有在想著佛才能叫作念佛。可是像這樣子念佛層次不夠高，應該再往上提升；不要打妄想，一面持唸佛名，同時心中憶念著所唸的那一尊佛，這叫作持名念佛。若是出聲唸慣了，心裡想著佛想慣了，接著往上邁進，可以把聲音給捨了，佛號不再唸出口，佛號只在心中轉，如是繼續想著佛，這叫作「心念心聽」。「心念心聽」一段時間終於可以不起妄想了，這對一般人來講已經夠好了；這功夫已經很好，但是從第一義來講這還還不夠，還差很遠。

接著要再捨；不是一直得，而是要一直捨，捨越多層次就越高。接著要把心中的佛號捨了，可是仍在繼續想著佛；看你想念的是哪一尊佛，那你就想著祂，已經沒有佛號了，也沒有佛的影像、形像，也不對所念的那一尊佛的種種功德作思惟分別；這種念佛的境界對一般眾生來講已經無法想像，我們把它稱為「無相念佛」。他們無法想像，但對諸位來講這是正覺門下的基本功；如果「無相念佛」這個功夫沒有學會，白來正覺了！這就是念佛時一心不亂的淨念相繼功夫。以往聽人家念佛要念到一心不亂，大家都認為作不到，這一生能成就的機會不多；假使有人宣稱可以一心不亂，大家都推斷他一定是上品上生。

可是這功夫在我們會中是基本功，如果沒有這個功夫，說老實話，在正覺學得再多也不會有什麼受用。那麼這無相念佛的功夫修得很好了，可以再提升上來改為體究念佛；但這個體究念佛的功夫更難，因為要配合一個條件，就是先修學般若波羅蜜，否則不懂得如何體究，也得先把無相念佛的功夫轉爲看話頭的功夫。但這個看話頭的功夫很難，莫說一般的學佛人，即使是大山頭的堂頭和尚也不會。所以你們看法鼓山的堂頭和尚，他到臨命終時究竟會不會看話頭？爲何你們這麼有把握搖頭？因爲有證據在，就是黃老師寫的那一本《見性與看話頭》。黃老師在書中列舉了聖嚴大法師對於看話頭的開示，黃老師舉出來以後加以辨正，證明聖嚴法師不會看話頭。

那本書是聖嚴大法師臨命終前親自看過核准的，可是黃老師把它舉出來了：那不是看話頭，那是落在話尾了；而那一本書是他讀過、核准、認可後才出版的。這就表示我寄給他的書他沒有讀好、讀不懂，所以看話頭功夫還不會；這是走遍世界五大洲弘法的大法師，若論五大洲，眞要比起他來，我還眞的不值一提，因爲我走來走去就只是在亞洲，而他走遍五大洲了；我去印度朝禮聖地，那也算是亞洲呀！我這一生只去過印度、日本，沒去過別的地方，現在也沒有想去其他地方；人家可是走遍五大洲的講禪大師，竟然不會看話頭。可是我要請求諸位別小看他，因爲其他大山頭跟他一樣都不會看話頭，他就不算是最差的了。

連看話頭的功夫都不會的人，主持禪七而爲人家印證開悟，被印證的那個開悟要好好照顧著，否則那個寶印一下子就碎了；可是不管你怎麼照顧，拿回到家裡放上三天就長霉了，因為那個寶印是冬瓜做的。所以看話頭這門功夫也不容易，但在我們正覺這也只是基本功，因為禪淨班畢業前就得把這個功夫練成；這功夫之所以重要是因為它是一種動中的定力，如果功夫很好，就是有了很好的動中未到地定，那時只要斷了三縛結證初果，他就是實實在在的證，開悟了就是實實在在的悟。但是有了這個功夫以後來體究念佛，該怎麼體究？要體究「如何是佛？」「佛到底是什麼？」諸位當然知道啊！我們同修會講的佛，就是自性如來第八識，是每一個人都有的自心如來。所以如何是佛？就是無垢識。

那麼人家來問：「如何是佛？」禪師就指示他實證第八識如來藏，但是不許用耳朵聽，要聽得懂禪師的弦外之音。但這個自心如來的實證很困難，所以想要弄清楚諸佛的實際時，一定要先修學般若波羅蜜，否則再怎麼體究也弄不清楚如來究竟是什麼。因此淨土宗有一個法門很有名，但是沒有人敢修，叫作「一行三昧」。這「一行三昧」要是拿來應付那一些自稱開悟的念佛人，非常好用。我講過一個例子，說我二哥從小聰明伶俐，而我是最小的弟弟，排行第五，從小就是笨，我這個腦袋是被他用這樣（導師舉示拳頭中指突出的模樣）敲：「你這麼笨。」這樣敲大的，沒想到他越敲我這個頭越圓，這個最笨的小弟到社會上來，隨便亂闖也闖出一番名堂，那就不提它。

後來我勸他說：「你別再去釣魚了，跟著我走這一條路吧，學佛了。」總算有聽進耳朵裡去；學佛以後，因爲我走的速度太快，我不滿五年就明心、見性，接著就開始寫了書，《眞實如來藏》、《禪—悟前與悟後》，都送給了他，但他老哥不信。有一次新春我帶著孩子去跟他拜年，談起佛法來；那時他也學了七、八年，他那一次跟我說：「你們都說開悟了，你們依據什麼來講開悟？」我說：「現成有經典可以印證。」我不跟他提 世尊夢中印證那件事情，因爲他不會相信的，我就講經典。他說：「那經典已經流傳兩千多年了，你怎麼知道那經典沒有錯誤？」啊？這麼一講，我心中就打消一個念頭，就想：「算了，不用度他，隨緣吧。」

然後他就講：「我還是老老實實念佛，我去極樂世界最穩當了。」我說：「往生去極樂世界，你根據什麼？」他不敢答，我說：「那淨土經典不也是流傳兩千多年了嗎？那你說念佛，我就跟你談念佛。念佛法門中講一行三昧，那裡面的大意是說：『隨佛方所，端身正向，持佛名號，是人即是念中見三世諸佛。』那我問你，過去佛已成佛，現在諸佛已成佛，那未來諸佛尚未成佛，怎麼見？因爲經中明明說『即是念中能見過去未來現在諸佛』，未來諸佛尚未成佛，在這個念佛法門之中是在這一念之中看見了未來諸佛，那你怎麼見？」他這一下答不來了，那我也就不再跟他說什麼，因爲說了也沒用。

這個話題就拉回到這裡來，我們講的是念佛；剛剛講體究念佛，體究念佛要念到實際上眞的見佛，才叫作眞正的念佛——「眞念佛」，這就是持名唸佛的「一行三昧」。我有跟他講的是：「很多大師不敢修這個法門，但是卻也有不少大師有時會講解這個法門，那爲什麼他們看不見未來諸佛？」我說：「因爲他們都誤會了，這個持名唸佛亦名一行三昧，除了事相上講的隨佛方所、端身正向、持唸佛名以外，有個大前提，那個大前提告訴我們說：當先修學般若波羅蜜。這道理就很清楚了。」也就是說，念佛法門中這個「一行三昧」，得要先學般若波羅蜜，《大品般若》六百卷要能讀懂；至少要依文解義讀懂，不是誤會後落到意識境界那個所謂的讀懂。

得要知道學般若的目的就是要證眞如，證眞如時這眞如到底是什麼？而眞如自己的境界又是什麼？這《大般若經》六百卷講的就是從最粗淺的開始講，告訴你說眞如應該怎麼證、眞如的自性是什麼……等，最後轉過來告訴你說：「眞如的境界中什麼都沒有，沒有這個、沒有那個、沒有一切法。」這個知見要先學好，當你把這個般若波羅蜜學好了，看話頭的功夫也有了，這表示慧力跟定力都有了，接著如果你有福德，福德包括什麼？包括護持正法、救護眾生所作的事情作了不少，還包括自己性障有沒有修除；福德也有了，接著就可以修「一行三昧」。

你如果是念 阿彌陀佛，如果住在野外，就空地上坐下來，念「阿彌陀佛」；西方在那邊，就面向西方而坐，然後開始持唸「阿彌陀佛」的佛號，先持六字洪名表示恭敬、表示歸命；你要去極樂世界先得要歸命，沒有歸命就不能去。六字洪名都唸過了，接著就唸四字洪名，一心想著祂，就不再唸「南無」兩個字。那時一直唸著祂的名號、想著祂，速度不必快，就像一般淨土寺院念佛會共修時，都先有六字洪名，然後四字洪名的慢版，接著是四字洪名快版；快版就很快，所以他們都不敲大磬，只用地鐘；就是用地鐘跟小木魚，那就可以唸得快。對我們來講不需要唸快，對他們來講要唸快，讓共修者來不及打妄想，打妄想就跟不上了，所以拼命快；大家爲了要跟得上，就不會打妄想。

但你修「一行三昧」時不用管快慢，你自己覺得合適的速度就可以，直接唱出聲來，一句又一句。這時面向西方而坐，就唸著：「阿彌陀佛！阿彌陀佛！阿彌陀佛……」一直唸下去，這時不叫你想阿彌陀佛，這時要把你所學的般若波羅蜜正見拿出來，一面唸、一面有著般若波羅蜜的作意在。那般若波羅蜜的作意就是告訴你說：「你要把自己的眞如心找出來。」就是把自己的如來藏找出來。就每天這樣唸，唸上三個月，如果還悟不了，就唸三年；三年如果悟不了唸十年；那如果十年悟不了就唸三十年，一直唸下去，總有一天會開悟，除非般若波羅蜜沒有學好。

那如果有個老人家問你說：「我大約再活不到十年，那我現在學這個法門，我的條件都具備了，但是如果這一世還悟不了呢？」你就告訴他：「那好辦，下一世就繼續再唸下去。」對啊！總有一世會悟入。當他唸著唸著突然間會了：「啊！原來如此！」他就知道什麼叫作「佛加持」，這樣就進入證悟的階段，這算是實相念佛的第一個階段明心了，這時重新再讀到經本上說「當先學般若波羅蜜，而後去山林樹下隨佛方所，持佛名號」，他就懂 世尊爲什麼要這樣規定。假使他念的是 藥師佛，那他從山下來到山上，或者從住家來到空曠的地方，他不用轉身，直接面向東方坐下來。

那他出了房子來到空地，念的是 阿彌陀佛，他得轉身面向西方坐下來；每天一定要持名唸佛，如果不持名唸佛，我保證他悟不了。「**一行三昧**」一定要持名唸佛，也要字正腔圓，所以不能唸快。如果唸的是 阿彌陀佛，就是「南無阿彌陀佛」，要這樣唸。六字洪名唸過十百聲之後，改爲四字洪名「**阿彌陀佛！阿彌陀佛！**」要字正腔圓，不許含糊，只要有先學過正確的般若波羅蜜，持唸佛名久了一定會開悟。這一世悟不了，下一世也會開悟的，別怕，悟了再去極樂世界比較好，品位高昇。

縱使沒有悟的人，在正覺學法也有念佛一心不亂的功夫，也學了般若波羅蜜，那時去極樂世界是上品中生，要在那個廣大的十二由旬方圓的大蓮花中——那是一座大宮殿，在那裡度一個晚上。假使現在正好是極樂世界的黃昏，去那裡繼續住一個晚上，一個晚上等於我們這裡半個大劫；如果現在正好是那裡的中午，而在這裡往生了去是上品中生，在蓮花宮殿中要住四分之三個大劫，才可以花開見佛；那四分之三個大劫之後，諸位想想看，這裡賢劫千佛過完了沒？過完了！因爲賢劫千佛只是四分之一個大劫的住劫中才會出現。一個大劫中有成住壞空四個中劫，在這住劫中整整一千佛的示現不過是四分之一個大劫。那你如果在這一世沒悟，發願說：「我要留下來，下一輩子還要再來，進入正覺來繼續求悟；悟了再去極樂世界上品上生。」上品上生者，死後自見己身如彈指頃就到了極樂世界，所以在這裡捨報時自見其身坐金剛臺（那一朵你專屬的寶蓮花裡面的蓮臺是金剛做的），就是上品上生；你才一坐定、蓮花合起來，如彈指頃就到極樂世界，一到立刻花開見佛了。上品中生則是「合掌叉手，讚歎諸佛，如一念頃」，就到達極樂世界，是哪一個比較快？當然如彈指頃比較快。

如一念頃也夠快啊，可是去那裡至少等於娑婆的半個大劫在蓮花裡面享受，聽什麼苦、空、無我、無常、四聖諦、十二因緣、六度波羅蜜多，聽上整整半個大劫。如果別人是上品中生去，那你等下一輩子先悟了才去，等他花開見佛時你已經修到很遠去了，至少是半劫以後才看見你：「咱們在娑婆世界正覺是同修，怎麼你今天證量這麼高？」他會覺得很訝異，但是也沒什麼好奇怪的，這就是說，有了證悟的功德，去到極樂世界 彌陀世尊要教導是很容易的，因爲你在這裡已經先契入了。這就是說，「一行三昧」之所以難修，表示它不是容易的法。

那麼這個念佛法門這麼多的層次，終於到最後體究念佛而把實相念佛的第一個部分先證了，如果有因緣再來一個眼見佛性更棒，實相念佛這兩個階段就全部具足了，這時你來看 世尊開示這一句「汝念佛時莫取小相」，當你證得自心如來時，知道說自己的本質是第八識如來藏，諸佛如來的本質同樣是這個第八識，而第八識如來藏無相；既然無相，你能說祂大或者小嗎？不行。你可別說：「欸！那報身如來在色究竟天宮，比諸菩薩身量更高廣，超過一萬六千由旬，那夠廣大了吧？不會是『小相』啊！」但我告訴你依舊是小相，因爲十方一切世界的報身如來，不以報身的色身爲大，而是以第八識爲大。

所以禪師們在評論別的禪師，或是家裡人相見時都說他們是以大人相相見，誰是大人？對啊！如來藏是大人。你這個色身不管再怎麼大，就算你修到四地、五地不想住人間，去到色究竟天去，一萬六千由旬的身量依舊是小；因爲若不是如來藏眞如心出生了你這個一萬六千由旬之色究竟天身，你什麼都不是。假使祂有因緣說：「你不恭敬，我就讓你消失。」那你就消失了。當然不會有這個因緣，因爲祂不會有這樣的作意，所以才叫作眞如。如果不是這個眞如心出生了色究竟天身，色究竟天身要從哪兒來呢？他什麼都不是。所以一萬六千由旬也不能稱爲大身，依舊要稱爲小身小相，因爲是被生之法；被生的永遠都小，你要不信，去問問一個身高一百九十公分體格健壯、全身肌肉、體重一百二十公斤的大漢，問他說：「是你大還是你媽大？」他媽不過五呎出頭而已，但他一定告訴你：「我媽大。」這個定律是不可打破的。

在人類都是如此，你可別跟我抗議說：「欸！有的不孝子就說，他比媽媽大。」但我告訴你：「那不叫人，因爲那種人不是人，他的果報已經在三惡道，不屬於人類。」凡是人類，不管你身量多大，永遠都比媽媽小。那色究竟天身被媽媽如來藏生了，能大到哪去？想想看，這麼高廣的天身祂能夠把你生出來，祂會比你小嗎？將來你成佛時還要更高大，也是由祂生，祂怎麼可能比你小？所以祂才是大人，你那高廣的色究竟天身依舊是小人，因此沒有哪一位菩薩敢誹謗如來藏啊！這麼一來 世尊開示說：「**汝念佛時莫取小相**，」這道理就明白了。

接著說「**莫生戲論**」，凡是在世間法中有所言說、有所討論、有所思惟的莫非戲論。如果談到二乘菩提出世間法，說是世俗諦；諦，表示是眞正的眞理，所以不叫戲論；進一步來講，第一義諦世出世間法，那更不是戲論。然而從你所證的如來藏來看這一些法，又都是戲論啊！所以你悟了以後，跟著如來藏學法，但祂不跟你說法，因爲祂無戲論。這有沒有矛盾？沒有？諸位好厲害！我這話要是到外面去講，人家會說：「**這蕭平實胡說八道，既然祂不跟你說法，從來無戲論，那你怎麼能跟祂學法？**」如果你去追隨一位大和尚，他從早上起床到晚上睡覺爲止都是雙脣緊閉，嘴張開了只是喝水吃飯，都不說話；寺廟裡面到處貼著「禁語」，那你跟他學到什麼？就學到喝水吃飯，什麼也沒學到，看來他是不跟你戲論的，可是你學不到法。

然而你如果跟著你自己的眞如，祂都不跟你說話，更別說是說法，可是你能夠跟祂學到法，就是這麼怪。如果會外有人問我說：「**緣何如此啊？**」

我就告訴他：「沒有理由，法爾如是；祂從來都不戲論的，所以祂不會跟你講二乘菩提、三乘菩提，因爲講三乘菩提的都是意識心的事。祂又不是意識心，你怎麼能期待祂開口跟你說法？」可怪的是你正因爲如此才可以跟祂學到很多法。所以有時禪師會問：「你從哪兒來？」對方答：「我從江南來。」又問：「水來、陸來？」這參訪的人如果說「水來」，意思是說：「我從水路來。」禪師就問了：「那你有沒有禮拜那個船子？」問他有沒有禮拜那個搖船的船伕。這個禪和子當然要請問，因爲他覺得奇怪：「我堂堂是個僧寶，師父竟然叫我禮拜搖船的船伕？」就問：「爲什麼叫我禮拜凡夫？」沒想到師父說：「是汝善知識。」說他是你的善知識，可怪的是那船伕都沒有跟他開示佛法。

有的船伕更是一臉橫相，看起來就是橫肉，都不跟人家講話的，他只管搖櫓：「到了！錢來！」只有這一句話會講，可他眞的是你的善知識。這徒弟聽不懂，下去思惟了好幾天，想不透，哪天又上來問：「師父！爲什麼您說那船伕是我的善知識？他又沒有爲我說法呀！」沒想到禪師說：「莫道他不說法，他熾然常說。」說他講得很清楚、很分明、很大聲，而且沒有中斷過。怪吧？是很怪，但悟了以後一點兒都不覺得怪，祂雖然都沒有戲論，可是祂熾然常說，一直在爲你說法，悟前如是，悟後亦復如是！所以當你悟了以後，知道什麼叫作戲論。對一般凡夫眾生來講，講世間法就是戲論；對於已經實證的人來講，講了三乘菩提依舊是戲論，這就是說，看清楚自心如來的境界之中沒有絲毫戲論，於是轉依自心如來這麼過日子，該作的去作，事情作完閒著沒事地上一坐、椅子一靠，什麼念頭都沒有，就這麼過日子，日日是好日。不是自己心裡想說：「今天過得很好叫作好日。」不是這樣的，心裡面有事情就不是好日子了。這就是「莫生戲論，莫有分別；」從此以後很篤定看見自己有一個自始至終都不分別的如來藏心，祂永遠眞實而如如，你要祂分別什麼都沒用。

假使哪一天悟後吃飯說：「今天典座煮得一手好菜，過堂之後該去向他讚歎讚歎讚歎。」你開口說：「欸！如來藏！咱們一起去向他讚歎；等我讚歎過了，你也讚歎幾句吧。」老實說，你這個想法沒道理；因爲吃到這麼妙色香味俱全的飯菜是你吃的，那好味兒也是你領受的，祂又沒吃到、沒享受到，祂憑什麼要跟你去讚歎？然而我講的這個話也要放三棒，因爲這叫作分外話。轉依了如來藏以後就言語道斷，還要講什麼話？人家如來藏離見聞覺知，憑什麼跟你去讚歎？可是你也別聽我這麼說就想：「如來藏這麼無情。」我告訴你：祂本來無情。因爲祂沒有這些喜怒哀樂，祂也沒有苦受樂受，所以祂才能是眞如，不然祂如何永遠如如不動。

可怪的是當你走到典座那兒開口讚歎時，如來藏跟你一起開口讚歎。你甭問我爲什麼？也別指著我說：「您講話前後矛盾。」我告訴你：「一點兒都沒矛盾。」如果依舊不信，我就告訴你：三十年後把我講的這言語告訴行家去，因爲保證你三十年後還悟不了。你不信當然悟不了，你得要先信才行。《華嚴經》不是講嗎「信爲道元功德母」，所以我會告訴你說，三十年後把這件事情拿出來告訴行家去吧！還得要去跟行家講？如果三十年後會了，還需要跟人家講嗎？不需要，自己受用了，早通透而沒有疑惑了。

所以如來藏雖然沒有分別，可是祂並沒有不說法，祂熾然常說。所以證悟的人只要不是爲眾生作事時，就是聽祂說法；祂沒有眼睛、沒有鼻子、沒有嘴巴、沒有耳朵、也沒有身體，可是祂很善說法，但祂從來都告訴你第一義諦的究竟法，在演說第一義諦究竟法時卻把世俗法隱藏在裡面一起顯示給你。厲害吧？有誰能夠這麼厲害？放眼所有天下善知識，沒有誰比祂厲害，因為沒有人作得到。你說我啊？我老蕭也作不到，只有祂作得到。所以悟了以後永遠都看見祂是不分別，然後無妨自己繼續分別——你作了無量無邊的分別而祂繼續不分別。那除了道業的進展需要去作分別以外，除了為眾生作事需要去分別以外，其他你就不需要去分別。

所以這時看見一條癩痢狗來，你沒看見狗，真的沒看見，因為你只看見如來藏。看見臺灣的國鳥藍鵲飛過來（藍鵲聲音呱呱呱很難聽，而且好吵，但牠長得漂亮），看見一群藍鵲飛過來，你沒看見藍鵲，只看見如來藏一群飛過來了；所以是祂在跟你說法，但祂沒有分別。你如果轉依了以後不需要分別**「牠是藍鵲，我是人」**，也不需要分別**「牠是癩痢狗，而我是人」**；所以當你到了這個境界時，如實理解 世尊為什麼教導我們說：**「汝念佛時莫取小相，莫生戲論，莫有分別；」**你自己就能夠懂。

但是對一般的學佛人來講，世尊開示後大家聽不懂，得要講解理由，所以說：**「何以故？是法皆空，無有體性，不可念一相，所謂無相，是名真實念佛，所謂無生無滅無相；」**也就是說，這妙真如法——**「無名相法」**、「無分別法」，在祂自己的境界中無任何一法存在。在這個法的境界中一切皆空，祂的境界中沒有五陰、十二處、六入、十八界的任何體性——「無有體性」；明明都說「無有體性」了，竟然末法時代的大法師們(包括附佛外道)，他們偏要拿那個有六識心體性的覺知心，來當作眞正的主人翁。特別是密宗假藏傳佛教，簡直就是跟釋迦如來唱反調，而且是公然的唱；你們看宗喀巴《密宗道次第廣論》、《菩提道次第廣論》中，都說五陰是眞實的，那不就是具足世間法體性或生滅體性了嗎？

密宗假藏傳佛教是附佛外道且不談它，說說正統佛教好了。後山那個比丘尼公然寫在書上：「意識卻是不滅的。」說意識不滅，我很懷疑她到底有沒有世間人的智慧，因為不如醫師；慈濟醫院的醫師們即使沒學佛，也都知道人睡著了意識就中斷；我不曉得慈濟的醫師到慈濟醫院服務以後，如果跟她學佛法，學了以後是否比一般的醫師笨？因為一般醫師都知道睡著或者悶絕了，就說「意識不在了」、「沒有意識了」；所以救護車送患者到醫院時，如果看見病人沒有動轉，急診室的護士接到病患時首先問：「還有沒有意識？」一定先問這句話。意識如果不在了就得趕快要急救；如果意識還在時，就可以按程序來救他。意識不在時首先就是讓他恢復意識，否則休克久了就是死亡。沒有佛法智慧的世間醫師都知道意識是會中斷的，號稱覺悟的「宇宙大覺者」竟然不知道意識會中斷、會斷滅，竟說「**意識卻是不滅的**」。

明明睡著了意識就斷滅，明天早上才會再現起，所以我懷疑她到底有沒有學佛？那她的師父釋印順一樣是自稱成佛的人，所以他的傳記名稱叫作《看見佛陀在人間》，那他主張細意識常住，但細意識依舊是意識啊！所以這一些孫悟空們都逃不出如來佛的手掌心兒，佛在《阿含經》早就講過了：「**諸所有意識，彼一切皆意法因緣生故。**」佛在前面有講過遠意識、現在意識、近意識、粗意識、細意識也都講過了，都是意法因緣生，最後說「**諸所有意識**」同樣是意法因緣生，這一句是一網打盡一切意識，說全部都是意法因緣生；那怎麼可能意識是不滅的？證嚴法師這不是睜眼說瞎話嗎？所以我很懷疑她到底有沒有學過佛。

那麼這一些大法師們顯然都落在五蘊的體性中，五蘊的體性一一具足。也許有人想：「**他沒有學禪又沒有修定，他不懂啦！人家大禪師就不會啊！**」不然你檢討看看，臺灣四大山頭、五大山頭、六大山頭，除了正覺以外，看那些大山頭有哪一個不是講禪、修禪而落在五陰的體性中？一個也逃不掉。如果是大陸的八大修行人，我告訴諸位，他們其實也沒有「大」修行，跟兩岸那些大法師們一模一樣都落在五陰十八界之中，一個也沒有跳脫，同樣都沒有斷我見。所以他們對這樣的經典從來不敢講、不敢註解的，即使是印順亦復如是。

所以「**是法皆空，無有體性**」，說這個法中沒有五陰十八界等體性，所以你找不到祂的境界中有什麼六入、十二處，全都沒有；祂的境界中連三乘菩提都不存在，這才是祂自己所住的境界；你依祂這樣的境界來證了，就具足三乘菩提。這又是一句奇怪的話，祂的境界中沒有一法存在，當然沒有三乘菩提，可是你證得祂以後卻具足三乘菩提，從此以後讀阿含也通，讀般若也通，讀第三轉法輪增上慧學唯識諸經也通；只是通透的程度多少和深淺的差別而已，無有不通的。所以法界是這麼奇特，因此沒有辦法想像。禪師們才會說「**非思量分別之所能到**」，因為祂沒有三界諸法的體性。

既然諸法皆空而沒有諸法的體性，那祂會不會突然想起某一件事、某一個法？永遠不會的。以前有位專門教禪、打禪七的大法師教導人家打坐說：

「打坐有好處，智慧會增長啊！」他舉了個例子說：「譬如說有時候坐著坐著，突然想起來，十年前某甲欠我十萬塊錢。他就記起來了，這就是智慧。」如果這是學佛才有的智慧，那世俗人也有這種智慧；有一天他睡著睡著突然想起來：「嘿！我們的某某同學，欠我十萬塊錢還沒有還我。」那他不是睡到有智慧了嗎？睡覺也會有智慧，那何必打坐？大家都睡覺好了。同理，打坐會有智慧，那大家都不用參禪了，只要打坐就行了。

所以那些都不是智慧，因爲凡是有念心所而會突然想起來某些事，或想起某一個人或某一個法，那就是意識。這意識背後有一個意根，意根可以跟你如來藏中的種子相應，但有時你怎麼想都想不起來。譬如你從學校畢業到現在七老八十了，突然想起以前在學校某件事情，知道那個同學，可是他名字卻忘了，怎麼想都想不起來；你要問別的同學某某人的電話或者聯絡地址，總要告訴人家名字吧？但你眞的想不起來，沒辦法。可是也許兩個月、三個月後你突然想起來了，所以背後眞正在記憶的是誰？是第八識如來藏，不是意識。

因爲你意識想不起來就是想不起來，但後來爲什麼突然又想起來？因爲跟意根相應，意根就跟如來藏相應；為什麼相應呢？因為突然某一件事情觸發到那一個記憶，突然間就想出來了，那個名字就一點都不錯。這表示什麼？表示會有念心所的是你的意識，但真正在背後記憶的不是意識，因為如來藏不會突然起一個念說：「欸！你想不起來的那個人叫作某某某。」還是要你自己突然間某個因緣去想起來，所以祂永遠都「不可念」。

因此不要打妄想說：「我如果證悟以後，學法就會很快，我會叫祂幫我記。」那我就說你這個妄想甭打吧，打了也白打。因為雖然祂是實際上執持那一些記錄內容的心，但祂不會幫你記憶，所以你忘了就忘了，祂不會提醒你；等到你遇到某一個因緣被觸發了，你才能夠再記起來。所以祂永遠「不可念」，你別期待祂幫你記住什麼，因為祂沒有跟念心所相應。

既然祂永遠不會想起什麼，祂就永遠都是「一相」，不會有二相。人之所以不同相（不是講相貌的相），是因為每一個人的心思顯示出來時，讓人家感覺這個人是什麼相的人、那個人是什麼相的人。會有一種分類：這個人是個大老粗，那個人心思很細膩；這個人心性很優雅，那個人心性雖然優雅但有一點呆，另一個人心性粗魯等，各不相同。為何有這些差別？因為念心所不同。念心所很差的人，表示對事情的勝解不夠，勝解的功能不好。如果菩薩也有念心所不好時，那是什麼時候？是因為他對那件事不在意，念心所就很差。所以你如果問我說：「我們以前好多同修都得罪過您，您記得內容麼？」我說：「我不記得，除非那個事件弄得太嚴重，我才會記得。」就像楊先生那一些人，那我鐵定會記得，因為我為了救他們花了很多心思，為了正覺會裡事情的善後也花很多心思，當然會記得，其他小事情根本都忘了。

譬如你們有人打禪三時進了小參室，利用小參的時間向我懺悔，我其實沒有在聽，總是快速的說：「好！接受！接受！接受！」我想的是接下來準備怎麼考你、怎麼引導你，我想的是這個，都沒有在聽懺悔的內容，怎麼會記得？有的人跟我說：「老師！我以前在小參時跟您懺悔過的，您怎麼都忘了。」我說：「我沒有在聽，怎麼記得？只聽到一個皮毛就把它忘掉，重要的是當時如何為你。」我不想去記那個，因為他都已經懺悔就無罪了，跟我有什麼瓜葛，為何還要記它？我腦袋沒有那麼多空間可以再放其他的東西，那不重要，因為懺悔後就變成無用之物了，把它丟棄就好，幹嘛還要放在心中？所以我對那些都不記，但是大事我會記得。

那你不能來勸我說：「老師！您既然找到如來藏，如來藏是收藏記憶者，您就叫祂幫您記著。」我說：「我才不要。就算我要，如來藏也不幫我記，祂記的是所執持的種子，至於現行那是我的事。」也許有人想：「您上座前都不寫註解，一句經文可以講那麼久，那您是怎麼記的？」但我不是記的，我是一面看著如來藏而一面講出來；我是讀著如來藏「此經」而講給諸位聽，不是用記憶或寫的。所以如來藏沒有念心所，千萬不要打妄想說「我悟了以後叫祂幫我記憶，以後過目不忘，將來我聽了什麼妙法就永遠記得。」但我告訴你，記沒有用，你要有勝解才重要；聽完有勝解了，回去以後想不起來要講什麼也無所謂，當人家講出來若不對時你就知道：「你講的不對。」爲什麼不對，你就可以解說出來。因爲你實證以後聽懂了就有勝解，那你這個念心所屆時就會現前。

如來藏就像我剛剛譬喻給諸位聽的那樣，人之所以會顯示出來能對張三或李四有不同的認知，就是因爲有念心所、有記憶；大家都一樣，因爲記憶的關係，所以一覺醒來就繼續原來的心性去運作，永遠都是這樣。所以你看到某個臉孔時就知道這是什麼人、是怎樣一個人，不必再思惟；是因爲有記憶，隨著記憶繼續去運作。可是如來藏沒有記憶（佛地第八識不叫作如來藏，稱為無垢識），祂收藏的只是種子而已；記憶的種子由祂收藏，但祂不去了別。祂也沒有勝解，所以祂永遠不會突然想起來什麼就告訴你說：「欸！三點了，你要存款去了，不然會跳票。」祂不會幫你記憶的。

如果要人家幫你記，不如買個鬧鐘定時下午三點提醒你就行了。你還是自己記，因為如來藏沒有念心所，因此祂永遠不會去想起什麼事情；祂也不會念佛、念法、念僧，祂永遠都不念；甚至對你這個五陰，祂對自己所生的五陰也不念，祂就這麼去運作。所以你不要說：「我悟了以後來問問我的如來藏：『如來藏！你有沒有想我？如來藏！你有沒有愛我？你會不會把我丟了？』」都不用問，也不必擔心，祂不會丟掉你的；但是當祂認知此世的壽命享受完了，該離去而要丟掉你的五陰時，你再怎麼痛哭流淚拜託祂也沒用，因為壽命終了祂該離去，把你這一世所造作、所修學的一切種子轉到中陰身，然後投胎時帶過去，你求也沒用。所以祂永遠不會有念心所。

既然如來藏沒有記憶的功能，那祂永遠就是這個樣子，不會改變。有記憶的功能才會改變，例如人類有記憶的功能，在世俗法混久了，有一天突然想：「難道我這麼一生就這樣過嗎？五子登科最後還是死，但我死後到哪裡去？」終究要觸及這個問題，這時想：「啊！學佛去，聽說學佛可以解決這個問題。」終於學佛了，學佛以後因爲有記憶，所以開始改變；以前在路上看見人家騎了自行車停在路邊，後面放了一個平臺，上面架子掛了很多香腸，有一個大碗公、三個骰子，有沒有？一看見就想：「今天可以吃香腸了。」可是念頭剛起來又想：「不行！不行！我已經學佛，不能吃香腸。」可是學佛才不到一個月，心裡想著不可以，腳卻一直走過去。於是每一次吃過，心裡會告誡自己：「不可以再犯，就吃這麼一次，下次不吃了。」也許下次腳又走過去了；就這樣一次又一次，漸漸地終於戒掉。

戒掉後可以去受五戒，人跟著改變了。爲什麼改變？因爲有這個記憶，那如來藏沒有念心所，沒有記憶，所以祂不會改變，無始劫來祂就是這樣子；現在如此，未來無始劫後依舊如此，永遠「一相」；還不單單自己的如來藏「一相」，而是一切有情的如來藏全都「一相」。所以當你證悟以後，看到自己的如來藏如是「一相」，有一天去郊遊或是爬山看到人家釣魚，釣上來的魚牠的如來藏也是「一相」；那個釣魚人的如來藏也是「一相」。也許你在家裡蒔花弄草，不小心挖到一條蚯蚓，牠痛得亂蹦亂跳，你看牠的如來藏還是「一相」。那你挖到牠了，牠很痛，也不知道爲什麼這樣子痛，但牠的如來藏不會跟著痛；所以牠很難過時，牠的如來藏不難過，仍保持「一相」，這「一相」就是眞如之相。

你如果在路上不小心被人家踩了一腳，偏偏踩你一腳的人是穿著高跟鞋，那眞是痛徹心扉！你很痛時當然氣起來了，可是如來藏不生氣，因爲祂不痛，因爲如來藏不會被踩到。所以被踩到的人痛，旁邊的人不痛，永遠都是這樣；如果旁邊的人哇哇大叫，人家就罵：「神經病！我又沒踩到你。」如來藏永遠不當神經病，因爲祂不痛，何必要生氣呢？所以祂永遠都是「一相」。你的如來藏前後三世始終「一相」，而別人的如來藏也是跟你的如來藏一樣永遠都是「一相」，所以就說祂「不可念」「一相」。沒有記憶的才是常住的——沒有念心所的才是常住的，所以永遠「不可念」；常住的一定是永遠「一相」，不會前後改變，那因此就叫作無相。所以「是法皆空，無有體性，不可念一相，所謂無相」。

當你「念佛」時用一行三昧的方式隨佛方所，端身正向，持唸佛名，這樣持唸到突然間會般若了，你就懂這一些道理；因為你可以現觀，不是用想像的。這時你知道如來藏確實「無相」。在增上慧學中說如來藏有相，有什麼相？有眞如相，那是入地後說的事。但眞如其實無相，在三賢位中都說這如來藏「無名相法」永遠是「無相」。當你現觀如來藏無一切相時，你在六塵一切境界中去找，祂始終沒有相；當你如是現觀祂「無相」時，就是佛說的「是名眞實念佛」。所以「念佛」法門很深，這法門不是粗淺的法門。

因此如果遇到一個很自大的人自稱他開悟了，但你一聽就知道他其實落在識陰中，因為他落在離念靈知裡面，你就告訴他：「你去學念佛吧！」他一定會責怪你：「我這種上上根人，你叫我去念佛？那是老公公老婆婆才念的。」你就告訴他：「原來你不會念佛。」他很不服氣：「那你告訴我什麼叫念佛？」你就告訴他：「喝茶去！」然後你就不要再跟他講話，再講一個字兒都嫌多，轉身就走，讓他去疑！等到他忍不住時低聲下氣來問你（可能是三年、十年後的事），那時再告訴他念佛有多少的層次，就從持名唸佛到實相念佛講給他聽，那時你就能接引他。

但你自己實證的境界，可以看見自己所住境界中的「無生無滅無相」，所以當你到達這個地步時，《般若經》請出來讀時就說：「原來如此，《般若經》講的就是這個。」你終於懂了，這時你說：「啊！以前都是在繞遠路，到了正覺，證得這個『無名相法』時才終於眞懂佛法，這才算入門。」從此以後左右逢源，你需要現象界的東西就拿現象界的東西來講，你需要示現實相界的東西就拿實相界來講，這不是左右逢源嗎？人家有一個水源就很高興了，我們可是兩個水源而且汲取不盡；這時無妨如來藏妙眞如心「無名相法」，永遠「無生無滅無相」，而自己這個五陰可以有生有滅有相。這樣一世一世轉依這個「無名相法」，來改變祂心中所含藏的一切種子，然後我們每一世生出來的五陰就不斷地提升、淨化，淨化到後來變成五蘊，再也不能叫作五陰；連一陰都沒有，只剩五蘊，表示你可以入地了。

那麼有無生法忍，也至少證得慧解脫了，表示非安立諦三品心，以及安立諦的十六品心、九品心你也都修好了，可以入地；這時只欠一個增上意樂，這時對《華嚴經》講的十個大願——「虛空有盡，我願無窮」那十個大願，你都很歡喜接受，在佛前發了這十大願時，只要這個增上意樂清淨時就入地了。入地以後繼續進修，這時還是依這個「無生無滅無相」的「無名相法」

繼續修行；這時對於未來何時成佛已經有把握了，因爲充其量最多不超過兩大阿僧祇劫，第一大阿僧祇劫已經過完了。

以前尚未證悟之時總是渺渺茫茫，說什麼修行成佛，但什麼時候成佛根本都不知道，連個下手處都沒有；等到眞實證悟轉依成功之後知道說：「我這第一大阿僧祇劫已經過完三十分之六，現在進入三十分之第七的部分開始修行了。」這也是一種把握，畢竟已經開始了，確定是從什麼時候開始而後面剩下多少劫數，自己知道了，可是證悟之前老是在那邊摸索。

那麼進了正覺如果努力修行，雖然還沒有證悟，能不能知道自己再多久成佛？不應該搖頭，眞的不應該搖頭，已知道自己是在六住位時，除非繼續再幹傷天害理的事，例如詐騙錢財……等事情，否則你絕對可以確定：「我努力修行，我心性都符合菩薩種性，六度波羅蜜多的修行也都符合，我確實在第六住位。」你可以確定這一點，只是腳後跟有一點不著地而已。如果證悟了不退轉，腳後跟著地了，很踏實，就知道說：「確實佛告訴我們的『無生無滅無相』的法是眞實的，是可證的。」因爲你證得，所以腳跟著地心裡就很自在了。

那麼 世尊這樣開示以後還爲大家解說理由：「何以故？如來不名爲色，不名爲相，不名爲念，不名分別，不逆不順，不取不捨，非定非慧，非明非無明；」先來講解到這裡。如來不是色身，諸位兩千五百多年前追隨 釋迦如來時，你們有時說：「如來今天下午會在這裡開示。」你們也知道那是方便說，因爲你們知道 釋迦如來的意涵或者本質，並不是指 釋迦如來那個應身——不是那個身體，都知道那個身體終究會壞。但是 釋迦如來卻是十方三世利樂有情而不斷延續下來，在十方世界中不斷去度化有緣人，那一定有一個常住的如來存在，所以不能說那個色身是 如來，因此說「如來不名爲色」，不可以說如來是色身。

「不名爲相」，如來有各種的相：色身有色身的相，度化眾生時也顯示出很多的法相出來。而諸佛如來與僧眾同住時也有一個色身和覺知心跟大家同住的相存在，但那都只是一個表面，眞實的如來並不是這一些表面，所以不管哪一種相都不是如來，而是祂的無垢識才是眞實的如來。釋迦如來有三十二種大人相，有八十種隨形好，每一隨形好各有無量好，那也是相；可是那一些大人相等都只是如來的功德從祂的五蘊中顯示出來的外相，也不是眞實的如來。釋迦如來為大家說法時，大家感覺到 釋迦如來的智慧相，但那個智慧相並不是 釋迦如來，而是 釋迦如來所顯示出來的一個外相；乃至於四無所畏、十力、十八不共法等一一顯示出來時，那也是一種相；全部都是相，而那些相都是從無垢識中一一顯示出來的，並不是 釋迦如來的自身，所以如來「**不名為相**」。

接著又說如來「**不名為念**」，可不要誤會說：「**那如來就沒有念心所**，就沒有記憶了。」不是這個道理。如來的念心所具足圓滿，沒有一事會忘記，包括往昔無量劫以前的事情 如來也不會忘記，因為 如來有十力，其中有一個「**宿住隨念智力**」，不忘久遠劫前的任何一事，何況今生的事。那三明六通阿羅漢還得要入定去看一看才會知道往世的事，最多也就只能看到八萬大劫；如來根本不用入定，遇到誰馬上知道他往世的各種事情，而且時劫長短都不受限制，顯然 如來的念心所是具足圓滿的。但這裡為什麼說如來「**不名為念**」？其實這裡講的如來是講眞實如來；就是應身如來之所從來的第八無垢識，因地叫作阿賴耶識，修行到成佛時改個名字叫無垢識，還是這個第八識，而第八識不會有念心所、不會有記憶，所以如來「**不名為念**」；除非成佛後的第八識，才會與五別境、善十一心所相應，否則都只有五遍行心所相應，不會有念心所。

又說如來「**不名分別**」，是說祂不在六塵境界中作任何的分別。有情之所以分別是因為面對六塵才需要分別，如果不面對六塵根本就不用分別。分別的目的是要離苦得樂，是要作取與捨——捨掉壞的取好的，這些都在六塵境界中；但眞實如來不在六塵境界中，祂當然也不需要分別。以上說的「**不名為色，不名為相，不名為念，不名分別，**」是跟前面所說的「**是法皆空，無有體性，不可念一相，所謂無相**」相對應。今天講到這裡。

《佛藏經》上週講到十三頁倒數第三行「**不名分別**」。上週這部分有一個段落的前面是說：「**如來不名為色，不名為相，不名為念，不名分別，**」這段經文之後接著說：「**不逆不順，不取不捨，非定非慧，非明非無明；**」今天要先從「**不逆不順**」開始講，這是在講眞實如來而不是講應身如來、報身如來、化身如來。那麼如諸位所知，眞實如來就是《楞伽經》講的自心如來，也就是《解深密經》所說的第八阿賴耶識，名為如來藏，又名阿陀那識、異熟識、無垢識等；所以這裡講的「如來」是指涉第八識如來藏眞如。

這個如來藏很難理解，因爲這個心很神妙，所以《楞嚴經》中又說祂叫作眞如妙心，或者妙眞如性；因爲這個心太妙，所以我們常常要說祂叫作如來藏妙心。妙心是個形容詞、不是一個名詞，形容如來藏這個心很神妙；那祂的神妙性打從《佛藏經》講了這麼久以來，已經七十八講才講到第十三頁還沒有講完，可見這個心很妙；因爲這些都在講這第八識心，所以祂當然叫作妙心，其餘的七轉識沒一個心像祂這麼妙。那麼上週最後一句講的是「不名分別」，今天首先要說祂「不逆不順」。

這個心爲什麼說祂「不逆」？這是有道理的。意識心和意根之間有時會互相違逆，而且這個違逆的情況也很常見；例如一個人很喜歡珠寶，但學佛後也受菩薩戒了，但他因爲看見好的珠寶就想買，買慣了，如今受菩薩戒以後，在來正覺講堂路上都會路過一間珠寶店，總是習慣性地轉頭就這麼瞄一下，沒有起心動念要買，腳步繼續往前走，沒有所謂違逆的事；可是有一天那櫥窗最顯眼的地方擺出來一個巨大又厚又青翠的翡翠，於是眼光照了一下，突然眼睛一亮，就不覺停下腳步來端詳幾秒：「它雕的還是觀世音菩薩呢。」這下中意了，意識說：「學佛了，還執著幹什麼？而且學的是無上妙法，走了！走了！」但意根不下命令就杵在那邊。結果這一看就端詳了一分鐘，意識催促說：「應該走了！」可是意根不肯走，就杵在那邊；等到聽經完了要回家，意識說：「待會兒過去就過去，別再看了，因爲現在當菩薩了，那東西不要看得太重要。」走過那邊時意識還叨叨念著：「快走過去，都別看。」可沒想到頭還轉了過去，結果一看，意根又決定停下來，再端詳了兩分鐘。你們看，意識跟意根互相違逆，這都很正常啊！

也許有人說：「我又沒有對那個珠寶起貪著，我走過去就走過去，就那麼一眼，我再也不看了，所以我根本沒有違逆的事。」那我可要問：「眞的沒有嗎？」那不然再問你一下：「咱們祖師堂需要一位常住，你來出家好了，」看上你了，「你來出家好不好？」猶豫了老半天：「我要問啦！」「你在猶豫什麼？」「家裡老婆那麼漂亮，叫我出家？」爲什麼猶豫呢？爲何當場沒有否決掉？因爲意識說：「出家是好的，比較清淨，離開污染的環境。」可是意根捨不下：「這麼漂亮的老婆，那我怎麼能夠捨離呢？」這不就是一樣違逆了嗎？意識與意根互相違逆的事兒多得很。那我這意思不是叫你說：「不管啦！既然老師都說了，我晚上回去把她丢了，明天就出家去了。」我不是這個意思，因爲咱們學的是菩薩法，不是聲聞法。我是在說明，意識與意根兩個心互相違逆的狀況，是很常見、很正常的。

那麼既然會互相違逆，就表示他住在三界法中，如果不住於三界法就不會互相違逆；如來藏自心如來—眞實如來—祂不住於三界法中，所以祂就沒有所謂順逆可說了。例如當你證悟了，這叫作親見本來面目，你覺得有一點點感嘆，心想：「我這幾十年來，都是你如來藏在幫我承辦諸事，不過從來不曾感激你，講起來還眞傷感。」轉念一想：「我應該向你道個謝，否則還眞對不起你啊！」可是你又轉念一想：「這如來藏沒有耳朵，我跟祂道謝又沒聽見，我道個什麼好？不提了。」也許有一天想一想說：「開自己的玩笑吧！」於是嘴裡喃喃自語或者在心中默默地唸著：「呀！我這個如來藏老哥，承蒙你幾十年來護持，而且你這個護持無休無眠，是眞該跟你道個謝。可是要跟你道個謝，你又聽不見，你是個聾子，我乾脆不跟你道謝。」你心中這麼念著，或是甚至嘴裡唸了出來，如來藏可不會因爲你本來想道謝後來不道謝了，於是生惱就違背你，祂根本不會；所以祂從來不會違逆於你。

因爲祂不了知你在讚美祂，也不了知你無讚美祂；於六塵境界都不了知，祂要作什麼反應？當然都不反應。就好像一個杯子，你罵它：「你這個杯子供養我飲水少說也十年了，可如今我看你還眞的不夠漂亮，已經鑾舊了；你眞的不美觀，比起現在新製造出來的杯子差多了。」剛開始讚歎它，它也不會歡喜；後來說它比別的新杯子差，它也不會違逆，因爲它都沒聽見，它對你所說的話不知不覺，所以杯子不會反應。

那杯子不反應是應當的，因爲它是無情；可是如來藏祂不斷地在護持你，跟你一直互動著，只是沒有證悟之前不知道；那證悟之後知道了：「原來祂一直在跟我互動。」可是祂不是無情卻又像無情，不是有情卻又像有情，所以把祂綜合起來有一句俗話倒也很好：「看似無情卻有情。」如果不是有情，祂幹嘛一直護持你呢？你如果活上一百二十歲，祂就護持你一百二十歲，一定是頂頂有情；可是你如果要說祂有情嘛，祂明明就像無情，你褒獎祂，祂不會歡喜；你辱罵祂，祂也不會生氣，就像無情一樣都不聽聞。所以你看釋印順否定如來藏將近七十幾年，他是二十九歲出家，從二十九歲開始否定到一百零一歲死亡，可是他的如來藏仍然對他不離不棄，依舊護持他，因爲如來藏沒聽見他在否定如來藏。

那祂到底是有情還是無情？看起來就像無情，可是你說祂無情又不是無情，因爲祂不像無情；祂護持你這麼些年而且都不睡覺；父母那麼疼你，把你拉拔長大到現在你有這把年歲啦，可是父母照顧你也得要睡覺，你的如來藏可從來不曾睡覺，這不是頂頂的有情又算什麼？所以還眞難說祂到底是有情還是無情，說祂是有情又不像有情，說祂是無情又不像無情。年輕人說的那句話倒也好——看似無情卻有情，因爲祂的自性就是這樣，所以祂不聽你說什麼，祂也不看你寫什麼來褒獎祂或辱罵祂；也不看你作什麼行爲來抵制祂或者支持祂，祂都不加以了知。

因爲祂不活在六塵境界中，但這話有毛病，應該說祂不在六塵境界中了知，所以對一切境界祂都是「不逆不順」。順的原因是因爲對那個境界有領受，但有領受時就會產生苦受、樂受，有苦受、樂受有時就會喜歡捨受——不苦不樂受。這不奇怪，大家都討厭苦受，都不討厭樂受，可是如果讓你一直快樂整整三天不中斷，你就會喜歡捨受；如果讓你一直歡喜地踴躍，歡喜踴躍整整三天不中斷（其實不用三天，在第一天八個鐘頭過後就好，還不必滿一天），你就會覺得：「**好累好累！我不要再快樂，不要再快樂。**」要趕快睡覺了！這時突然來個捨受說：「終於停止，不必再快樂了。」你就鬆一口氣說：「好極了。」

也就是說，你對六塵境界有領受時就有苦受、有樂受，然後就會有捨受。凡是在六塵境界中有這三種受時，是因爲你面對六塵中的任何境界，就會有喜歡、厭惡或者希望離開喜與厭，都是因爲有領受；如果你沒有領受的話，就不需要對某一個境界想要厭離，也不需要對某一個境界想要不斷執取。想要執取而不能得，於是心中就覺得被違逆，違逆時就有苦；對於喜樂的境界已經得到，得到就會隨順，隨順時有歡喜心。那追究違逆以及隨順的起源，其實就是領受，因爲領受了六塵的境界，所以你有了苦樂捨受，那麼違逆的境界必然會跟在後頭繼續展現出來。

可是眞實如來祂不住在六塵境界中，住在六塵境界中的是你七轉識。那眞實如來第八識跟你七轉識和合運作時，由你七轉識在六塵境界中去領受、去分別決斷就夠了，祂就不需要作這些事。如果你七轉識能領受六塵境界，而你的自心如來妙眞如心也一樣會領受六塵境界，你說好不好？沒有搖頭的人是什麼意思？是不好，壞處多多！如果祂也來領受六塵境界，那祂也會有違逆或喜厭。也許你說：「**我現在要吃冰淇淋去，夏天正好消暑。**」祂偏說：「**我要去游泳，游泳比冰淇淋更消暑。**」那時兩個心爭執不下怎麼辦？是不是要來划拳？是該划拳了！那就一天到晚每件事情都要商量，你生活就會有問題了。

但這還是其次，你要是惹得祂不高興，祂突然說：「**我現在開始十分鐘不護持你。**」我告訴你，你會受不了。你就眞的受不了了，爲什麼受不了？不告訴你，等你悟了就知道，那時我也不必再告訴你；那祂所作的很多事情爲了要跟你一起來了別六塵境界，祂原來作的那些事情不就得要擱著？祂這一擱著你也受不了。所以八識心王各司其職，配合得恰到好處，因此祂從來就是離六塵中的境界，祂不了別六塵，所以不論什麼境界祂永遠都不領受，當然就「**不逆不順**」。

造惡業的人、謗正法的人，現在大陸都還有很多大法師或者當住持、當各級佛協會長的人，還在說如來藏是外道法，還在抵制正覺的正法，可見我的書他們根本讀不懂，他們否定正法捨報後一定不會繼續生在人間。造作這件事時如果有根本罪、有方便罪，而且有成已罪，那可是無間地獄報；因爲受了三壇大戒當然一定也受菩薩戒，這張三是謗大乘三寶，罪在地獄；來世下了地獄，下一世李四的名色一天到晚在領受苦果，覺知心悶得不得了，很想死可又死不掉，因爲死了馬上又活過來繼續受苦；那時李四就怨天尤人，呼天搶地都沒用；當他很苦時，他的自心如來依舊一味平懷不動其心「**不逆不順**」。

對地獄那些境界，李四總是不斷在尋找痛苦比較輕的境界可以轉過去，以爲那裡痛苦比較輕微而跑到那裡去，沒想到去樹下才剛剛一站，那樹葉都變成利刃，由上往下掉就穿透了李四的身體，到處都穿透；於是趕快又跑，總之沒有一處安樂。他很痛苦希望死，但是終於死了以後，隨即又活過來，還是那個境界，所以他一天到晚呼天搶地，抱怨東、抱怨西，可是他的自心如來都不領受，因爲不領受所以「**不逆不順**」，這就是眞實如來的境界。所以眞實如來沒有逆與順之可言，假使有人說他證悟了，可是他證悟的心有時對境界隨順而領受，有時對領受的境界違逆而厭惡，就表示他悟錯了；這是要拿來印證的，不是說了就算。

接著說「**不取不捨**」，取與捨就是因爲領受六塵境界，產生逆與順而引生的苦樂捨受；違逆我的境界我得要趕快捨，隨順我心的境界我要繼續取或趕快取；這是歡喜的境界、快樂的境界，趕快取啊！這是討厭的境界，對我有妨礙的境界，要趕快捨離。那麼剛剛講過逆與順的產生是因爲領受六塵境界，道理是一樣的；所以取了快樂的境界，捨棄討厭的境界，這是人之常情。豈止人之常情，也可以說是狗之常情，昆蟲之常情，蚯蚓之常情，是一切有情之常情。

但是，之所以會取、之所以想要捨而離開，都是因爲領受境界而產生的，依舊是在六塵中的事。如果正覺還沒有弘法時，大法師們會不會說他們已經沒有取捨？不只是「會不會」的問題，根本就是「一向如是說」，一向都說他們沒有取捨，因爲一向都認爲自己已經沒有分別了。可是如果沒有取捨，爲什麼那個「不是對聯的對聯」在佛門一直持續流傳到如今？那眞是個好對子：「**坐，請坐，請上座；茶，泡茶，泡好茶。**」這不是對聯的對聯所說的情況，到如今還在佛門中存在，未曾消失。

所以有一個居士去法□山要見大和尚，大和尚說很忙不見他，這個居士心裡很不痛快，又到另一個大山頭去，他去中□山時把支票簿拿在手上，通報後大和尚隨即接見，聊得很高興，於是他支票簿拿起來塡上數目字：三千萬元整。供養了大和尚。你看第一個大山頭失去了那三千萬元；其實第一個大山頭縱使接見了他，也不會得到三千萬元，頂多一千五百萬；可是因爲他氣不過，故意去第二個大山頭開多一點，所以就是三千萬元。這表示什麼？他們三方都有取有捨。第一個大山頭因爲還不認識他，不曉得他的來歷，所以不見，這叫作「捨」；第二個大山頭因爲正在大興土木需要錢，而且看他帶著支票簿，趕快接見，果然就有這筆資金可以用，所以取了。

但是有的山頭和尙跟這種大山頭不一樣，有一股倔脾氣，不管誰來我都一視同仁，所以人家說：「我明天想去捐一筆大錢，不曉得和尚有沒有空？」沒想到他爲了裝清高，語氣又不太好，對誰都一樣清高：「你來就來吧。」結果人家心裡不太高興，想著說：「我是特地來護持你，你都還沒見面就給我這個臉色。」因爲他從電話語氣裡就能看見臉色了，所以故意拖了幾天才去；拖了幾天去時，看看這家廟這麼小，心想供養一百萬元夠了，於是開了一百萬元供養；這個山頭和尙一樣是那種不屑的表情，因爲他是很清高的，不會因爲你捐了一百萬元(不像人家都捐幾千塊錢)，就另眼相看。可是他其實很高興的，等那居士走了以後，趕快把那張票子拿來看看：「是眞的一百萬元嗎？」端詳再端詳，心裡面樂和樂和的，眞的是樂和樂和。

這是一種狀況，他故意要表現自己是不取不捨。也許你們以前親近過這樣的師父，以爲那樣眞的是不取不捨；來到正覺修學以後才知道原來那位大法師誤會了，佛講的「不取不捨」是說第八識眞實如來，而不是講這個覺知心應該「不取不捨」。這誤會很大，一直都是如此，是到我們正覺弘法之後才開始扭轉這個誤會。也有大法師在我們正覺出世弘法之前異口同聲地講：「我不分別，我都沒有取捨。」他們所謂的沒有分別、沒有取捨是怎麼定義的？是說：「我心中都不打妄想，我都沒有在分別事情，所以人家講什麼我也不聽，我只顧自己這個心保持離念的境界；我分分秒秒、剎那剎那都活在當下，都沒有語言文字不打妄想，所以我就沒有取捨。」這樣說來他們的修行是應該非常好了，可沒想到這正覺出來弘法以後竟然還判他個取捨，說他不離取捨。是可忍，孰不可忍？所以趕快起來罵：「這蕭平實、正覺同修會是邪魔外道。」咱家被罵慣了，因爲不是這一世才被罵，很多世以來一直都被罵，很習慣，這個抗體太好，不覺得怎麼樣。

那我們就來把它拆解一下看看。取與捨，譬如去花市買花，看到千日紅時（千日紅知道吧？小小的好像湯圓一般，閩南話叫作圓仔花、湯圓花，它像湯圓一顆一顆的），才剛一看見千日紅，頭稍微搖一下就走過去了，但都沒發覺自己搖了頭，這時就是「捨」；然後看見一棵百日紅：「欸！這花不錯，看起來蠻漂亮的；雖然不免一點點的俗氣，但比起千日紅可好多了。」端詳一兩秒，繼續再走開；那端詳一兩秒時不就「取」了嗎？

也許有大法師說：「我連厭惡跟端詳都沒有，所以我眞的不取不捨。」他要是倒楣在花市遇上了我，我說：「您依舊是取捨啊！」我會告訴他：「那您跟我一樣來到花市要買花，」我會問他說：「您怎麼來的？」「我搭車來啊！」我說：「您下車怎麼進來的？」「我走路進來的。」我說：「您在車上都是閉眼塞耳嗎？有沒有聽到聲音？」「我又不是聾子，怎麼沒聽到？」「那您聽到聲音，有沒有喜歡的聲音、討厭的聲音？」「沒有！我一味平懷。」那我說：「請問您有沒有聽到聲音？」「我又不是聾子，怎麼沒聽到？」我說：「那您聽到聲音了，是不是取？」他如果夠聰明，這一下閉嘴了。那車上不談了，說：「您下了車走進這花市來，怎麼都沒撞到人？」他一時會意不過來可能會反問：「我又不是瞎子，怎麼會撞到人？」我說：「喔？原來你有看到別人，所以不會撞到人，那您看到別人時是不是取？您看到人來就側身過去，對方來人時您也側身，雙方是不是都有取有捨？」總不會有人直直撞過去吧？即使對方是鬼神，你有天眼通看見了，也會稍微側讓一下。也許他是大師，反正橫衝直撞誰都沒敢奈何他，因此他可以說：「我這樣算不取不捨。」那我就問：「那您爲什麼不會踩到狗屎？爲什麼不會走到溝裡去？」「您不是看見六塵了嗎？您對六塵有見，對六塵有見時不就是取了嗎？」這時如果他夠聰明，趕快就地禮三拜：「原來遇到明師了。」老實說，拜我當師父也不埋沒他，別看我是個在家人，可是有法在身，但現在大部分的人還是看表相。那麼我們由這裡就可以知道，其實取與捨的事情是時時刻刻都存在的；如果不能取、也不能捨，誰都無法在人間生存。

所以七轉識都有取捨，路上走著看見狗屎不自覺就偏開，或是不自覺就跨過去，這是一般人的狀況；聰明人反觀自己總是會知道自己現在的心行怎麼樣，就不算是「不自覺」了，但其實都已經是對六塵的取捨。可是因爲對六塵有取捨，就會遇到了順境與逆境，那他就是活在六塵的境界中；而「不取不捨」講的是第八識眞實如來，不是要大眾把七轉識的取捨性給滅掉。如果把七轉識的取捨性滅掉，那就入無想定或滅盡定去了，還能修道？才怪咧！所以咱們弘法之前的佛教界，一向都是努力修行想要把第六意識妄心的分別性，轉變成第八識眞心的無分別性，希望這樣修行來符合聖教的開示，其實都錯了。

菩薩道的修行雖然很辛苦，要歷經三大阿僧祇劫，忍人所不能忍，苦人所不能苦，眞的非常辛苦；但是在法上的修行一點都不苦，因爲不必像他們一天到晚把覺知心自己管得死死的，自己心裡覺得好痛苦。眞正的菩薩道修行沒這回事，除非你要修禪定、要作功夫了，否則無相念佛的念輕輕掛在心中走路、東張西望都不算什麼；過馬路時看這邊有沒有車來，看那邊有沒有車來，看對面那一條狗對向而來，看牠有沒有惡意？儘管分別取捨都無所謂，同時無相念佛，完全不會損壞你的道業；也不必像他們那樣每天要坐在那裡跟腿痛對抗，跟覺知心自己對抗，都不用。

智慧是咱們覺知心的事，不該要求第八識眞實如來跟隨你一起學法；祂可以幫助你修學佛法增長智慧，但應該修學的人是你，需要智慧的人也是你，都與祂無關，祂只會在背後默默地護持你。所以你所要修證之標的是祂，但你證得祂以後修行的依舊是你而不是祂；不可以企圖要藉著修行把自己變成祂，因爲祂是本來就在的、本來就清淨的，不需要我們來轉變成祂。而祂本來就清淨，因此祂不需要修行；有染污的是咱們五陰，所以我們要修行；祂既然跟我們同時存在，我們何必要去修行把自己變成祂？都用不著。

可是佛教界被錯誤的思想給誤導很久了，所以正覺剛出來說明這個道理時大法師們都不接受，特別是印順學派。但我們不斷地證明眞實如來這個第八識確實是始終都存在，至今依舊可證，不是玄學而是義學；而他們沒辦法否定了，但至今還是不接受，那都無所謂；但我們不斷地說明以後大家終於懂了，原來修行不是要把自己變成眞如，而是第八識眞如本來就眞、本來就如，不必修行就已經是眞如，而自己要修行學禪目的只是要找到祂、依止祂，依於祂來開始悟後起修，這樣才能次第完成佛道；他們終於聽懂了，但終於聽懂已經是二十年後的事了。

所以佛教界修行的盲點，就是想要把虛妄的自己變成眞實不壞的本來面目，這就是最大的盲點。但我們把它點了出來以後，大家漸漸地終於聽懂了，開始改變了，所以現在否定如來藏的人已經很少很少，在臺灣幾乎不存在了，在大陸還有一大部分。這就表示大家的知見已經改正很多，不再想要把虛妄的自己變成第八識眞如。所以說「**不取不捨**」的是眞實如來第八識，而不是指七轉識要去修行變成不取與不捨。悟後轉依第八識的「**不取不捨**」以後，漸漸就解脫於一切法的束縛，證得解脫果和大乘的不可思議解脫——成佛。

接著說「**非定非慧**」，有時人家來問禪師：「**如何是戒定慧？**」沒想到禪師答覆說：「**破傢俱。**」欸？修學佛法不是要戒定慧三學都要實證嗎？沒想到禪師竟答覆說：「**破傢俱。**」當然，出家以後，戒就甭提，因爲那是出家的基本條件；「**那我出家、受持戒法了，接著要求證定與慧。那如何是定與慧？**」沒想到禪師說：「**破傢俱。**」定慧竟然變成破傢俱，可眞是怪！但其實不怪，因爲在第一義中沒有定慧可言，禪師也是同時指點了他般若的實證，只是他不懂。

當你證得沒有定與沒有慧的眞實如來以後，你就有了定慧。好像繞口令喔？不！我說的是眞的。自心如來——這個眞實如來第八識——祂的境界中沒有定也沒有慧。所以你如果進了禪宗，見了開悟的禪師們找他們要證定慧，他們一定告訴你：「我這裡沒有定慧。」但這話不表示他沒有定慧，正因爲他有定慧才會這麼答。於是有的人還是不懂，就說：「禪師都是講反話，所以講反話就是禪。」其實他錯會了。禪師說：「我這兒沒有這些破傢俱。」因爲他如果承認有定慧的話，表示他已經離開如來藏(在那一剎那答話時他沒有轉依如來藏了)，於是落到定慧裡面去。他如果依於如來藏而住時，哪來的定慧？如來藏不與定、慧相應。

但是當你學佛法學禪參禪找到祂、證悟了，把眞心妄心都給弄清楚以後，你自己會證實眞實如來果然沒有定慧，可是卻發覺自己突然懂《心經》了：「啊！原來《心經》講的是這個。」突然懂了，這時發覺：「我已經有智慧了，我現在懂《心經》了；原來以前都是自以爲懂，現在才是眞懂。」這時假使有人告訴你說：「你悟的那個不對，你別亂信，隨便這樣就說開悟了。你若是這樣相信是開悟了，將來就會倒大楣，會下地獄去，因爲你這是大妄語！」可是不管別人怎麼恐嚇，你心中決定不疑(決定不疑另有一句話，叫作心得決定，這就是定)，定心所已經出現了，既有智慧又有定心所了，這不是定慧雙全嗎？可是這時的定慧雙全卻是從證得無定無慧的第八識而得來的，所以眞實如來第八識「非定非慧」。

如果你還有菩薩戒在身，就可以肯定自己：「我如今戒定慧三學粗有其分。」也就是說，大略的有這麼一分戒定慧了，你可以這樣子覺得自豪；是可以自豪，但不能他豪，去跟人家炫耀可就不行，因爲我剛剛說的叫作「粗有其分」，是粗糙的粗，這時戒定慧還很粗糙，但畢竟有定慧生起了，那不就是先具足第一分的三學了嗎？這時回頭再來想，當年問那位大禪師說：「如何是定慧？」大禪師說：「我這兒沒有這些破傢俱。」這時眞可以拍案叫絕：「唉呀！禪師答得好！」因爲就好像人家餐館裡說的一魚雙吃，他這一答可是事理兩邊都通欸！

從你所觀察的事相上來看，是指如來藏所表現出來的、在事相上給你看見的部分，如來藏自己的境界根本沒有定也沒有慧，所以禪師說的沒錯：「我這兒沒有這些破傢俱。」從如來藏的境界中來看，定慧眞是破傢俱；可是對你來講，這定慧是很重要的事情，就是因爲證得如來藏才能有眞正的定、慧。可是再想一想，那禪師說：「我這兒……」「我這兒」是什麼？欸！就是眞實如來這裡；眞實如來這裡沒有定慧等破傢俱，所以說「我這兒沒有這些破傢俱」，因爲禪師是以如來藏爲自我；既然他以眞實如來第八識作爲自我，他那裡當然就沒有定、慧，所以才說定慧是破傢俱。沒想到禪師簡單的這麼一句話還眞大有玄機，要是換了一般人所謂的大禪師，他就會解說：「禪師就是悟了以後，不執著那個悟境。」你們看，眞是天差地別。所以修定與修慧都是七轉識的事，特別是識陰六個識，最主要還是第六意識這個心。

那麼再請問諸位，當你修定或者修慧時，能不能在六塵境界外修？有沒有誰能？我要趕快下座拜他爲師；因爲十方世界諸佛、包括過去的諸佛，沒有任何一佛教導人家說，在六塵境界外可以修定修慧；如果眞有其人，那就是佛上佛了，我當然要趕快拜他爲師。假使哪天眞有這麼個人被我拜作師父，他可倒楣了，因爲他遲早會被我當眾破斥。爲什麼呢？一定是誤會了，他才會認爲自己可以在六塵境界外修定慧，這類人大多數是把意識離念的境界當作是在六塵外，誤會眞的很大。所以哪天如果眞的有這麼一個人來到正覺講堂，我當場下座禮三拜起來以後，一腳就把他踹出去！當他還沒出門，我在身後撂一句話給他：「你這一隻野狐！」終於要罵人了。所以定與慧向來都是意識心在修的事，而意識心不能離開六塵（最少要有定境中的法塵），通常則是具足六塵，否則意識不能生起，何況能修定、慧？而眞實如來的境界中無定亦無慧。

話說回來，修定與修慧之目的是爲了什麼？就是兩個目的：第一是想要出三界，第二是想要成佛。如果是聲聞人，除了想要出三界之外，他的目的也是想要具足解脫果——想要具足三明六通；可是這定慧的修行目的如果是爲了成佛，或者不說那麼遠，說目的只是爲了開悟法界的實相，所以才要修定、才要修慧。例如我們正覺一進門來就是要修無相念佛功夫，功夫作不好，沒有定力，悟了也是假的，斷我見也是假的；所以進門來先作功夫，接著斷三縛結，還要求開悟明心，這就是證悟實相。

因此修定以及修學種種正法的知見，有這些聞慧、思慧，進入到正式修學的階段也有修慧，目的是要實證眞實如來而發起實相般若，這就是修慧。但是修定修慧之目的既然是要證悟第八識眞如，而證悟之後會產生更高層次的智慧以及定心所，所以要修定修慧的人是五陰而不是眞實如來；第八識是被修證之標的，而這個眞實如來的境界中無定亦無慧；但有時卻告訴你說祂的境界是大龍之定，因爲祂永遠不打妄想，那不是禪定的境界嗎？

定的境界正是如此，你從欲界定、未到地定、初禪一直到非想非非想定，全都是一念不生，全都是離念靈知，所以叫作定。那請問：眞實如來會不會打妄想？從來不會；而且祂不是一年、兩年不打妄想，是無始劫來不曾打過妄想。一般人學「禪」每天打坐，有的人會炫耀：「我一上座，整整三個鐘頭都一念不生。」旁邊的人就大肆讚歎：「哇！你的定力太好了！」但這種人來到你面前時，你就撇著嘴角說：「嗯！哪種定也敢拿出來丟人現眼！」那他一定不服氣，質問你：「喔？那你的定修得很好嗎？」你就告訴他：「我的定修得不好。」他一定質問你：「你的定既然修不好，哪有資格來笑我？」「我正因爲定修不好，所以我永遠不出定。」「你坐多久？入定三個鐘頭吧？」「我無始以來都不出定。」他也許想懵了就說：「你從來沒有入定，當然不出定。」你就告訴他：「我無始劫以來，不曾打過一念妄想，所以不出定，你辦不辦得到？」他想：「你的壽命只有幾十年，說什麼無始劫以來？」你就告訴他：「我就偏偏說是無始劫以來。」等他低下頭來，再告訴他：「我說的我，不是你講的我；你說的我是指五陰，我說的我是眞實如來——第八識如來藏，無始劫以來不曾打過一念妄想，到現在還不出定，盡未來際依舊一樣不出定，都不打妄想也不出定。」他突然想起來：「啊！請教師兄（或者師姊），你這是什麼定？」你就說：「大龍之定。」管保他沒聽過。

這樣祂到底有定還是沒定？可是祂這個大龍之定不是修來的，祂是本性如此。但是所謂的定與慧，指的都是意識心的境界，祂第八識這定卻不屬於禪定，所以勉強要說祂是定的話，應該說「非定非非定」，因爲祂不屬於意識心所證的禪定，而你證得祂以後，就知道祂是眞的定主，修定最終的主角就是祂，意識相應的定境也要依祂才能存在，沒有人能超越祂。你悟了以後隨順於祂，一天到晚都沒妄想了——藉祂來降伏煩惱，最後沒有妄想；如果起心動念，無非爲了道業，無非爲了眾生，那你就不必杵在那邊跟大腿痛覺對抗。眞的不用跟腿痛對抗，你的定也繼續不斷在增長；有一天如果你眞要修定時，就會修得很快。

所以眞實如來的境界沒有定也沒有慧，修定修慧的是意識心；而意識心證得祂以後實相般若生起了，《心經》突然就懂了，接著把其他的《般若經》請出來，一行一行、一段一段、一頁一頁一直讀下去，讀到忘了要放手睡覺；

這時要叫你把所得的智慧丟棄，絕對不肯；要叫你改換別的知見，絕對不肯，一定把這個見地抓得牢牢來用；所以這時心得決定，知道自己菩薩道眞的已經轉入內門實修了。因此修定修慧是意識心的事，有定有慧是意識心的事，而這個意識心之所以有定有慧，卻是因爲證得「非定非慧」的眞實如來而產生的。從表面上看起來好像很矛盾，可是等你證悟了以後，你卻說：「本來就這樣啊！」這不是用想的、不是用建立的，而是法界中的實相，本來就是如此。

定慧說過了，世尊又開示說「非明非無明」。明與無明是相對的事，從這一句往前來推究：「不逆不順，不取不捨，非定非慧，」是不是都在說兩邊相對的事？都是兩邊，是兩邊具足的。只有具足雙非的才不會墮於兩邊，但兩邊具足的都是意識心的事；而「雙非」是兩邊都沒有的，這才是眞實如來的事。「明」是這個五陰—特別是意識心—想要求得的智慧，有了智慧而把黑暗無明去除，就叫作明。在世間法中學著如何去追求五欲等，對我來說，我在這上面確實是夠笨的，所以小時候家裡有什麼好食物都會拿出去跟同學分享，於是放學回來被一位哥哥查到，因爲他發覺家裡有什麼好吃的又少了，就罵：「又是你這傢伙拿去學校分給同學吃。」於是查究起來又不免「五斤枷」（閩南話）往我腦袋這麼一敲：「你這麼笨啊！家裡的東西老是拿去分給人家。」說我笨。

在學校也是一樣，我就是笨，所以書老是讀不好。可是畢業以後課外書中那一些東西，我卻可以拿來用；是因爲我在學校讀書時，課本裡面還夾著另一本書，都是那些仙佛之道一類的書，對那些我很有興趣，生來就這樣。可是學校那些課本是教我們怎麼樣在世間生存，因爲我是讀商業學校，是學怎麼樣到社會賺錢的方法，比如經濟學、簿記、統計、成本會計，我卻都沒興趣；上課時我讀我的，老師教老師的，所以我在學校讀書始終讀不好。可是這個讀不好的壞學生，如今寫了一套書出來，而以前我們班上那個數一數二天才型的同學，一下課就跑去打籃球，從來不讀書，每次考試都是第一、第二名的人，結果畢業五十年後相遇了，他卻說讀不懂我的書。所以我很笨，在世間法中學著怎麼樣剋扣別人、去跟人家欺騙或者幹什麼，總是很笨，都學不來。

畢業後，我的同學們每次三缺一都不找我，因爲那個方城之戰對我來講太深奧了，比佛法還深奧！他們會教我：「這個很簡單啊！……」我終於記住了，這個週末就會打牌（當然一定輸），但他們下週來時又要從頭教我一遍，因爲我已經忘光了。那從他們的立場來講，就說我笨；笨就是無明，無明就是笨。以他們當時來講，他們就住在打牌的明境界。他們甚至可以計算「一筒」好像是在誰那裡，「三花」好像是在誰那裡（有沒有三花？三個圈圈的牌，我都忘了），他們還可以推算，但我是只要能夠打順就很好了；所以對他們來講，這一些世間法我眞的叫作無明，他們就是明，因爲我對這些世間法沒興趣。可是不管明或者無明，全都是意識的境界。有的人學書法、學畫畫、學技藝等，要是天資不夠聰明，常常要吃師父的巴掌；一不小心師父的巴掌就往後腦勺招呼過來，以前當學徒就是這樣。那對於這些世間技藝來講，師父就是明，徒弟就是無明。

不談世間法，改談佛法好了。五十年後開同學會相聚了，他們接到我結緣的書，於是來拜望，那我就不免再送書了。送書了以後呢，這位學業第一的同學，他竟然讀不懂。以前他以爲懂，還可以爲人解說；可是現在呢，當這蕭平實寫了出來，他知道這一定是正確的，但是卻讀不懂。這時就說他有無明而我有明，對吧？因為這都是意識的境界。所以要弄清楚明與無明的差異其實不難，《阿含經》也講，說什麼叫作無明呢？說無知就是無明，不知道就是無明。

那如果從佛法來講，我蕭平實有明，那些大法師們有無明，這都還容易理解；但是要談到「非明非無明」，可就死定了，無法思議。只有意識已經有明的人，才能了知什麼叫「非明非無明」，是離兩邊而不在兩邊的。那麼談到這裡，六祖不是發明了三十六對嗎？那三十六對，就是要給你拿來用的。可是以前好多人講《六祖壇經》，都不懂得到底那三十六對是要幹嘛？其實你可以自己再把它加上很多對，人家問：「如何是佛？」你就說：「不黑不白。」「如何是法？」「不男不女。」「如何是僧？」「非人非非人。」隨便什麼你拿來談都可以的。

對方若是要一直問下去，你就跟他來個無窮答。他又再提出另一問，心想：「你大概答不來了吧？」你就告訴他：「不美也不醜。」如果他繼續再問：「如何是佛？」你就說：「不香不臭。」反正你就藉世間法來答，世間法中一定都有兩邊的，譬如美醜、善惡、上下、高矮……等，凡是兩邊的世間法，你就把它湊上來答。如果他長得很高，你就答他「不高不矮」；這些世間法，你拿來講如來藏都對，絕對不會錯；因為你這樣形容如來藏時，永遠都是正答。如來藏會有高矮嗎？如來藏有美醜嗎？如來藏有男女嗎？有是非嗎？根本都沒有。六祖那三十六對的目的只是這樣而已，其實不玄；你們不要覺得有多玄，要會用。

所以凡是意識的境界都有兩邊，這兩邊的境界你把它們湊成一對，就說「不什麼、不什麼」，或者「非什麼、非什麼」。如果有一個人是打獵的，有一天突然覺醒了也學佛、也來求悟，你想：「這惡人殺了多少眾生，也要來求開悟？」但他來問了，你總不能不答，於是他問：「如何是佛？」你就告訴他：「非善非惡。」如果他以前是個殺雞賣鴨的後來學佛，收了攤子不幹了，他也來問：「如何是佛？」你就告訴他：「非雞非鴨。」一定對。只要你證悟以後，我所講的你都可以拿去檢查，會發覺完全正確。所以凡是落在兩邊的都是意識的境界，但眞實如來不是意識境界，所以祂沒有所謂的智慧或者無明可說，因此祂的境界「非明非無明」。

想要求智慧去除無明的人是五陰，主要是意識；而眞實如來是求智慧的人所應該證悟之標的。但是以前佛教界的知見很混亂，所以我們弘法以後有些法師居士們就說：「條條大路通羅馬，為什麼你們正覺非要我學如來藏這個法？」有的人說：「佛法有八萬四千法門，憑什麼我非要學你如來藏這個法門？」據他們所說，好像如來藏這個法是我發明的，還稱自己是佛弟子，眞的不孝！這是老祖宗 釋迦牟尼佛教導出來的法，而竟然說不是祂的，把此事撥到我身上來了，但我可不敢掠美。

我後來發覺了這一點，所以在《宗通與說通》才刻意要寫出來：如來藏是證悟之標的，不是法門。一個佛法廳堂非常廣大，有八萬四千個門可以進去，但不論是從哪一個門進入，只要開得門、進了這個佛殿以後，是同一個大殿，不是八萬四千個大殿。他們一向都弄錯了，以為如來藏是個法門，誤認是八萬四千法門中的一門，而不知道如來藏是八萬四千法門修學後所要契悟之標的。因此，這個誤會直到我們《宗通與說通》寫出來以後，漸漸流通廣了才開始消除，臺灣再也不會有人說如來藏是法門了。可是大陸那邊還有許多大小法師還弄不清楚這一點，因為他們對我的書還是讀得太少。

所以意識永遠住在自己的境界，而第八識眞實如來也永遠住在自己的境界，眼識、耳識、鼻舌身識、乃至於意根莫不如是，這便叫作「法住法位」。不可以問說：「爲什麼眼識住在色塵境界？爲什麼耳識住在聲塵境界？」不可以這樣問，因爲法爾如是，諸法各安其位不可改變。正因爲不可改變所以人修行才能成佛，如果是可以改變的，那就變來變去，誰能完全確定諸法的定位以及如何才是眞正的成佛？這個道理在《阿含經》講過很多遍，「法住法位」的事是「法爾如是」的，講過很多遍了；其實那本是大乘經，只因爲被二乘人結集所以掉失了很多大乘法，把這些重要的、印象深刻的結集下來，就變成阿含部的小乘經了。

所以不應該想要改變意識去住在第八識眞實如來的境界，也不應該期待眞實如來會有意識的境界；如果沒有弄清楚這一點，悟了以後也遲早會退轉，二〇〇三年發動法難的那一批人不就是如此嗎？他們所希望的是眞實如來要有意識的境界。我剛剛講過了，如果眞實如來也有意識的境界，就得要吵架了；每天都要吵個很多回，不止是三五回。所以意識的境界永遠就是給意識住，眼識的境界永遠就是給眼識住；乃至於意識和意根各自有界限，意識住於自己的境界，意根住於自己的境界，而眞實如來阿賴耶識住於祂自己的境界中，這八識心王各住的境界不相混濫，這就是「**法住法位**」的初步。

接下來有世間法的「**法住法位**」、二乘菩提的「**法住法位**」、大乘菩提的「**法住法位**」；對「**法住法位**」弄清楚了，隨便人家問一個法，你可以從這個法往其他的法去衍伸，可以說法如雲如雨，就是因為「**法住法位**」的緣故。當你知道某一個法住於某一個位置，這一個法住於另一個位置，你全都知道；而那些法互相的位置、互相的關聯你都弄清楚了，所以人家從東邊這個法問你，你解說了以後就往上、往西邊、往下方一直衍伸出去；人家從中間這個法問了，你就往上下左右衍伸出去，一樣都可以講很多法，因為都互相關聯。所以你這時候就有一個限制了：「**我到底要講到什麼程度？講到什麼範圍？**」不要扯太多，否則大家聽了都只見葉不見樹而亂七八糟聽不懂，這就是「**法住法位**」。

如果沒有「**法住法位**」這個智慧，人家問了這一點，他只能往這一條線一直走下去，就沒法可說了。但是若沒有中心主旨，雖然懂很多法，可是當他這一條線講下去而提到另一個法，另一個法又衍伸另一個法，一直不斷衍伸下去，講到最後心裡發愁：「**我剛才到底是在講什麼？**」他忘了拉回來主題，因為他已經忘了主題而不知道該怎麼拉回來。你如果有「法住法位」的智慧，這一邊這條線講完了，可以往上繞、往下繞又可以再繞回來，又回到原來這個法的位置，就收攝圓滿了。

所以說，缺乏「法住法位」這個正知見和智慧時，他在三乘菩提上永遠都是無明，因為他永遠都是落在意識枝節上面；但是當他證悟如來藏之後，對「法住法位」就有第一分的觀念，然後越修學，「法住法位」的內涵就越多，最後可以通達，通達時就入地了；但是很細部的「法住法位」依舊還是差很多，那就還得要再修兩大阿僧祇劫到達佛位，才能具足了知。所以後來成佛了，講經時可就跟菩薩不一樣，就能像 釋迦牟尼佛宣說《楞嚴經》一樣，一輪明月，首尾相照。所以，《楞嚴經》不過是阿難尊者過去世的老情人惹出事來，以致阿難尊者托缽時托到那一家就出了問題；只是你看 佛陀就因為這個問題而派 文殊菩薩把他救了回來，同時把摩登伽女也攝受過來；這是 佛陀請 文殊師利一起攝受過來的，然後就講出《楞嚴經》。

而《楞嚴經》的內涵眞的是首尾相照。從明心、見性開始，說到色陰區宇，最後一直講到識陰區宇、識陰盡；這是從阿難過去世的感情引生的這一件事情，就這樣引申出整個佛法宗旨來，其中就講到各類種子是怎麼來的；是從如來藏妙眞如性生出來的，所以說五陰本如來藏妙眞如性、六入本如來藏妙眞如性，又說六根、六塵、六識本如來藏妙眞如性，說全部諸法都是如來藏的妙眞如性。這樣作一個整體函蓋以後，接著進入到五陰區宇和五陰盡的境界，這不像一輪明月全體具足嗎？你畫一輪明月，從這一點畫起時，一圈之後總是得要畫到原點來，這一輪明月不就首尾相照嗎？所以還跟你講眞月、影月，具足佛法。

這就是說，當你證得眞實如來以後，跳脫了意識的境界，不落在意識境界中；當你跳脫開來，從如來藏的境界回看意識境界時，知道意識有「明」，然後再回到意識的境界中，以意識的智慧來看如來藏時，知道如來藏無「明」也沒有「無明」——無「明」亦無「無明」，這樣兩邊具足圓滿時也是首尾相照。所以實相法界就是第八識眞實如來，涅槃就是眞實如來自身的境界。那麼當你證得眞實如來以後，會通了三乘菩提，你自然就會提出來講：那無餘涅槃就是如來藏，就是第八識眞實如來。你自然會這麼講，因爲是你自己的現觀或者說是現量。

我以前去桃園演講，所以才有《邪見與佛法》那本書，那時從自己的現觀我就這麼講。很奇怪的是，近代佛教界這二、三百年爲什麼沒有人說「涅槃就是如來藏的境界」？我還是覺得很奇怪。但我依自己的現量與現觀就講出來，所以剛印出來時大家罵翻了；只是不想被蕭平實回咬，因爲咬到很痛，痛徹心扉，所以大家公開場合都閉口不談，但私下裡都罵我邪魔外道，因爲沒有人像我這樣講過。但是事實就是這樣，因爲我的現觀就是如此。無餘涅槃總不能是斷滅空吧？如來也說阿羅漢所證的涅槃不是斷滅空，而且說是「常住不變」；那我說無餘涅槃裡面就是如來藏，有什麼可以大驚小怪的？

對我來講，我認爲他們是大驚小怪；可是因爲他們認爲如來藏是外道神我，都被印順誤導了，就說：「這傢伙竟然說『無餘涅槃是如來藏』，那阿羅漢豈不都變成外道？」他們是這樣亂湊一通。他們想：「也沒有人這樣講過，就只是你蕭平實一家之言。」可是那書印出去以後經過五、六年，我發覺過去世菩薩已經講過這道理了，並不是我一家之言。不過在我看來還是一家之言，爲什麼呢？有時候菩薩作事就是這樣，有一些別人沒寫過、沒講過的法，故意要把它寫下來、講出來，不是只有用在對治當代的邪師，也可以留作未來世引證之用；未來世把它抄出來作證明時，人家不會罵你獨自亂說，因爲那是往世大菩薩講過的啊！但他不知道往世那位菩薩就是現在的你，如今你引用過去世的自己所講的法義來說，他們不敢推翻你吧？所以，以現在世的自己來護持未來世的自己，夠聰明吧？

這道理其實在天竺就講過了，不是沒講過；可是他們沒讀過，而我這一世也沒讀過；可是我的見地就是這樣，所以直接講了出來。是後來爲了去查人家講的某一句經論文字，意外發現這道理我往世已經講過了。作者是誰？這就不需要公開提出來講，知道了就好，這也沒有什麼。所以過去世沒講過的法義，趁這一世能講就把它講了；整理出來以後，未來世你再弘法時說到同一個法義時就有根據：「**你看，過去世某某菩薩講的啊！**」但你得學聰明一點，不要明說：「**那個菩薩就是我。**」（大眾爆笑……）你講了就沒用了，這一點你一定要保留著。

所以末法時代佛教界最大的盲點就是把八識論否定，當他們否定第八識如來藏時，三乘菩提不論哪一乘，他們都繞不進來了；然後就一直落在意識心上面，想要把意識心修行變成經教上面說的「**不分別、不取捨、不順不逆**」

等，那是永遠不會成功的；因爲就像阿含講的「法爾如是」，或是大乘經論中說的「法住法位」，意識永遠只能住在自己的位置中，永遠超脫不了，無法跨足於如來藏所住的境界，所以你就住於自己的境界中去參禪，去把如來藏找出來，然後瞭解祂的境界，作爲你的所用，這就夠了！然後接著次第觀察、循序漸進，漸漸就懂：原來「法住法位」是講這個；這就是最粗淺的「法住法位」。

我這一世剛破參時，有一次要去美崙街買東西，騎著一輛舊的金旺九十摩托車，我同修坐在我後面，剛好到了文林路口等紅燈時，我正在想八識心王各自的體性，互相不混淆而又配合得恰到好處，我想：「這法眞是太妙了！」想著想著不知不覺就有了笑意，我同修說：「你是在笑什麼？」我說：「沒事。」因爲一時也講不清，那就是最剛開始的「法住法位」的粗淺智慧；而你們證悟以後應該去觀察八識心王各住其位的事，因爲這對智慧有關係、有幫助；但是不論你的智慧如何增進，其實都與第八識如來無關，祂的境界中沒有明也沒有無明——「非明非無明」。今天講到這裡。

《佛藏經》上週講到十三頁倒數第二行「非明非無明」，要作個總結說，意識可以學佛參禪、悟後進修而發起智慧光明，滅除無明，還沒有實證的部分就仍然沒有明而有愚癡——無明；但第八識眞實如來沒有智慧也沒有愚癡，所以眞實如來「**非明非無明**」。今天繼續要說下面兩句：「**如來不可說，不可思議無相。**」因爲這一段經文談的是「**無名相法**」第八識「無相」的實相，談了許多；這一小段經文來到最後這兩句，是作一個小小的結論，說明自心如來——第八識眞實如來——是不可說的，這自心如來是不可思議的，是無相的。那麼一般所瞭解的如來都是在應身如來上的瞭解，所說的也多是應身如來，但是在第一義中所說的如來，卻是諸佛如來的本際、實際；也就是說諸佛如來究竟是怎麼來的，事實上「如來」還眞的「不可說」。

據印順法師在書中的說法，釋迦如來出現在這個地球人間，只是一個偶然，是因爲人類的文明進步，進步到一個階段時偶然出現這麼一個人叫作 釋迦如來；這是他在書中的說法。但他爲什麼要這樣說？因爲他如果不這樣說，那他的《妙雲集》、《華雨集》說的所謂佛法就不能成立；因爲他所說的佛法是「演變說」而不是「本來如是說」。但眞正的佛法是不會演變、不可能演變的，是本來就如此的；打從我們正覺一開始弘法到現在，我們說的都是「本來如是說」，我們始終不接受演變說，而我們二十幾年來演述的佛法也始終不變。

那他爲什麼要提出「演變說」呢？他主張的演變說，有一個根本的理論基礎，就是人類一代又一代的發展，上一代傳給下一代而不斷地演變、不斷地演進，進步到一個階段時，人類其中一個人就會成佛；是什麼人會成佛呢？不確定，但是演進到最後就會突然有人成佛，而這個人突然的成佛，不是因爲過去世的修行，更不是三大阿僧祇劫的修學累積，而是因爲人類世代傳承，一代傳一代，每一代都在演進，演進到一個地步就有人偶然成佛了！要這樣，他主張的「阿羅漢就是佛」，以及「凡夫的人菩薩行可以成佛」才能成立；這就是他的居心。諸位很難想像他是這樣的居心吧？所以我說他居心叵測，這句評論就是這樣來的。因爲你想不到他是這樣的居心，而他的門人、信徒們也都不知道他這個居心，只有我知道他的居心，所以我是他的知己、唯一的知己。

換句話說，「如來」的本質究竟是怎麼樣，又是如何成佛的，他根本不懂，才會亂說一氣，所以 世尊說「如來不可說」。但是他這樣的主張，勢必跟他另一個主張自我矛盾、自相牴觸；因爲他主張說，佛法是演進的，所以最後出現了最究竟的佛法，那個人就這樣偶然而成佛了；他又主張，繼續演進的結果不一定是最好的，所以他主張密宗假藏傳佛教的大樂光明雙身法，是在 佛陀的年代之後再繼續演進出來的，所以假藏傳佛教那些輪座雜交等法都是不好的，認爲演進到最後不一定是最好的。可是他這一主張時，跟他講的佛法演進說不就自相矛盾了嗎？依照他那樣講的話，就不應該說演進是好的；因爲演進到後來變成密宗假藏傳佛教了，而密宗假藏傳佛教到現在這麼興盛，傳遍了全球，應該說是最好的，否則怎能傳遍全球？如來當年還只傳在古印度，如今密宗假藏傳佛教傳遍全球，不正是最好的嗎？否則怎能傳遍全球？那你釋印順爲什麼說密宗假藏傳佛教是不好的？所以那個演進說的理論有很大的矛盾，但他不明白。

因此當我們弘法之後，那時出了幾本書，小有名聲在外，也還沒有評論他，但他也不敢寫一個字兒評論我們。我們好像是從一九九幾年（編案：公元二千年）在中山北路地下室時，出了《楞伽經詳解》第三輯時正式評論他，他也不敢寫一個字來回應。因爲我們講的是「本來如是說」，那他的演進說遇到正覺這個法可就沒轍了，他無法翻身。換句話說，假使佛地的境界是演進出來的，是凡夫位的人類世代傳承演進而偶然產生的，那就表示那個演進所得的佛地境界，將來勢必要繼續演進；而演進的結果就會有兩種：第一是演進之後變成演退，退到假藏傳佛教密宗的境界去追逐淫樂；第二就是繼續演進成為佛上佛、成為佛中王，諸佛就不是無上正等正覺了。必然如此啊！因為既然成佛後可以再演進出來，那麼凡是演進出來的一定都可以繼續演進下去，不會有例外。

但如果是「法爾如是」，就不會有變化，永遠都是如此。所以釋印順是年輕時糊塗一直到成為老糊塗，也就是迷糊到底而死，是無可救藥的人。那麼諸佛如來的實際祂是本來如是，不從演進而生；所以諸佛如來講的十方三世一切如來的實際，不會是說應身如來、化身如來、報身如來的境界，因為那都還是在有為之中啊！諸佛如來非有為非無為，假使是純無為，那麼請問：「如何度眾生？」純無為就不說話了，也沒有行來去止；純無為也不會跟眾生有所接觸，那眾生如何能夠從祂那裡得法？所以他們只能夠理解到，兼具有為性的應身佛的那一些利樂眾生的有為法上面的表相，而真實無為的如來本際，是他們永遠不能想像的。

無法想像就乾脆否定，以爲否定就沒事了，所以人家來問：「印順導師啊！我想瞭解諸佛如來的實際，聽說那就是如來藏的境界，請您教教我。」他乾脆否定：「如來藏是外道神我，是緣起性空的別名，所以沒有如來藏這個心可以證。」那麼他就一切問題全部解決了。但這個解決只是個鋸箭法，就好像被一支箭射在身上，人家來問：「師父！您身上這一根箭要怎麼解決？您教導我解決的辦法。」他乾脆說：「我身上沒有箭，所以不用解決。」那愚癡人就相信說：「嗯！師父身上果然沒有箭，不用解決。」

假使時局一直都像元、明、清那樣的狀態，善知識看著無法出世弘揚正法，不出世，那他還眞的會相信自己身上沒有那支箭，徒眾也被洗腦了，相信他身上沒有那支箭。但後來時局好轉，百花齊放、萬家爭鳴時，在這種多元化開放時代的臺灣，我可以出來弘法了，這時就會顯示出他身上有一支箭。他很聰明，他想：「我反正是死定了，乾脆把它鋸掉就算了，身體中的箭我沒看見，我身上沒箭，鋸掉就沒有了。反正我終究得死，那段身中的箭我就帶到墳墓裡去。」這就是他面對正覺時的處理方法。

這表示說，對未悟的人或悟錯的人來說，「如來」是不可思議、不可理解的，「如來」眞的「**不可說**」。你看我們講「如來」講幾年了？正覺成立之前我就已經在講了，我正式說法是公元一九九〇年，但是我在別的地方是破參後接著就開始講的，若是以一九九〇年到現在來講，前後就有二十五年了（編案：這是二〇一五年七月所說）；這二十五年來我們都是在講「如來」，因爲都在講「眞如、如來藏」，就是講「如來」，我們講了這麼多，如今書也印出百來本，同樣也都在講「如來」，那你們看會外那一些人有沒有弄清楚什麼是「如來」？依舊沒有弄清楚！我講的已經那麼多，他們還是沒有弄清楚，印證了這一句聖教：「**如來不可說。**」

我們增上班的同修們常常有人告訴我：「**導師啊！您那本書講得太明白了，都明講了。**」意思是恐怕有輕洩般若密意。我說：「**有嗎？那是因爲你破參了，所以你認爲明講的。**」但是，假使我眞的明講了，那些大法師們哪個沒讀我的書？包括達賴都很努力在讀，爲什麼他們始終弄不明白呢？這表示我沒有明講。其實我已經講得很白了，可是他們仍然讀不懂，這證明 如來說的是正確的「**如來不可說**」。

「不可思議無相」，有的人讀了我的書以後，在那邊揣摩、思惟、想像，後來說：「嗯！大概就是這個吧，沒有八、九分也有個三、四分吧。」可是他們心裡老是疑著：「不可能！不可能！」其實他可能猜對了，可是不會信受。但我講這話是有後遺症的，有很多人以後讀到我整理出來這句話，他會想：「那我這個鐵定就是囉！」但沒想到還落在五陰中，眞的有後遺症。那麼有些人猜著了，他想：「對，這個就是。」可是深心中沒有眞的接受，心裡疑根未斷。

這疑的現象古今皆然、並未改變，你們看《景德傳燈錄》那一些公案，有時候一進門：「請問如何是佛？」禪師給他一句話；外人聽著好像不著邊際，可是他就悟了！那他觸證到眞如，難道是那個時候觸證到嗎？其實不然，是好多年前就已經觸證到了，只是不敢承擔；一遇到他信受的大禪師給他一個機鋒，就那一句話的機鋒告訴他：「就是這一個。」他相信了，所以說他悟了。這表示他在之前很多年以來就已經觸證了，只是不敢承擔，無法轉依；在那幾年之中他心中究竟有疑、或是無疑呢？正是有疑。一定要到他某一天把理路給弄通了，不再像以前觸證時只知道是個什麼。

就好像有人只知道這是車子，你讓他坐進去他能開嗎？不能開的。一直要到他弄清楚了、體驗練習過了，才說：「這確定是車子。」善知識就是教導他怎麼體驗、怎麼弄清楚。所以在此之前他已經疑著很多年了，有記錄的、疑最久的大概是天台德韶，要不然就是遠侍者；應該是遠侍者疑最久。雲門禪師每天早上看這遠侍者端著漱口的茶、洗臉的熱水上來，服侍完了，洗臉盆水潑掉放好又回來侍奉，他就呼喚：「遠侍者！」這師父呼喚，徒弟得要應：「諾！」有些人當我呼喚他時，他只是看著我，都不回答。我們同修會成立以後比較少這種現象，還沒有成立同修會之前，有些同修當我呼喚時，他們都不回答。所以師父呼喚他時，得立即回答：「諾。」雲門就問：「是什麼？」十八年間，都是每天重複這樣的過程；十八年後有一天，服侍師父完了回來侍立時，雲門又呼喚：「遠侍者！」「諾！」「是什麼？」「喔！」這一下會了！當下頂禮三拜。

但他是那時才會的嗎？絕對不是。如果是那時才會的，他一定不敢承擔，轉依不會成功的。他一定很早就疑心著：「大概就是這個。」可是不敢承擔，但雲門那一天最後問他「是什麼」時，這裡面有蹊蹺的。但你們心中別希望我把蹊蹺公開告訴你們，因爲後面瞿曇老人家會敲我腦袋的。等因緣到時我又問你：「是什麼？」你自然也就會了。但如果他是那一天才觸證的，雲門給他再明顯的機鋒也沒用，因爲他得要經過一段很長的過程，好好去體驗、去觀察、去思惟，然後確定無誤了，只是不敢承擔；這時雲門給他一個很明確的機鋒，雖然同樣是三個字，他這時就確定：「啊！果然如此！」因爲和尚都這麼說了！於是當下頂禮三拜。雲門當然看懂，所以等他禮拜完起來說：「以後再也不呼喚你了。」眞的不需要呼喚，他已經會了。

所以你看「如來」眞的不可思議，諸位想想看，最會思議的是哪一類人？是所謂的佛學家；他們可以稱爲佛學「家」，因爲他們只是在佛學裡面轉。這佛學的專家永遠住在專家的「家」裡面，出不了三界，因爲他們永遠在那裡面思惟，所以他們最懂得思議；因此他們研究佛學時有什麼文獻論、方法論，還作文字訓詁，他們那一套程序很完整，可是研究出來的結果，就像日本的袴谷憲昭、松本史朗，又像那個洋人傑米．霍巴德，寫出那些論文來合輯成爲一本《修剪菩提樹》。我記得好像是大前年，大陸民政部還想替他們印這本書，我得到一個內幕消息說松本史朗他們婉拒了。

算他聰明，假使大陸民政部眞要印出那本書，爲了護法，我就得回應；如果是日本內政部、美國內政部印了，那我可能不管，但中國的民政部印了，我就得理會，不能不理會，因爲這等於中國的民政部要打壓大乘佛教、大乘菩提。誰要打壓中國佛教，我就要跟他幹到底，我可不能眼見如盲。好在松本史朗聰明，因爲咱們的書在全球佛學界都算是很有名的，我們的書也早流通到日本去了，他們不可能沒讀過；他們都讀懂中文，難道他們讀了不找我書中的毛病嗎？一定要找啊！但是他們沒有能力找毛病，因爲他們都沒悟，而我們書中說的都合理、合邏輯、合聖教，也不違背解脫道，他們知道無法應對我們可能的回應。

而他們思議了二、三十年寫出來的那一些論文，結集成爲《修剪菩提樹》一本書，如今人家要再印出來，並且是中國的官方想要印，那你想正覺會怎麼樣？一定會有動作。到時候假使他的衣兜不夠大，怎麼辦？連兜著走都走不了，不要說把它吃乾抹盡，他們很清楚這點。我早說過，菩提樹法爾如是，根、幹、枝、莖、葉、花、果、子等都是「法爾如是」，沒有誰有能力修剪它；世尊早就講過了，法是本來這樣，不是誰或諸佛去把它製造出來、演變出來的；這表示那一棵菩提樹是「**法爾如是，不生不滅**」，那一些外道凡夫們竟然誇口說可以修剪菩提樹。他們還算聰明，知道臺灣有個正覺不能隨便招惹，他們都知道正覺的風格就是不許有人破壞佛法；但他們的書明明就是破壞佛法，所以算他聰明婉拒了，我也樂見這個結果，因爲我也省得跟對岸民政部結下那個梁子。

那你想想，那些佛學學術研究的專家，他們慣會思議，而且他們思議很周詳，爲什麼卻依舊思議不得？再怎麼思議都無法如實理解「**如來**」，所以世尊告訴我們說：「**如來是不可思議的**。」眞是如實語。那麼不可思議還有另一個層面的意思，就是難信難忍；很難信受也很難安忍，因此必然就會有人悟後退轉的現象。正覺弘法以來常常被人家嘲笑說：「**你看他們正覺的法就是有問題，才會一批一批不斷有人退轉嘛！**」我們大陸有個師兄很有智慧，當場回答：「**因爲難信、難思議、難修證，所以很難忍，才會退轉，有人會退轉才表示這是眞正的法。**」對方還算聰明就接受了。

諸位可以想想看，最不會退轉的是什麼法？啊？就是識陰這六個識啊！所「悟」的若是覺知心自己，這個最不會退轉了。假使有大師告訴你說：「你這六個識在定中一念不生時就叫作開悟。」這時沒有正覺出來弘法，保證大家都不會退轉；即使菩薩證悟了還沒有離開胎昧之前，重新再來投胎出生，依舊會回到這個起點來。但是如果有人告訴你：「這個都是假的。」還不談到如來藏，只說「這個都是假的」，那麼會有多少人相信？一百個人能找到一個，你回去就得要好好上供說：「阿彌陀佛！」一百個只要能找到一個。

諸位想想看，正覺沒有弘法之前，各大山頭都在講無我、無我、無我，但那都是口頭上的無我。當你眞正告訴他「意識虛妄」時他們就不接受了，都是落在我中抱得緊緊地，這證明世俗法中每一個大法師或世人，都不會退轉於常見，包括斷見外道。那些斷見外道臨命終時，他們心裡怎麼想的？他們想：「我要是有下一世該多好！」那請問你們，他們是不是常見外道？是啊！常見外道死時雖然大部分人都有一點恐懼，但不是恐懼斷滅，而是捨不得這一世的一切；但是當他對於還有未來世的事還很信受時，也不是突然病重即將要走人，心裡面已經有準備：「我大概是該走的時候了。」他會接受，就走得很灑脫，雖然他還是個凡夫；他可能跟大家揮揮手說：「來世再見。」手一垂，走了！

可是斷見外道心中恐懼：「師父告訴我的是死後斷滅，而我思惟觀察色、受、想、行、識也都是虛妄的，顯然是會斷滅的；可是我心中很希望死後不是斷滅，希望我可以再有來世。」所以他們心中大多是恐懼的，心中還是希望有來世可以繼續延續生命，所以他們的本質依舊是常見。那麼後來終於有人說：「受、想、行、識虛妄，色陰也是虛妄；但是人有三世，因爲從每一個人的狀況去觀察思惟，可以確定一定是有三世的。你看同一對父母所生的孩子，也許每年生一個，連三年生下三個孩子來，結果三個人的個性都不一樣，甚至還有三個孩子的個性相差很多的，顯然不可能是父母給他們的心性，所以父母能給他們的是這個身體，但他們的心性是從往世延續下來。爲什麼會有往世？從他們的心性看來就知道了。」所以這三個人顯然有不同的往世。

既然如此，就可以推定這色、受、想、行、識虛妄生滅，不從前世來、也不去未來世。但是前後三世會是同一個有情，那背後一定有一個常住的法，而這常住法到底是什麼？於是就有諸家所說各不相同；婆羅門外道說每一個人的前世就是大梵天，就是祖父；一神教是後來出現的，說人們就是上帝創造的。哲學家表示不能接受上帝創造之說——上帝是「主」，因爲上帝在哪裡都不知道，無法證實上帝的存在；那他們就推論說有一個造物主，不是一神教說的上帝，這樣看來哲學家也沒有比一神教中迷信的信徒高明，因爲同樣是「主」。一神教祈禱時總是說：「**主啊！我如何如何……**」不如意時呼喚主，如意時則歸功於主；但哲學家說的造物主不還是主嗎？依舊是主，所以也沒有高明到哪裡去；但近代的哲學家有一點是超越一神教的，他們主張：假必依實。

那麼中國人又有二、三種說法，其實還是遠比一神教高明太多了，因爲中國人發現一神教一類的思想，到了前後世要交接時產生問題了，但至少中國人能解決問題，就發明孟婆湯的說法，把這湯喝一喝，前後世交接的問題就解決了。洋人就是沒想到這個孟婆湯的說法。

所以，關於有情的由來，世間有種種的說法，不一而足，大家都無法想像。但 佛在《楞伽經》中說「**自心如來**」有很多種名稱，包括外道講的祖父、大梵天、冥性……等，其實就是這第八識「如來」。因爲就像哲學界說的「**假必依實**」，一定背後有一個眞實法永恆存在，這虛妄的五陰、十八界才可能世世無中生有；但那個「實」究竟是什麼，大家都弄不清楚；理論是對的，但推論和修證上都是不對的；修證不對所以依據那個理論講出來的就全部充滿了猜測臆想，既是猜測臆想就會產生很多的錯謬，所以才會有《長阿含經》那個典故。

《大悲經》有記載，有一天大梵天王，下來朝禮 釋迦如來，如來逮到這個機會當然要好好教育教育弟子們，因爲有的比丘聽了 如來的開示以後，竟然還去相信「**有情是大梵天創造的**」，此時不拿大梵天來教育這些愚癡弟子，更等何時！就當面問大梵天：「**人家說有情是你創造的，你說說看是不是眞的？**」這大梵天怎麼辦？放著人間那麼多信徒，他該怎麼辦？當年在印度，婆羅門教是最大的宗教；這大梵天不能直接回答，因爲如果回答錯了，佛陀一定會指正，他會更沒面子、損失更大；但如果直接承認說不是自己創造的，那信徒不全部都走光了嗎？那就只好顧左右而言他。我在猜測，釋昭慧那個顧左右而言他的作略，是否可能過去世從大梵天那裡學來的；她在法庭上顧左右而言他，同一個問題可以重複十七次、二十三次的顧左右而言他。那大梵天三次顧左右而言他，佛陀不能讓他這樣子；佛陀問話時有哪一個眾生可以不老實回答？大梵天算什麼？能出三界的人天應供阿羅漢們，都得乖乖老老實實回答 世尊的問話，大梵天還只是在色界境界而已。所以最後 佛陀要他老實說，他只好老實說了。

《長阿含經》也有記載，人間有一個有五神通的比丘，什麼名字我忘了，他跑到天上去問大梵天，那大梵天王依舊顧左右而言他，後來被問了三次，大梵天王只好說：「來、來，咱們借一步說話。」拉到旁邊去就罵他是愚癡人，大梵天就罵他：「你是個愚癡人，這個問題只能夠問釋迦如來，只有如來能回答；在人間跟在如來身邊你不問，跑來問我這個問題，也夠笨了。」所以他只好又乘著神足通回來人間，這樣才願意信受 釋迦如來。諸位看這比丘能有得度的因緣嗎？當然沒有！因為他的信還不夠，什麼信呢？對三寶之信還不夠，還在十信位中，遠不如諸位。所以諸位再也不要說：「我名不見經傳，我算啥？」千萬別再這麼想，名見於經傳的善星或其他某些比丘，那一些人有比你們好嗎？一點兒都沒有，他們十信位都還沒有修滿。

這樣看來，如來所說的一切有情的本來面目——這個第八識自心如來，顯然難以思議。想想看，如來從第二轉法輪開始，以及第三轉法輪全部都在講第八識「如來」，可沒有每一個人開悟，還得要靠教外別傳的方式指導以後才能悟入；那些不迴心的阿羅漢們，如來也不幫他們開悟，所以眞的叫作不可思議。這不可思議後面的另一個意思就是難信難忍；所以我們弘法前後二十五年的時光，我已歷經三次法難及三批退轉者，覺得這是正常事，所以在第三批人發動法難而退轉時，他們對正覺所作的事，可以說都是趕盡殺絕的手段，我們有的親教師很生氣說：「他們每一招都要我們死，我不想讓他們再回來。」我說：「不用生氣，因爲每一件事情都有兩面，就像你找不到一張紙是只有一面的。」（編案：本書出版時正有另一小批人退轉，自稱瑯琊閣；所質疑及否定的法義，類似第三批法難的退轉者。）

我提出一個譬喻：「我們就像一條河流，水流不是很大，所以我們聲勢一向都不大，但我們按部就班在弘法，就像緩緩在流著的水；我們持續不斷地流著，而我們河水正在流的過程當中，由於這條河流不是小河，因爲這是很大的法；當這大法水一直在流著，有人弄了三夾板不斷地去擋起來，擋了一層上面再加上一層，水更滿時上面再加一層，一直疊上去，就這樣釘起來；河水可能一時間沒有辦法流過去，但這條河流很大，當水流不過去一直往上淹，淹一層樓高時若沒有把三夾板壓垮，到二樓高、到三層樓高時，那三夾板還能撐住嗎？撐不住的，到最後這一崩塌的結果，一定會把下游那一些雜草雜物整個都沖走，那麼將來河水要流時不就更順了嗎？」

我當年作了這麼個譬喻，果然大家聽懂了；後來也眞的依照我說的這樣實現了，所以我們在後來的一年、二年之中，陸陸續續針對那次法難事件出了很多本書，包括《眞假開悟》、《識蘊眞義》、《燈影》……等，結果呈現出來的是，臺灣佛教界不管有誰說到要開悟明心時，大家都說：「去正覺。」這不是被我料中了嗎？那他們那三批人爲什麼會退轉呢？都因爲難信以致於難忍。縱使善知識努力攝受而使他們不得不信受，暫時安忍下來，只要遇到一個導火線就會爆炸開來（心中那個疑馬上就爆開），於是法身慧命無存。想想看，都還有我在攝受著，而他們依舊會退轉，只因爲當初我是明說送給他們，他們不是憑自己的能力辛苦參究出來，只因爲這樣而在深心中無法信受，所以遇到私心作崇時就無法安忍。難信難忍，就表示這一個法（表示佛所說的「如來」）是不可思議的，因此 佛說「不可思議無相」。

那祂爲什麼不可思議，導致有人甚至會退轉？是因爲祂「無相」。有相的法就容易思議、容易信受，如果是有相的，不說開車，說開飛機等，或是你去拿一個比較奇特的水果，例如南洋的山竹、榴槤，還比較容易理解。我記得小時候，那是六十幾年前，換句話說我現在算是老了；六十幾年前我還小，我們家田地裡還有一棵樹，當時我們都不懂得吃，那就是榴槤，因爲很臭，大家認爲那不可以吃。還有一棵好像是菠蘿蜜，也沒有人知道那是可吃的，但這樹是臺灣如今還有。

如果是山竹，臺灣根本就沒有，是這一、二十年才有從南洋進口的，那你如果跟人家說山竹是什麼模樣、什麼味道、皮是怎麼樣、子是怎麼樣；人家雖然沒有親嚐，至少有個印象，也還容易理解，因爲它有相，假使他去到南洋旅遊時看到那個東西，也許他會問導遊：「這是不是就叫作山竹？」他會猜，因爲他知道什麼顏色、大約多大、皮長什麼樣子，他會猜測，所以他要弄清楚並不難。

但無相的法就很難懂，一個無相的法，你要怎麼去形容祂？你說：「就像空氣那樣。」他就想：「那我知道，大概就像風吹那樣吧？」也許北方的人說：「就像吹起來很冷那樣。」南洋的人也許說：「就像吹起來很熱那樣，就像在印度。」如果我們在臺灣，可能又有不同的說法，也許到了冬天，又有不一樣的說法。譬如跟熱帶的人講雪就已經不容易說明了，因爲寒帶下雪時你跟他形容說：「它很冰冷，它又像棉花那樣軟軟的，又像沙子那樣閃閃的。」他就想不通了：「怎麼有個東西像沙子那樣，沙子明明就一顆一顆。」白雪也是一顆一顆沒錯，又眞的好像細沙，「很冰涼的，可是又不是冰塊，像細沙。」他又沒辦法理解。你又說：「它鬆鬆散散的像棉花。」也許跟他說明雪是白色、好像是棉花一樣，他也許就聯想到棉花，一樣也猜不著。

連有相的都不容易使人理解，如果無相的呢？你怎麼說他就怎麼誤會。連這個眞如心都這麼難體會，如果再進一步，談到這眞如心所運作出來的佛性呢？不說沒有悟的人，眞悟的人還沒有看見佛性以前也是一樣，怎麼說就怎麼誤會，總是會用如來藏來體會佛性，講出來時一定是和見性者所說的一模一樣，其實他的體會都是錯的。所以「如來」的體與用眞難理解，莫說一般人，就算是臨濟的開宗祖師義玄禪師，他對佛性怎麼理解的：「在眼曰見，在耳曰聞。」眞是天差地別，所以佛法不是那麼簡單的事。不簡單的最重要原因就是因爲祂「無相」，因爲「無相」的緣故，而且又難信受；你如果明講他可能會謗法，爲了不想讓他謗法就不能爲他明講，他想知道就得自己參究，自己參究出來的才有可能承擔下來；否則必須是往世已經悟過了，有那個種子在，才不會悟後謗法。

凡是自己參究出來的，即使是錯誤的，他也不會退轉，除非遇到一個大善知識好好攝受他，改正他的錯誤。所以假使有一個人每天辛苦打坐，在那邊修離念靈知，十八年以後他終於可以一念不生，這時大和尚跟他印證說：「你開悟了。」那你要叫他退轉，我告訴你，很難很難啦！因爲他想：「老子我拚了十八年才到這個地步，哪有可能是假的？」然後正覺剛剛出來弘法時宣稱開悟是要證得如來藏，而且打禪三時統統有獎，他們想：「人家拚了幾十年都悟不了，我才來半年就開悟了，這哪有可能是眞的？」因爲善知識給得太容易，所以他們不信；若是悟得很困難的，就會信受不疑。那你是不是可以罵他們說：「你們這就是劣根性、賤骨頭。」不該罵，因爲現在是五濁惡世，這樣才是正常的；若不在五濁惡世時，就不會有這個現象。

所以 釋迦如來得要示現六年苦行後才放棄苦行而成佛，都還有很多人不信；可是將來人壽八萬四千歲時，彌勒菩薩今晚出家、明天成佛，出來弘法時沒有人會懷疑；因為沒有人會懷疑，所以龍華三會的聲聞三會，第一會九十六億人成阿羅漢，第二會九十四億人，第三會九十二億人。當然那個億不是我們中國人講的億，是以千千為億；一千個千是多少？是一百萬人。一次說法就是九十六個一百萬人—九千六百萬人—斷結成阿羅漢，想我出來弘法這麼多年，在等一個阿羅漢的弟子就是等不到；可是那些大陸佛教界的凡夫們各個都自稱阿羅漢，還有人自稱是五地、四地的菩薩，卻是三品心未證、梵行未立，連我見都未斷。

不說我，我算什麼？釋迦如來示現在人壽百歲時，度眾生也就不過一千兩百五十位大阿羅漢，這些大阿羅漢們座下還有阿羅漢，加起來就算有十萬人，應該沒那麼多，除非加上天界的弟子；可是 彌勒菩薩是今晚出家、明天成佛，然後龍華樹下第一會的聲聞說法之會，九千六百萬人成阿羅漢；全臺灣也只不過兩千三百萬人，還抵不過第一會；可是大家都不會退轉，因為人活上八萬四千歲時（別說活到八萬四千歲時，人只要能活上一萬歲時）都學乖了，更何況還有第二會與第三會。

想想看，我們現在五濁惡世人壽普遍是八十歲，超過八十都算長壽了。

所以臺灣習俗九十歲以後往生的，他的靈堂可以供上紅花；紅花是喜慶，臺灣人眞的很有智慧，慶喜亡者高壽離世，也顯示子女孝順。人只要活到八、九十歲以來，都學乖了；因爲八、九十歲已經體驗過很多事情，深知一時不忍就會有什麼果報，有很多人都已經學乖了。如果有更重大的或者更微細的沒體會到，活上一萬歲都體會過了，所以都很乖順，再也沒有人會出來說一句話：「**我偏偏不信邪！**」八、九十歲而不信邪的人是少數。人間有正人、有賢聖，大家會相信，有邪人、有邪民，大家也會相信；不會像釋印順不信有鬼道眾生，不信有地獄，因爲他學得不夠久，學法以來不過幾劫。人只要能活上一萬歲，一定相信有六法界的有情眾生，對賢聖等四法界也會信受，因爲學多了。

可是當你告訴眾生如何實證這個「**無相**」法時還眞不容易，即使活到八萬歲遇到 彌勒尊佛來人間，他還有四千歲可活時，假使他以前不是在 釋迦如來的正法中曾經修學過，那時想要證悟也沒機會，一樣聽不懂。因爲屆時 彌勒佛也不會明講，一樣會是像 釋迦如來旁敲側擊讓大家親自去體會。正因爲這「**無名相法**」如來藏不可思議，正因爲祂無法用意識思惟去了知，得要親證；所以說這「無名相」的第八識妙法不可思議，而這個「無相」正是大乘佛教中大家常常聽聞、琅琅上口的如來藏，又名眞如，有時叫作阿賴耶識、異熟識。如果不是往世曾經熏習，一般人是難以信受的；若是往世已經學過或已經親證的人，不必讀過，只要一聽就會相信的。

例如我剛出來弘法時一向都講眞如，有一天有個師兄問我說：「老師！我們證的這個眞如，是不是就叫作阿賴耶識？」我當下說：「是。」可是我那時候還沒有讀經典，也沒有聽過或讀過阿賴耶識這個名詞，但我當下就跟他說是。他說：「爲什麼眞如就是阿賴耶識？」那時我們還沒有提出如來藏這三個字，「爲什麼眞如就是阿賴耶識？」我就解釋給他聽，可是我當時還沒有讀過《解深密經》；我讀《解深密經》、《楞伽經》是因爲想要弄清楚《成唯識論》，我證得眞如、眼見佛性了，但《成唯識論》請了出來，每一個字我都認得，但卻不知它是講什麼；因爲往世的證量還沒有全部回來；後來讀了《楞伽經》以及《解深密經》，然後才終於懂了：原來《成唯識論》是這樣的意思。

所以我剛開始弘法，教導大眾親證眞如時，還沒聽過阿賴耶識這個名稱，但我知道那是什麼意思，就直接跟他講解；這就是往世的種子，由於被人家這麼一問就拉了上來。這個過程一直在持續著，持續了十幾年才算把往世的所證全部都引生出來。所以不是悟了一、二年就全部回來，沒那麼快的。如果悟了一、二年就能全部回來，那我告訴你，你往世的證量很淺，所以一、二年就可以全部引出來，一定是內容不多。

話說回來，彌勒菩薩將來成佛時所度化、能夠親證的就是諸位。假使一直抗拒「**無名相法**」如來藏，連信都不肯信受，就算沒有謗法造惡業，一直在人間捱著，捱到將來 彌勒尊佛成佛時他最多就是證阿羅漢果，無法明心。一定要現在信受有這個如來藏，相信祂的心體與眞如法性眞實可以現觀，縱使現在沒有親證，將來一樣可以親證。這就表示「**無名相法**」如來藏不可思議、難以親證。

然而善知識所說的言語都不是如來藏，因爲善知識的言語，只能像國畫家一樣烘雲托月；當人家不知道明月是什麼，例如有人生來眼盲沒看過明月，那麼有一天因爲科技進步把他醫好了，他剛拆下繃帶檢查時終於可以見色了，而他很想要知道明月，但他還不能出院到外面去看，卻很想立即知道，就請求你；那你拿一張紙來畫個圈圈說：「這個叫作明月。」然後醫師又幫他綁好繃帶；那你想想看，他是怎麼體會的？不能用你所知道的來揣測他的體會，要用他的境界來設想他會怎麼體會。他會說：「原來月亮就是這個喔！」一開始他會認爲你在白紙上畫的就是月亮：「那好極了，我回家以後，牆壁上要多幾個月亮。」他就想他家裡可以多幾個月亮，因爲大家都說月亮很好，這顯示他還是錯會了。

那麼國畫家看他誤會了，就不再畫圈圈，就把預定畫月亮的地方空出來，把旁邊塗上一些烏雲等，月亮就顯示出來，那他有畫月亮嗎？他沒有畫出月亮啊！可是大家都說他已經畫了月亮。但這還是影月，不是眞月，還得等到眼睛全好以後再於晚上帶他到戶外去看眞月。如來就像這樣子，把眞如告訴大家，就是烘雲托月的方法；但這個烘雲托月——看了這一張國畫山水畫，你知道這畫的是月色的山水畫，你看到那個空白的地方時說：「這叫作月亮。」可是有一個問題來了，假使換了個生來眼盲突然能看見的人，當他看見那一幅山水畫夜景的月亮，他會認爲是月亮嗎？不會！是因爲你已經見過野外的夜景，所以你看到那一幅畫時會說：「這就叫作月亮。」這是有前提的。

所以這一個「無相」的法既然是不可說，又不可思議、難信難忍的法，偏偏又是「無相」的，那麼你要讓人家信受就已經很難了，何況是要幫助人家親證，當然更難。所以這個「無相」的法要說明是很困難的，正因爲「無相」。這時一定有人想到一個問題：「既然無相、無形、無色，我憑什麼相信你？」對吧？我相信現場一定有人這樣懷疑。他不是懷疑我，而是懷疑說：「無形無色，那我要怎麼證？」難啦！「證不得，要我相信也是難。無形無相，那到底是怎麼證？」諸位想想看，無形無相你要怎麼證？無形無相，連影子都無。

空氣也是無形無相，但空氣還是可以觸摸到；小孩子不相信，可是你如果拿一把扇子搖一搖，有風，「風就是空氣喔？」不是，因爲空氣流動所以產生了風，他就想：「原來如此，所以空氣搖動就是風，那這個風就是空氣形成的，所以空氣眞的存在。」如果是完全無，那扇子再怎麼晃也不會有風；例如你拿一把扇子到太空去，怎麼搧也不會有風，因爲那裡沒有空氣。其實應該說空氣太稀薄幾乎不存在，否則會有語病，物理學家可能會來質疑我。

那空氣無形無色，你跟一個三歲孩兒說空氣，他不能理解，但成人畢竟還是能理解。可是這「無名相法」如來藏，每一個眾生都有的「如來」，「無相」而且無色，那要怎麼證？連說明都難。

所以要證這個「無名相法」——要親證自心如來，眞是難啊！因此那些大法師都悟錯了也就情有可原。所以你們悟後在外面走動，不要看見人家外面道場那些出家人就搖頭；別搖頭，因爲你搖得再小，人家也會發覺到。但你爲什麼看見人家就搖頭，是因爲祂無形無色，那些人當然很難證而無法證得，爲他們可憐啊！證明這「無名相法」難證。那也許有人說：「您都明講了，人家不悟才怪。」有時有的同修會這樣跟我講，那我倒要問：「我都明講了，在那麼多本書中明講，爲什麼大法師們悟不了？」那不是很怪嗎？你們說「不悟才怪」，看來大法師們都很怪，我明講了而他們竟然還悟不了。可是我講出來的並不是「如來」本身，我講得再白，終究不是如來本身，所以他們要悟還眞的難。

這就是說想要證悟祂很難，因爲一定要有善知識施設善巧方便，才有辦法悟得這「無名相法」。那麼這個善巧方便每一個禪師都有爲人處，但是給的善巧方便不同；如果認爲這個人悟緣不到，可能還要再幾十年才有因緣可以悟，那他給的善巧方便就是另外一種，那個善巧方便是無法悟入的善巧方便。聽起來很矛盾吧？是很矛盾，但確實有幫助學人的地方，將來那個人悟了成爲大善知識時，還是不能見責於那位禪師。所以才會有禪宗那麼多流傳下來的公案，同樣的一句話、同樣的兩個字或者三個字，有的禪子聽了證悟成爲禪師；有的禪子聽了悟不了，就不叫禪師，但所悟內涵是一模一樣的，全都無二。

所以老趙州的爲人處已經夠直白了，依舊有很多人悟不了；而雲門給人家的善巧方便非常隱晦，可也有人悟入。打個比方說，有僧人來參訪時問：「**如何是佛？**」老趙州說：「**喫茶去！**」這「**喫茶去**」一句，眞要讚歎老趙州確實是老婆心切。有人去問雲門，雲門說：「**胡餅。**」雲門不像老趙州那麼老婆心切，他答個胡餅，但那胡餅兩個字同樣可以幫人開悟啊！可是歷史上記載誰聽了這兩個字悟得？沒有。禪師們就拿來作文章，編一個杜撰的故事說：**【觀世音菩薩出門去買胡餅，回到家伸手一看原來是饅頭。】**就叫人家參，有誰能會？不說那一些人，就說諸位，如果我也弄這類公案給你們參，還有今天的正覺嗎？才怪！

那有的禪師又繼續作文章，因爲人家來問：「爲什麼雲門說是胡餅？爲什麼又有禪師說『觀世音菩薩買胡餅，回來一看變成饅頭』？」禪師就回答：「不過就是胡餅，壓什麼汁？」胡餅再怎麼壓也壓不出汁來，表面上意思是這樣，可是那禪師說「壓什麼汁？」聽的人越聽越遠；本來在娑婆還算近，這一聽跑到極樂世界那麼遠去了；（大眾笑…）他沒有那麼好的眼力可以從極樂世界看到娑婆的眞如，可是如果將來悟了以後，他能不能怪這個禪師把他誤導那麼遠？不能。因爲這禪師說「胡餅壓什麼汁」，也有善巧方便爲他。你們看很難吧？是難，因爲祂「無相」，你要怎麼證？又不可明說。就算明說地告訴你，那也不是如來藏，依舊不算數；反而旁敲側擊以後，你自己參究體會出來的更好一點。

那如果是老趙州，簡直老婆到眉毛拖地；你來問如何是佛？就是問這個「自心如來」，他叫你喫茶去。如果有人聽到喫茶去，乖乖去喫茶，他就有機會了，機會大很多倍了。如果聽了雲門的胡餅悟不了，我不見責，如果聽了老趙州的喫茶去，去喫了茶又回來問，那我可要給他罰棒，眞的該打！可是老趙州也就這樣答：「喫茶去！」所以某甲來了問：「如何是佛？」老趙州說：「喫茶去。」某乙來問了，也是喫茶去；有一天有個新到僧──就是外面來的參禪僧──上來問，老趙州不認識他，問他：「曾到此不？」閩南話就是說：「有來過沒有？」就是問：「來過也無？」那本來就是河洛話，我們臺灣的老祖宗是從那邊過來的。那僧人答：「曾到。」老趙州說：「喫茶去。」依舊是喫茶去。沒有來過的喫茶去，來過的也喫茶去，這院主看見了，就上來問：「和尚！未曾來者喫茶去，曾來者也喫茶去，是什麼道理？」老趙州喊人：「院主！」「諾。」「喫茶去！」眞的很老婆！所以我說如果有人才一見面，聽到老趙州說喫茶去，當下會了，無妨是人天眼目。那如果去喫了茶回來還不會，還要百般手段、千般教導才能會去，那可不能當人天眼目了──沒資格當人天師，這人將來可以用來度人，好好栽培還是可以的。

所以你們看，要親自取證自心如來容易不容易？確實不容易！可是你們又不太願意講「不容易」，所以講在嘴巴裡面，也因爲眞的不容易。不過我告訴諸位，在正覺會中比起古時的禪師來，已經太容易了！因爲我們禪三裡面已經不只是眉毛拖地，我簡直就在泥水裡面打滾給諸位了，但依舊不是容易，因爲祂「無相」。只要是眞正「無相」的都很難證！無相念佛都還有念相，會外都已經很多人在抱怨說：「你們爲什麼不講清楚一點？我們讀了也都沒辦法會。」他們想要這個功夫，想求一念不生、淨念相繼；因爲念佛人能淨念相繼就保證可以往生極樂，而且品位高，但是就學不會，所以也曾經有人打電話來抱怨。但是雖然說是無相念佛，其實還有憶佛的念相，已經不容易學成，何況是第八識如來連念相都沒有而無一切相。

也許有人讀過《成唯識論》，就說：「眞如亦是識之什麼？」「識之實性」。所以又說「眞如亦是識之相分」，那眞如不是有相了嗎？可是眞如相是這個無相的第八識運作時所顯示出來的，你想要看見這個眞如相，前提是要先找到「無相」的「如來」。所以你想要看見眞如這個相，比找到這個「無相」的如來藏還難。得要先找到如來藏，然後看祂怎麼運作，才能看見祂的眞如相，所以眞的不容易。但正因爲「無相」就表示祂是不生法，唯有不生法才是不滅法，不生不滅的法才是你應該實證的。凡是有生滅的、會間斷的法都不是學佛的人應該實證的，因爲那都是生滅法，都在三界法中。那麼這個法「不可思議、無相」，想要實證的人就必須先要有一個認知：這是連不迴心

薩，那你總該傳給我了吧？」也還不一定，因為還有其他的條件；單這「菩薩」的條件他就沒資格了，因為從事相上來看他是菩薩，可是從他的心態來看，他不是菩薩。他想的都是：「我怎麼樣趕快得法，我怎麼樣趕快成佛。」他只想自己，這還能叫作菩薩？這是自了漢！一個自了漢，要他悟後為眾生作事，要他為眾生將來的證悟而作各種的因緣，他都不肯作，只想自己一進正覺就要開悟；所以他受了菩薩戒，就一心等著禪三每次都能錄取，最好錄取一次就可以明心又見性。所以有人報名表寫著：這次報名禪三的目的是明心加見性（因為他自認為看見佛性了）。那這樣的人是什麼？是自了漢，只想自己。空有菩薩的名分，他的心依舊是個自了漢，那我憑什麼幫他的忙？

所以這個法的實證一定要有一些條件，因為這是很難證的法，當然不可能隨隨便便就放手給人家親證，否則還真的會害了他。何況真是菩薩以後還有許多的條件，條件都具足了，佛陀才會幫他開悟的；不單是現在，二千五百多年前就已經是如此了。大家要瞭解到這一點：無相的一定是不生不滅的，無相的一定是不可思議的，無相的一定是沒有辦法明說的，無相的一定是最難實證的，但也正因如此，所以無相的才是一個真正的菩薩具備大福德、大智慧以後所應該要親證的；而這個無相的叫作「**無名相法**」，又名「如來」，但眞的很難實證，因此 佛說「**不可思議無相**」。今天先講到這裡。

今年天氣有點怪，看來好像比往年熱，可是這麼一場雨又似乎已是秋天了。昨天（編案：二〇一五年七月二十八日）下午一場雨，我回到家時才只有二十三度；今天一場小雨後，我來到講堂也才二十七度。有一句詞兒說「**一回風雨一回涼**」，那應該是入秋以後的事，沒想到現在才大暑剛過幾天，竟然也是「**一回風雨一回涼**」，應該說時節有點反常。就像臺灣南部有一句話說：「**歹年冬，厚肖郎**。（臺語，在不好的年頭，狂人特別多。）」聽過吧？所以惡人也會成爲模範；有些人會模仿，眞是五濁又加末法。不過這樣也好，否則大概那些報紙、新聞媒體要關門了，沒什麼可以報導的。但我們還是希望清涼一點好，因爲一般眾生畢竟會受到熱氣的影響而心神大亂，自己幹了什麼大惡業都還不知自省。

那我們無所謂，反正咱們正覺講堂裡面永遠都是清涼的，裡外都清涼。外面身體因爲有冷氣，是涼的；但心裡面也是清涼的，因爲各人都有一個如來藏，從來不惱不熱、不煩不躁。不管有沒有證得，至少自己知道身中有這麼一個如來藏；先假設有這麼一個心在，依止這樣一個心：「我將來要實證祂，證明本來就清涼無惱的境界現前存在。」這樣至少不會跟著外境心浮氣躁，這就是來正覺的好處。萬一實證了怎麼辦？實證了就是眞正的清涼，還能怎麼辦？只會繼續進道而提升證量。我們下一段經文也會談到這個，因爲清涼，所以你就不必像聲聞人那樣非得要入涅槃；本來就清涼無惱，何必要入涅槃！

言歸正傳，今天應該是第八十一講，要從第十三頁倒數第二行中間開始：「汝今莫樂取相，莫樂戲論，佛於諸法無執無著，不見有法可執可著。」這是說世尊開示了前面的「如來不可說，不可思議無相」等法之後，爲弟子們吩咐：「正因爲前面所說的這一些道理，所以你們大家如今不要總是想要執取外相，也不要喜歡戲論，因爲自性佛於諸法是沒有執著的，這是因爲諸佛如來的本際從來不曾看見有一個法可執取、可愛著。」

那麼說到「莫樂取相」，這一個「樂」字不讀作「樂」，因爲這字在這裡是動詞，是說：「不要老是希望或者想要執取表相。」所以這時是一個動詞，讀作「要」。「取相」一向都是凡夫大法師們的老毛病，也可以說這種「取相」

的毛病在那些大法師們身上，還眞的要說他們是沉痾難治。沉痾表示病已經深入骨髓裡去了，既然已經沉潛到很深的地方去，要治它還眞的困難；那麼深的痼疾，中國人才有辦法治，洋人沒轍，因爲中國人有一個獨門功夫——拔罐。

洋人看見火罐覺得很奇怪、很訝異，也不知道那有什麼作用，可是中國人聰明，弄個火在罐子裡面晃一晃、晃一晃，然後往病處這麼一蓋，隨著空氣漸漸冷卻就開始拔。拔罐是個治病的好方法，雖然說也有限制，譬如說很敏感的耳朵、眼睛千萬不要拔；還有這個期門穴也得很小心拔，諸位要記住；但是如果病入膏肓了，拔罐最好。病入膏肓就表示病得很深了，因爲膏肓穴很深；如果每週拔上一次，那個病就漸漸淺了，最後推一推、藥糊一糊也就好了。沉痾正需要拔罐，可是拔罐速度不是很快，因爲既然稱爲沉痾就表示病得很深；所以中國佛教界的沉痾，我們拔它幾年的罐了？少說有二十年了。

我剛開始弘法不對大法師們拔罐的，只是平鋪直敘地說法；該說的法我就說，都不去動人家，不批評任何人。不論誰來問：「某某法師好不好？」我說「好」，「某某大師好不好？」「好」，我都說好。結果好出毛病來，因爲他們說：「你們正覺都說我們的法對，可見你們正覺的法不對，因爲跟我們不一樣，那就是你們錯了！」我想要當老好人還眞難啊！所以各大山頭抵制正覺，他們就這麼說。那我想：「我當好人當不成了。」就好像古時的章回小說描寫的，一不作二不休，乾脆我來當惡人好了。既然你們不要我當好人，我就來當惡人。於是我就開始對他們拔罐，一次又一次；拔了十八、九年到現在，終於佛教界的沉痾現在變淺了，所以現在應改個名字叫淺痾、浮痾。當年寫那一曲〈菩薩的憂鬱〉都還覺得佛教界沉痾難治，但是看來終於漸漸可治了，因爲拔久了深病跟著變淺了。

這就是說，我們之所以要救治佛教界的沉痾，是因爲他們「取相分別」太嚴重。「取相分別」是一個必須要快速對治的老毛病，諸位想想看，修淨土的人，豈不是最簡單、最粗淺的法門持名唸佛？諸位有沒有注意到《淨土經》中，世尊開示說，想要高品位往生極樂世界的人，除了孝順父母、恭敬師長，有三福淨業要修以外，有一件事情必須要避免，叫作「取相分別」。不「取相分別」的人才能上品上生，「取相分別」的人縱使能往生西方極樂世界，品位都是不高的，因爲「情執深重」。品位不高，也許有人覺得：「那沒什麼，能去就好了。」問題是品位高低之間所得到的待遇差很多。

也許有人說：「待遇沒有關係啦，我不追求什麼好待遇。」可是後面又有兩個問題：第一是不太好的待遇固然是很享受，一個人住一個大宮殿——寶蓮花的宮殿，那宮殿很大，假使有五百由旬大，可是在那宮殿裡面只有住他一個人，孤獨不孤獨？寂寞不寂寞？想想看啊！不要說下品，單說上品中生——上品生的第二個階位，往生到那裡去，住在那十二由旬寶蓮花的宮殿裡，至少得要相當於我們這個娑婆世界的半個大劫，想想看他們悶不悶？一個人住在那宮殿裡面孤零零地半個大劫以上，眞的悶啊！阿彌陀佛慈悲就怕他悶，所以就每天八功德水尋樹上下，唱出苦、空、無我、無常、六度波羅蜜等，這就是他的待遇。

也許他說：「這個待遇也不錯，雖然孤零零的，但什麼都不用作，要什麼有什麼，那有什麼不好？」有啊！當然有不好。等他半個大劫過完、出了宮殿見佛聞法之後，才突然看見：「這某某師兄師姊以前在娑婆世界，在正覺講堂學法，我們是師兄弟，」可是一看，不得了，爲什麼他渾身都是智慧之光呢？「爲何我跟他差這麼多？」那時抱怨誰呢？抱怨自己啊！這就是說他在娑婆學淨土法門時沒有學好，沒有學好的過失不在他自己，而是在善知識。那個「善知識」三個字下面要加個破折號「——」，補充說明「惡知識」，因為他沒有把《淨土經》釋迦如來那麼老婆、講到那麼清楚的開示，告訴他的弟子四眾們。《淨土經》中 世尊特別教示給大眾不要「取相分別」。

「取相分別」很嚴重的人會有個問題，假使他是出家的僧人，往生極樂世界假使他運氣好得了上品中生、花開見佛一看，佛與諸菩薩都是留頭髮，也都不穿袈裟；阿彌陀佛、觀世音菩薩、大勢至菩薩，以及其他的菩薩們幾乎沒有人剃頭、著染衣，那他怎麼辦？他說：「我怎麼跑到這個地方來？」因為他「取相分別」，老是在意出家在家的法相與身分有別。他如果中品往生可就適得其所了，因為中品往生的那一些人花開見佛一看，大部分人都是穿袈裟、剃光頭，他倒是覺得其樂融融，因為他「取相分別」。所以淨土法門的道理也是很深的，但有多少人知道？寥寥無幾。這意思是說，即使是修淨土法門想要往生極樂世界，也不該「取相分別」。

所以「取相」是個大毛病。但「取相」其實意涵很廣，剛剛講的只是「取相」中的表相而已；「取相」的意涵，從表相來看，林林總總很多差別，咱們就不談，直接拉回來談佛教界這百年來「**取相**」的人或大法師們，他們所墮是在哪裡？都在識陰，一個個都執取識陰之相。也許你說：「**百年來佛教界大法師們都如此？這太荒唐了吧！**」可我告訴你，這還不荒唐，更荒唐的是宗喀巴一直流傳下來的兩部《廣論》；這兩部《廣論》取什麼相？取五陰之相，而且一一相具足執取。那麼也許有人想：「**不可能吧？人家佛光山也推崇《廣論》啊！**」但問題來了，先不說《密宗道次第廣論》，單說《菩提道次第廣論》，他們有哪個敢整部論從頭講到尾、並且講得很清楚的？有誰呢？不說一個，半個也沒有。

你們看看講《廣論》最努力的是誰？新竹鳳山寺日常法師。但他講別人的話，應該拿回來再送給他自己，因爲他認爲佛教界往往有人說自己證得什麼證量，其實都是虛有其表；我說這話得要拿回去送給他，他講《廣論》講了不只二十年；他自從去見過達賴回來以後就專門講《廣論》，但他把《廣論》重複又重複地講很多遍了，就是不講後半部的兩篇止、觀。他們闔寺師僧都責備所有學《廣論》的居士：「**你們這些居士，永遠都是一壺燒不開的水。**」可怪的是那些居士們竟也接受。但我要告訴他們：假使他們將來讀到我現在講的這些話，他們要去怪日常法師：「我們這一壺水燒不開是你的責任，因爲你日常法師都不講、不教我們《廣論》的止觀，我們當然無法成佛。」

很多人也許還想不通我爲何這麼說，但我告訴諸位，《菩提道次第廣論》後面那止與觀兩篇內容，講的都是雙身法的內容與前方便，只是用很多的名詞暗語隱說，一般人讀不懂。那日常法師既然教了二十幾年的《廣論》，他責備學《廣論》的居士是永遠燒不開的水，問題是爲何燒不開？因爲那一壺水需要火，而他不給火；火就是《廣論》後面那兩篇止觀，就是雙身法和附屬的前方便。居士們如果水要燒得開，得要用那個淫欲之火來燒才能成爲日常法師講的「燒開」，可他不給那個火——他永遠不教止觀。每次從頭開始教，教到後面止觀的部分時就不講，又從頭開始教，大家就傻傻地又從頭開始學；有的人學三遍、有的人學五遍不等，最重要的止觀卻都不教、不學，而那些居士們也各個接受了，你說他們有沒有聰明？

我若許諾給大家來我這裡挖黃金，要挖到黃金得挖好幾層，譬如說第一層是石頭、第二層礫層、第三層細石、第四層砂、第五層土、第六層鉛，這樣一直挖下去；但他老是叫你從大石頭開始挖到鉛那一層，就又從頭開始—

——就找另外一塊地，讓大家從石頭又開始挖，每一次即將到黃金之前，挖到鉛那一層時又從頭開始。連銅銀都不讓你挖，還有什麼黃金可以給你挖？那你能挖到黃金嗎？聰明人不必用腦袋想，用膝蓋想就知道了；可是他們《廣論》的學人就這樣心甘情願繼續迷惑下去。但他們爲什麼迷？因爲「**取相**」。他們看：這是寺院、這是法師，可以信受。於是「**取相**」的結果就產生情執，跟著日常法師一干人繼續「**取相**」，取什麼相？取五陰之相。

那宗喀巴《菩提道次第廣論》後面的止觀先不談，先談前面所謂的上士、中士、下士道，講的都是什麼？根本沒有一個上士、中士之道，連下士道都還談不上，因爲他那個下士道說是聲聞人的法教，其實他懂聲聞人的法教嗎？他一天到晚「**取相**」，具足五陰之相；人家二乘聲聞是全面否定五陰之相，他連下士道都不懂，那他怎麼能夠說人家是下士道？沒這個道理。我說宗喀巴他們具足五陰之相，也許有人今天初來乍到聽了心裡不服氣：「**我學《廣論》二十年了，從來不覺得自己取相，今天竟然敢說我們取相，而且具足五陰之相。**」

那咱們可以說分明，也不必費很多話。他前面講的下士、中士、上士道，什麼地方看見他否定色陰？沒有。他否定的色陰是色陰這個名詞，而不是否定色陰。所以如果你心中有色陰、執著這個色陰，那你就是落在色陰裡面；你把色陰這個觀念丟掉，就沒有色陰，然後繼續要寶愛這個色身；他的斷色陰是這樣斷的。譬如說斷我見，宗喀巴他們也宣稱有斷我見，但他們怎麼斷我見？他們是說經上講很多法和我見的內容，那些我見的內容你聽了都明白，然後把它丟掉了，那就是斷我見——不要被我見所影響。他們說的我見是指什麼呢？是指我見的認知、名相、知見等；只要你把我見的內容知見都丟棄了，那就是斷我見，而不是《阿含經》說的把五陰自我給否定掉，叫作斷我見。他們是把這個我見的名相棄捨了，心裡面不要再有我見等認知或名相，這樣就是斷我見；可是他們心中所執著五陰我依舊具足分明，並且把五陰自我執取不放，才能廣修雙身法。怪吧？諸位覺得怪，但他們不覺得怪，他們就這樣宣稱自己是斷我見，可是斷我見的人為什麼還主張五陰是眞實的？

為什麼他們不能否定五陰？因為他們如果否定了五陰，那假藏傳佛教的根本法就得廢除，他們的根本法就是雙身法。雙身法的境界，所謂的樂空雙運成佛境界，其實只是五陰的我所，都還不是五陰本身；只是五陰的我所——初喜到第四喜的淫樂觸覺境界，全都是五陰所有的境界。宗喀巴說那是成佛境界，已經不只是取相，已經落到我所去了！你想要把他們從我所救回到五陰本身來，就已經不容易了，若是要再把他們拉回斷我見的境界，那就更難了；因爲雙身法是他們的根本大法，如果否定了就沒有密可言，那假藏傳佛教就得關門大吉。

所以佛教界沉痾深重而不辨是非，縱容假藏傳佛教，乃至有許多寺院公開宣稱禪淨密三修，異口同聲支持假藏傳佛教，他們都沒想到密宗假藏傳佛教這一些都是落在我所中。我們說明那只是我所的境界，達賴喇嘛也讀了我的書，因爲他有時口頭上會回應，只是不敢從法義上回應。那問題是，我把他們老祖宗宗喀巴《廣論》中最根本、最重要的法義全面推翻，他們爲什麼不吭氣？是不是因爲他們忍辱功夫太好？不是的，是因爲他們不敢以書本或文字回應；他們知道只要一回應，那就是臉上沒完沒了的豆花一直浮上來。爲什麼呢？因爲他們知道自己的落處被我清楚揭開來了，而自己完全無力回應。他們讀不懂印順的書，連印順都不敢回應我，何況是他們？

那我們講了很多種「**取相分別**」的例子，結論是密宗假藏傳佛教「**取相分別**」最嚴重；因為他們不但取種種法相，像宗喀巴講的我見、五陰等，全都只是取文字相；認為只要把五陰、我見等文字相丟棄了，就叫作斷我見，而不是真實的斷我見——不是把五陰我否定。那他們的取相還取到我所之相，因為文字相只是我所。我們二十年來想要他們離開我所之相都辦不到，何況是要他們離開五陰之相，所以假藏傳佛教的「**取相分別**」障道嚴重。

眾生之所以無法證道，最大的原因就是取相；不信的話，可以檢討看看：大陸八大修行人、臺灣四大山頭加上釋印順，也可以再加上一個淨空法師，他們哪一個不是取五陰之相？取了五陰之相，想要斷我見，門兒都沒有，永遠無門可入！連下士道都無法證，談什麼中士、上士道，而且他講的三士，都不符合根本大論說的三士法義，是竊取佛法名相之後自己曲解的內容。所以《廣論》講的三士道其實都不是佛法，因為都沒道理又違背佛法正理。他說的三士道沒有一道是有道理的，既然沒有道理，哪來的道？道之一字，於他而言何止千里萬里，他哪有資格跟人家講下士道？就別說中士與上士道了。

這意思告訴我們說，凡是取相的人就沒有辦法斷我見，想要證須陀洹都難。那我們就是不取相，所以才能具足三乘菩提。誰要談聲聞乘，我就跟他談聲聞乘；想要談緣覺，咱們也跟他聊，還是他以前沒聽過的緣覺法；想要談菩薩道，那可就長篇累牘了，咱們都可以談。因此咱們這個不取相的正覺出來弘法之後，那一些自稱證得阿羅漢果的大法師們，一個個口掛壁上、嘴似扁擔；最後他們都還沒死，竟然都「入涅槃」去了——因爲人間都不再看見有阿羅漢了，而他們卻一個都不少的繼續生存在人間。怪不怪？眞怪！人家阿羅漢五蘊消失是因爲入無餘涅槃，他們那些「阿羅漢」五陰都沒有消失也沒有入無餘涅槃，卻沒有一個人是阿羅漢了，眞是怪事一件，也只能出現在末法時代的二十一世紀。

但是我們這樣疏理下來的結論，他們無法實證三乘菩提之一的原因，是因爲「**取相**」——取了五陰之相，或者像附佛外道密宗假藏傳佛教取了我所之相，「**取相**」就不能證得佛法，而這一種「**取相**」的狀態在佛教界存續了三百年。這時也許有人心裡在責備我：「**欸！那你蕭平實幹嘛躲起來？**」但我不是躲啊！我是無可奈何，因爲時局那樣，我能幹什麼？我不如安安靜靜繼續等待，等到一個合適的因緣我就出來弘法了。臺灣就是一個很好的因緣，在那些戰亂的年代以及清朝歷代皇帝都在推廣雙身法、都在打壓如來藏的狀況下，我能出來弘法嗎？很快就沒命了！不如躲著繼續觀察時局。

那麼只要「取相」就跟正法不相應。譬如咱們二十三年前開始正式弘法，我談的是第八識眞如心離見聞覺知，沒有人接受，只好回來談識陰這六個識都是生滅法，依理據教都提出來講，大法師們應該都接受了吧？至今也沒有人接受。假使有人心裡想：「他們只是不好意思說接受，心裡是接受的啦！」那我倒是可以理解。可是沒有看見哪位大法師說法或者寫書時、乃至於寫一篇小小的短文也好，出來說明識陰虛妄、意識是虛妄的；至今不見一人，可見要他們把「取相」的毛病滅掉是很困難的事。所以後山那個比丘尼在書上面還寫著：「意識卻是不滅的」，她難道沒讀過我的書？我不相信，因爲我在書中寫了她的糗事，一定會傳到她耳裡。「聽說蕭平實二、三本書裡都講到我不對，那我不能夠裝聾作啞吧？」要是換了我，就是這樣，我絕不裝聾作啞；明明有眼睛可以看，明明有嘴巴可以講，耳聰目明爲什麼要裝聾作啞、都不講話？

可是她們陷入一個窘境，就像是古時言情小說裡講的一句話：「說不得呀！哥哥！」你們有沒有讀過那些言情小說？都沒有？唉！中華子孫竟然不讀那些古書。《水滸傳》裡那些兄弟們就是這樣，「誰要是毀謗了我哥哥，我就出來幹一架，要把對方打倒。」這才叫江湖義氣，得是非分明才行啊！可是那些大法師們，我不斷地說，難道信眾們都沒有人送我的書去問？一定不斷地有人去問，但爲什麼他們都不吭聲？因爲開口不得，講了就會是個問題。他們一旦回答：「意識是不滅的，蕭平實講錯了。」人家會不會回家把經典找出來看？也許他的手機裡面有電子佛典，才剛剛出了山門馬上點出來看：《阿含經》是怎麼說的，大乘經中又怎麼說的，全都說意識虛妄。馬上就知道了：「唉呀！原來我師父『取相』嚴重。」取什麼相？取五陰之相。

所以咱們二十三年前正式弘法一直到今天，都沒有人接受我們說的「意識是虛妄」的道理，就表示他們對於五陰之相的執取非常重，已經可以說是深重了，所以我剛才說是沉痾。最近六、七年來倒是比較好，雖然沒有出來承認說意識虛妄或者識陰虛妄，至少在心裡默認了：「那你蕭平實罵我就罵，說我就說我吧，我當作沒聽見。」那倒也好，所以十年前臺灣佛教界開始流傳說：「我們都不理他。」對我來說，這事兒正中下懷，我就是要他們不理我。當他們都不理我時表示什麼？啊？不是的！是表示佛法的正義得由著我說；由著我說就好了，那大家都來讀我的、聽我的，佛子四眾的佛法水平不就提高了？這就好了。

這不是空口白話，諸位到各大書局去看看，咱們正智出版社的書，在早期要找一本出來都難；總得踮著腳尖直著眼睛往上瞧，不然就得蹲下來往下面最低的地方找，找到時往往有一層薄薄的灰塵；可是現在不必那麼辛苦了，因爲大多放在明顯的位置；這表示什麼？由著我說。那爲什麼我們對佛教界拔罐拔到現在變成由著我說？因爲我們不「**取相**」，我們是依眞如而住，而眞如無相，眞如就是第八識如來藏，就是阿賴耶識，就是這部經講的「**無分別法**」、「**無名相法**」，我們轉依眞如時沒有**一**相可取。能把五陰之相全部否定，才有辦法證得聲聞道的斷我見、須陀洹功德；能證得這個功德才能夠進一步參禪，然後證得眞如，了知第一義諦。這就是說，捨離種種相而不「**取相**」，是非常非常重要的事，所以 佛陀特別吩咐說：「**汝今莫樂取相**。」能不取相的人，才可能證得三乘菩提之一，乃至具足證得三乘菩提。

接著說「莫樂戲論」，戲論的內涵很廣；例如你去菜市場買菜，聽到人家東家長西家短、張家長李家短，一堆的是非；不然就是你家兒子如何？我家女兒如何？他家孫子如何？我家孫女如何？談的都是這些。有一天在菜市場買菜時，遇到兩個假冒的僧人，一時沒有意會到他們是假冒的，聽到他們兩人在聊什麼東西怎麼炒比較好吃，一時間心裡忍不住罵將起來：「出了家不談法、談什麼吃的？」於是追加兩個字：「戲論！」這戲論兩個字在心裡面講得很大聲，只是他們兩個沒聽見。

這當然是戲論，但我告訴你，從第一義諦的境界來看，那可不是戲論，那是第一義諦。他們兩個正在告訴你第一義諦，但是誰能聽得到？勝義菩薩；聲聞人還聽不到。你們看它表面只是個戲論，其實是第一義諦，怪不怪喔？不怪？怪不得叫作老正覺。第一次來聽我講經是這樣說時，心裡一定說：「喔？這到底在講什麼？」很想罵我神經病，可是心裡又想：「不能罵，罵了有後患。」我這是從禪宗的入手處來講的，眞的不能罵。

但是咱們依舊回到佛法表面來說，說那叫作「戲論」；這樣依此類推下去，戲論可就無量無邊，你眞的講不完。包括修行人，例如六十二種外道見，全部都是戲論。也許有人心裡想：「我如果到寺院去聽大師說法講經，那可不是戲論了吧？」假使他倒楣遇到了蕭平實，我就簡單回他一句話：「那可不見得。」因爲大山頭講的佛法：「學佛就是心情要很平順，心性要改變得很好，回到家裡要對家人很好，對員工也要很好，然後家庭和樂、事業順利。」說這樣叫作佛法，有沒有聽過？有啊。甚至都還讀過，豈止聽過，這一類的戲論很多。

也有人說：「我們要努力作環保，回收各種廢棄物來做毛毯，救濟眾生；每天都努力去作，快快樂樂地作而時時生起歡喜心，這樣就是證得初地歡喜地了。」說這樣叫作佛法，不必斷我見也不用證眞如，就可以入初地了；還眞是「印順佛」的好徒弟，依教奉行。諸位聽了都知道：「這可眞是戲論！」也許奉送一頂高帽子說：「這是佛教界戲論第一。」要給她一個第一。所以戲論到處都有，可是你如果依據聖教去跟她們講：「證須陀洹得要斷我見，斷我見就是把五陰的所有全部否定，這樣叫作證得無我，就有了初果的見地。」然後你跟她們說五陰：「色陰……」都還沒有講完一句，她們已經很不耐煩把你打斷：「對不起！我今天有事，改天再聊。」就走了。改天是改到哪一天？遙遙無期。然後每一次打電話要跟她聊佛法，都說：「我現在很忙。」永遠都在忙，忙什麼？忙著「戲論」。

所以「戲論」要丟棄是很困難的，想要那些大法師們丟棄戲論很不容易。但是近年我倒是比較體諒他們，因爲如果你禁止他們講戲論，那他們還能講什麼？所以設身處地，心裡也就想說：「唉！也要原諒他們，他們如果不講戲論，又要攝受一大群人，少者幾萬，多者上百萬、上千萬的徒眾，他們要如何攝受？難道他要關門大吉嗎？」現代佛教界還沒有一個大法師肯眞正封山的，只出了一個現代禪終於封山了。以前有一陣子，佛光山不也宣布封山嗎？可是他們有眞封山嗎？沒有！遊客、香客照樣來，只是暫時不出來說法而已。那他們封了多久？也沒多久，又繼續活動了。所以眞的敢封山潛修的只有一個現代禪，所以我說他們不容易，一個居士可以作到這樣也不簡單啦！那大法師們？大法師們有一個難處——出家二眾嗷嗷待哺，因爲人口眾多。想想看，南部有一個大山頭，光是本山冬天的電費一個月最少四十幾萬，不曉得他們有沒有去申請改變契約容量，因爲他們電量的用電設計就是這樣，不管用電多少，由於契約容量就是這樣，眞的規模太大。

但現在無所謂了，因爲現在又蓋了很多，用電量很多一定超過四十萬，但觀光客來了很多，倒是回本了。只是蓋那麼多寺廟、那麼多建築作什麼用？啊？（有人答話，聽不清楚。）觀光是一個表相，裡面附帶的是生意；你要是進得那個地方繞完一圈出來，每一個人不花上二千元臺幣我不信，所以現在不用再嗷嗷待哺，大家都可以吃得飽飽的。但就只能作生意，問題是比丘戒、比丘尼戒允許不允許？這是一個現前的大問題；因爲快者十年後就要接受這一期生死的果報，慢者例如年輕人剛出家也跟著作生意，六十年後也得要接受果報——違戒之報。所以落在「**戲論**」中的人不知道「**戲論**」是什麼，這是末法時代佛教界很平常的現象。

但「**戲論**」就只有如此嗎？不然！例如說今晚我講了這麼多的法，也都是戲論，爲什麼呢？因爲第一義中沒有這些言語名相等法——「**離語言道**」，那我講了這麼多，不都是「**戲論**」嗎？那什麼才不是戲論？只有第八識「**無名相法**」自己的境界才不是「**戲論**」。每天大清早起來作早課，誦持〈楞嚴咒〉，五點以前就誦完了；到了晚上就作晚課，這些莫非戲論，因爲第一義的境界中沒有這些，乃至一法不存。所以克勤圓悟老和尚就說：「**老僧說禪**

之一字，河邊洗耳。偶然我說了一個佛字，就得漱口三天。」一般人都說：「欸！禪師這麼怪啊！你不是佛弟子嗎？念佛是應當的，爲什麼聽到『佛』字、唸到『佛』字，你們得要漱口三天、洗耳三日，是何道理？」當然要質疑！可是質疑的人錯了，因爲老禪師是依於眞如的境界而住，眞如的境界中無一法存在，那才是第一義。

也就是說「無名相法」如來藏的境界才是第一義，所以第一義中一法也無，然後念佛或者說到佛或法，那就是法了，那就是「戲論」。因此我說：「我今晚講這麼一個鐘頭下來，依舊是戲論。」那麼如果有人問我說：「那蕭老師！您也行行好，告訴我們什麼不是『戲論』。」我說：「行！你明天上菜市場去，見那兩個假冒的比丘，問他們去。」問了以後回來，別告訴我沒問到。如果去問了還沒有問清楚，再來問我，小心吃棒。因爲他們已經告訴你了，這才不是「戲論」；經過我嘴裡講出來的已經是戲論，所以說出來的都不算。親自體驗去證得了才算數，第一義的境界中離見聞覺知，哪來「戲論」？想想看，「戲論」豈不都在見聞覺知中？對啊！所以啞巴咿咿嗚嗚講不出來，後來學了手語，能在那邊比劃，也是「戲論」，爲什麼呢？因爲都是見聞覺知的境界。想要實證佛法的人，一定要遠離「戲論」。

可是有一個問題，假使初來乍到聽到我蕭平實這麼說，心裡就想：「您說第一義諦無一法可言，第一義諦離見聞覺知，那我離了見聞覺知，還是不知道什麼不是『戲論』啊！」也許你問他說：「你曾經離見聞覺知，竟然可以依舊不知道第一義諦。你也夠笨了吧！」可是你要想的是，他所謂的離見聞覺知，指的是睡著了或打瞌睡了。對啊！睡著了豈不是離見聞覺知？欸！那就該證得第一義諦了，可是爲什麼證不得？因爲睡著以後見聞覺知不在了。一定有個見聞覺知在，才能證得離見聞覺知的第一義諦，不然是誰能證？可是他一定會責備：「欸！你跟我講渾話，既然第一義諦是離見聞覺知的，你又要我有見聞覺知，那你不是耍我嗎？」一定這麼問你。

這就是說，他落到六識論裡面去了。所以應該要告訴他說：「每一個人都有八個識，前六識有見聞覺知，第七個心是意根，處處作主，這個作主的支持著前六個識有見聞覺知，來尋找沒有見聞覺知的第八識。你這個能見聞覺知的心，找到那個沒有見聞覺知的第八識，那你這個能見聞覺知的心就變成很有智慧，而且當下就成爲菩薩，阿羅漢不敢正眼瞧你。」以前我這麼說，那些大法師們的信徒都氣得要命：「哼！阿羅漢是人天應供，你竟然敢這麼說！」那我乾脆就講大聲一點，我說：「假使還有阿羅漢，來到正覺講堂，管叫他們開不得口。」他們聽了會更氣。但氣歸氣，依舊無可奈何，因為我講什麼他都聽不懂；莫說他聽不懂，阿羅漢也聽不懂。

一個剛剛證悟的菩薩，阿羅漢遇見了時，得要把頭稍微低下來：「請問您是悟個什麼？」不敢抬高頭這樣問的，要稍微低頭來問，也不敢正眼相看，因為怕菩薩指點他。也許有人說：「指點最好了，為什麼要怕？」問題是菩薩的指點很奇怪，阿羅漢們如果問：「聽說你們成為菩薩是因為證得眞如，那請問眞如是什麼？」他們不敢這樣瞪著你看，就稍微低頭這樣問，那也許你就告訴他說：「過來！我跟你講。」等他走過來，一把將他推開，你就走了。那他愣在原地、杵在當場開不得口，因為弄不清楚，想要搔一搔後腦勺都覺得不好意思。

當他們回去道場，阿羅漢師兄弟們問他們說：「你們今天去見了菩薩，學到了沒？」他們能怎麼說？只好老老實實說了，那其他的阿羅漢師兄弟們聽了還敢再來問嗎？不敢了。所以我說假使今天還有阿羅漢（其實一個也無，都是假阿羅漢），假使還敢來到正覺講堂，我說他們依舊開不得口。也許他自得意滿想：「我是俱解脫阿羅漢！」剛走進來我告訴他說：「您今天來得好啊！」「來得好」經中是怎麼說的？就是「善來！」經中那些善來比丘後來都成爲菩薩。善來比丘一定都是菩薩再來，只是因爲胎昧一時忘了；當佛說：「善來！比丘！」他們就會了，於是山洞裡坐、樹下坐，隔天成俱解脫大阿羅漢，他們其實已經同時是菩薩，因爲他們都懂得爲什麼「來得好」，般若、道種智都回復了。

那些所謂的阿羅漢，如果我要告訴他們說：「您今天來得好啊！」他們聽懂什麼？只會當作我在跟他們寒暄。也許心裡覺得說：「這蕭平實還蠻親切的。」來到我面前坐下時，我就走了。也就是說，要證得這個「無名相法」開始遠離戲論，這得要先把正知見打好，也必須把六識論棄捨，然後好好修學八識論，那他就不會有疑惑了；就不會疑惑說：「既然第一義離見聞覺知，那你又要我有見聞覺知，那你不是在矇我嗎？」就不會這樣責備善知識。早期弘法就有一個附密宗假藏傳佛教的外道，還刊了半版彩色報紙罵我：「你說意識心是虛妄的，那你寫書在批評別人時，不都是用意識心嗎？那你怎麼寫書、怎麼說法？」所以我說他們完全不懂佛法，那麼這一些人想要離開「戲論」眞的很困難。因此我們得要不斷告訴他們六識論的過失，勸他們要回歸八識論來。我們是已經說法教育他們講到口乾舌燥以後，依舊沒辦法度他們，最後只好跟他們講六識論與八識論的差別，這是不得不講的。

自從把這個分際講清楚之後，臺灣佛教界的水平就快速提升上來，他們現在看法界衛星我們的電視弘法節目，就比較聽得懂了。早期很多人聽到正覺也在有線電視上面說法，他們不屑一聞；因爲他們覺得自己修證很好，證量很高，爲什麼要聽你正覺在電視上講的，那一定非常淺。沒想到有一天好奇打開來一看：「喲！我怎麼都聽不懂？」那已經是講給初機學人聽的，夠淺的了，竟然還聽不懂。自認爲修行很好的人還聽不懂，可見「戲論」普遍存在佛教界，因此我們才需要選擇這一類第一義諦的經典來解說。

也許有人想：「那你《佛藏經》爲什麼現在才講？」但《佛藏經》這些內容，如果我不是現在講而是五年前、十年前講，我想很多人一定一面聽一面在跟周公講話，因爲聽不懂，又不好意思中途離開，只好在座位上開始閉眼點頭，看來好像認同我，其實是打瞌睡。所以第一義的這個法，要講到像

《佛藏經》這麼細膩的，還是得這個時候講。先講《法華經》是先讓他們瞭解到佛法的內涵以及佛教的教相是多麼偉大，因爲遍及十方三世，而法是理事圓融的，這得要先讓他們知道；然後再來講這部很深奧的《佛藏經》，他們有經過其他經典的熏習，就比較容易懂，所以這時講恰恰好。

接著說：「**佛於諸法無執無著，**」這一句講的「佛」是誰？是如來藏、**無名相法**。每一個人五蘊山中都各有一尊「如來」安座，經中講的「萎花喻」就是這個道理；說一朵很漂亮的蓮花突然枯萎了，枯萎的這一朵蓮花中有一尊「如來」端坐，確實如此。枯萎了就會有一點臭爛，所以供佛時不能供萎花；供上後枯萎了就得撤掉，換新的花。那枯萎的花朵就代表每一個五陰，五陰有生以來永遠都是香的嗎？沒有吧？可是有一個香妃，她到底眞的香還是假的香？眞的香喔？我想她是有一種特殊的狐臭，使那個皇帝聞著很喜歡，有的人就是這樣；就算她眞的香好了，她早上起床刷不刷牙？還香嗎？不香了，其他的就不用講。

也就是說，每一個五陰都有不淨，由於不淨就像一朵萎花，可是裡面都有一尊金光閃閃的「如來」端坐其中。經中特別說是端坐，爲何說是端坐？

端坐的意思比如說，你如果看見人家寺院裡四眾正在打坐，大家都正襟危坐，卻有個人一下子這裡抓一抓，一下子那裡抓一抓，一下子又動一動，你就說：「這個人爲什麼打坐都不肯端坐？」在大殿裡端坐，至少表面上看起來就是不理會一切法。有的人是窗外有一聲響，他就轉頭去看；有的人沒有轉頭去看，依舊合著眼睛，可是耳朵直了，一直在聽那是什麼聲音，這就不是端坐了。即使都不理會，能叫端坐嗎？不行！爲什麼？因爲他已攝取那個聲相，攝取聲相時心就是不端坐。

那只有誰能端坐？如來藏。如來藏永遠端坐，因爲祂不取一切相；不論聲相、色相、香臭味相，包括身上的觸相，祂都不執取，連諸法的法相也不領受，這才眞的叫作端坐。這尊「如來」端坐在這兒，爲什麼能於六塵諸法中端坐？因爲祂「無執無著」。所以貪著的永遠是五陰，懼生怕死的永遠是五陰；怕生死的是誰？阿羅漢的五蘊；那阿羅漢有沒有「佛」呢——有沒有自心如來呢？一樣是有啊！但他的「如來」依舊不執著，不貪生也不怕死，這就是眞實的「佛」。那麼 世尊說：「這個眞實佛，於諸法無執取，也沒有貪著。」

凡是五陰，於諸法一定有執取、有貪著，只差多寡而已。譬如身爲三明六通大解脫的阿羅漢，他午前得要去托缽；去托缽是爲什麼？是因爲肚子不能餓得太厲害，所以一日一食。假使今天中午不托缽，那就得兩天吃一頓，也許血糖不夠、渾身顫抖暈過去；那還不提，有的人很可能因此就捨壽了。那爲了想要繼續聽聞世尊說法，一定要去托缽，好歹得要吃一餐；難吃也沒關係，也得要吃，都不計較食物好壞，是爲了繼續聞法。但是爲了繼續聞法，這是不是有執取、有貪著？有啊！對法有執取、有貪著。可是你們自身中端坐的「佛」永遠端坐，因爲祂離見聞覺知，祂不攝受任何一法；雖然祂出生一切法，可是祂不領受一切法。

這樣講有一點玄，假使有人初來，咱們得稍微說明一下，不然可能就不信了。譬如一面鏡子，鏡子中顯示出很多的人、很多的花、很多的草，有各種光影、各種色彩，那法可多了，然而鏡子不取那一切法。每一個有情身中的自性佛就是這樣子，所以說「佛於諸法無執無著」；但「無執無著」總得有個原因吧？爲什麼祂不見有法可執可著？剛才已告訴諸位了，因爲祂的自性離見聞覺知。諸法一定都在六塵中，可是祂不理會六塵、不領受六塵、不了別六塵，所以祂的境界中不見一法。因此 世尊說：「不見有法可執可著。」

禪宗有的人參訪禪師時也是會問：「不見一法是什麼？」禪師這時才剛剛聽到「不見一法」，後面三個字都還沒有問出來，他已經轉身走了。禪師速度都很快：「既然不見一法，我不走幹嘛！再跟你講時就太多法了。」可是我要在當場，就向那禪師下個註腳：「早就是法。」他轉身離去時早就是法，哪能夠說那不是法？可是因為那學人不會，總得給個方便，不然禪師是當什麼？因為禪師不可以沒有為人處。所以從眾生的立場，回頭我就再下個註腳說：「我這一句話也得挨三棒。」為什麼？因為我說「早就是法」時，我自己也在法裡面，既然在法裡面就要挨棒，因為統統落在意識裡面去了，已經不是住在眞如「無名相法」的第一義境界中。

也許有人今天第一次來聽到這裡說：「唉呀！正覺這個法根本聽不懂，我來學什麼？」是不是？但是要安忍，否則永遠與第一義諦無緣。很多人第一次來聽我講經時總是這樣，有人是趕時間，看著火車時刻到了，不得不先離席，但他不是，硬挨著，挨到講完才走，可是他心裡氣得要命。好在他有一個想法：「雖然聽不懂，我要繼續聽下去，好歹給我抓住一條辮子，你就倒楣。」可是我卻歡喜地說：「我就想度這種人，這種人才是我想要度的。」如果遇到一個人，拿了《心經密意》的書給他，他先問：「誰講的？」「蕭平實。」「喔！我不讀。」那你能奈何他嗎？無可奈何，眞的幫不了他。所以我的觀念有點奇怪，總是說來找碴的人才是我要度的人；因爲他要找碴，我這裡碴多的是，但他找到了以後呢，才知道說：「原來不是碴！」

這樣吩咐過了以後，世尊作個結論說：「是人於佛猶尚不得，何況於念？舍利弗！如是教者名善知識。」對啊！這一個人知道「無名相法」的境界就是第一義境界，在第一義中無一法可得，因爲不見一法；連一法都無，何況百法千法萬法？因此這個人轉依了「佛」的境界，也就是轉依自心如來的境界以後，發覺那個境界中沒有任何一法可得；既然都沒有一法可得，何況能起念去想哪一些法呢？那麼這樣教導眾生的人，他就叫作「善知識」。

那麼請諸位衡量一下，在正覺開始弘揚正法以前，有沒有這樣的善知識？不論從文獻或者從現實上來看，都沒有。所以我們出來弘法時得要有心理準備：一定挨罵。因爲你弘揚的妙法不流於凡俗。雖然咱們一直很恭敬諸方大法師，從來都褒獎他們、不否定他們，依舊是無法和平共存。我們想要和平共存，人家不要；不要的原因是因爲咱們說的法跟他們不一樣。那如果和平共存，所說的法就得要跟他們一樣，那我寧可躲起來算了，不出世弘法。既然要出來說法了，就不該跟他們同流合污；雖然不能標新立異，可也不能隨波逐流啊！標新立異就表示你這個法是有問題的，但隨波逐流就跟凡夫們一樣了，表示你沒有見地。

因此我們還是依據眞如的境界來說這個眞實佛的境界，挨罵了以後，該對治的對治，該教導的教導，我們全部都去作。於是今天海峽兩岸佛教界的水平都開始提高了，雖然大陸佛教界的佛法水平距離臺灣佛教界還有一小段距離，但也是正在提升之中，這就是「善知識」所應該負起的責任。

佛說這樣子教導的人名爲「**善知識**」，緊接著又加了個註腳：「**第一義中無有決定是善知識、是惡知識。**」這樣的聖教，諸位有沒有想起來依稀彷彿、好像在哪裡讀過？其實這一類開示在《大般若經》中比比皆是。才剛剛跟你說了眞如，然後告訴你實相境界中沒有眞如；才剛剛跟你說有阿羅漢，又跟你說第一義中沒有阿羅漢；剛剛跟你說這就是般若，隨後又跟你說第一義中沒有般若。所以誤會的人往往就想：「**說到底就是沒有般若可證，所以不證**

般若就是證般若。」釋印順不就是這樣講的嗎？原來他是鬧了一場誤會。可是咱們沒出來弘法以前大家都不知道他是一場誤會，直到我們講了、寫了以後，他們好好去讀、去思惟研究，然後才知道原來以前都是誤會。

那爲什麼這樣講？也就是說，對於學人而言，你必須一一條分縷析詳細剖析出來，給大家瞭解第一義的境界中是什麼，而什麼樣的說法者才是「善知識」，然後教導大家懂得怎麼樣去尋覓「善知識」、判斷「善知識」。可是眞要懂得的人，卻要教他時時刻刻轉依眞實佛的境界，而時時刻刻轉依眞實佛境界時就沒有一法可見，完全看不到一法了。所以經中講的那位國王證悟了以後，供養菩薩時菩薩不受，因爲菩薩不見了；所以他去供養 文殊菩薩時，文殊菩薩不受，因爲 文殊菩薩不見了；供養阿羅漢時阿羅漢也不受，阿羅漢也不見了。想想「還有誰可以供養，我把這上妙好衣帶回去供養我的皇后好了。」回宮供養皇后結果呢，皇后也不見了；供養其他的所有眷屬時，也都一一不見了，爲什麼呢？因爲他住在「無名相法」如來藏的境界中，當然不見一法，何況能有佛菩薩阿羅漢和所有人？當他確認這一點時，回到現象界來看時，所有聖凡諸人又全部現前了；這時他再去供 文殊菩薩，文殊菩薩就會接受了，表示他眞的實證了。

那麼度眾生應當要這樣說：「當你眞實證悟了，你轉依眞如以後，在第一義的境界中沒有一法可見，沒有一法可得；既然沒有一法可見、沒有一法可得時，還有善知識嗎？」因爲有情的實際就是如來藏，而如來藏的境界中無一法、不見一法，所以第一義中沒有人可以決定說誰是「善知識」，或者說誰是「惡知識」，因爲連「善知識」、「惡知識」都不存在。所以從第一義來說，世間人或菩薩們，連責備別人是「惡知識」的立場都沒有，除非你從第一義中伸出一腳跨在現象界中，就可以說誰是「惡知識」。那麼這樣子當「善知識」好不好？好啊！兩邊通吃；可以否定別人，然後自己的境界中沒有「善知識」、沒有「惡知識」，符合聖教，這才是妙法。今天講到這裡。

《佛藏經》今天要從十四頁第二行開始：

經文：【「復次舍利弗！若有比丘教餘比丘：『比丘！汝當分別觀察諸法，亦復莫念法相。』是比丘如是修習，心無繫著，則能通達諸法一相，所謂無相。是人猶尚不生法想，況我人想？舍利弗！於意云何？念法想者，是人能

滅一切法不？」「不也，世尊！」「舍利弗！如樹無根，能有枝葉華果實不？」「不也，世尊！」「如是，舍利弗！若人不得諸法根本，是人能生諸法想不？」「不也，世尊！」「舍利弗！若人不得不念法相，是人能滅一切法不？」「不也，世尊！」「是人不得於法，不得法相，不得於滅，亦不分別無生無滅。是人爾時不生不滅，不名得涅槃者，亦復不名無得涅槃，舍利弗！如是教者名善知識。第一義中無善知識、無惡知識。」】

語譯：【世尊又開示說：「此外還要注意的是，舍利弗！如果有一位比丘教導其餘的比丘說：『比丘！你們應當要分別、要觀察諸法，同時也不要憶念諸法的法相。』這位比丘這樣修學熏習，心中沒有任何繫縛與執著，就能通達諸法其實只有一相，也就是所謂的無相。這個人尚且不會生起諸法之想，何況生起我、人之想？舍利弗！你的意下認為如何呢？心中憶念著諸法而有這樣作意的人，這個人能夠滅掉一切法嗎？」舍利弗回答說：「不可能的，世尊！」世尊又開示說：「舍利弗啊！猶如樹沒有根時，能夠有枝葉花果和種子嗎？」舍利弗回答說：「不可能的，世尊！」世尊又說：「如是，舍利弗！如果有人不能得到諸法的根本，這個人心中還能夠生起諸法之想嗎？」舍利弗回答說：「不可能的，世尊！」於是世尊又開示：「舍利弗啊！如果有人不得法相也不念法相，那麼這個人能夠滅除一切法嗎？」舍利弗回答說：「不能的，世尊！」於是佛作了個結論：「這個人不能得到一切法，也不能得到任何法運行的相貌，他也沒辦法滅一切法，也不會去分別無生與無滅。這個人修行到這個時候，他是不生不滅的，這時不能說他是證得涅槃的人，但同時也不能說他沒有證得涅槃，舍利弗啊！像這樣子教導弟子的人就稱之爲善知識。但是在第一義當中沒有善知識，也沒有惡知識。」】

講義：這樣依文解義完了，而且我這個依文解義是正確的，不是誤會曲解的，但這樣依文解義之後，如果都不解釋而把它印出去流通，大家讀了以後，你問他說：「你知道了嗎？」他會說：「知道。」因爲每一句話都聽懂，然後問他說：「你現在知道什麼了？」他只好跟你回答：「其實不知道。」因爲 世尊這一段開示，看起來似乎是矛盾的。曾經有一個念佛的道場，因爲信眾們有人讀到我們的書，說我們將來要講《佛藏經》，他們就問：「師父！《佛藏經》可不可以讀？」那大和尚怎麼說呢？他說：「可以讀，但是不要讀後半部。」我說，這還叫佛弟子嗎？這整部經都是 佛的開示，竟然可以限制只讀哪個部分，又指定哪個部分不許讀，這沒道理欸！這好像說，老么去問二哥或問大哥說：「**老爸今天講的話，我可不可以聽？**」他說：「**可以，但不要聽他說的後半部。**」這老爸知道了，應該會如何？一陣亂棍就把他們打出門去，這種不肖子留在家門幹嘛？但是有個問題：弟子很聽話，後半部就不讀吧，但前半部能讀懂嗎？其實也是不懂，這就是末法時代的怪象。

所以破壞佛法、破壞佛教的往往是待在佛教裡的人，不是外面的人。外人沒有辦法眞正壞法，因爲外人連佛法是什麼都不懂，何有能力壞法？就是佛門中有一點懂的人，由於半懂、半不懂，俗話說的半瓶醋；你說它不酸嘛又有醋酸，你說那就是眞正的醋吧，偏偏它那半瓶又加了很多水，放不久，沒幾天就壞掉了。如果眞正的整瓶醋，再怎麼搖晃，水泡再怎麼多，它終究不壞。所以，末法時代就是這個模樣，咱們也別感嘆；既然發願要一世一世留在娑婆，就別再怨什麼了。有的人老是怨：「**咱們護持正法這麼辛苦，所有的護法神菩薩們都跑到哪裡去了？**」護法菩薩們辦的事情，人間不曉得的，有時甚至要倒著辦，大家都不知道；但是我們應該說，自己如何去突破佛法的瓶頸，達到實證的地步，然後能夠懂得佛意而加以發揚出去，這才是最重要的。所以人間護法的工作就由我們一肩挑，不要想依靠別人，其他的山頭都不可靠。

現在回到這段經文來，世尊說：「如果有一位比丘教導其他的比丘們說：『你們應當詳細分別、詳細觀察，對任何一法都要去分別、都要去觀察，但是分別圓滿具足了，觀察圓滿具足了，心裡面卻不可以念著任何一法，心中應該都無一毫之法。』」如果是一般的大法師們，都會主張說「佛法就是緣起性空」，那他們應該要怎麼理解這段經文呢？他們的理解一定是說：「這就是教你放下法的執著，所以你去分別諸法、觀察諸法，結果都是緣起性空；既然都歸於空，你又何必執著呢？那你就放下，放下時就是證得佛法了；當你不念一法時，心中空空如也，那就是眞如。」總是這樣解釋的。後來出了個正覺，偏偏講的都跟他們不一樣。

但爲什麼這個比丘要這樣教導別人，世尊爲什麼提出這樣一個比喻來說呢？當然有很深的用意。當一個比丘能這樣教導別人時，佛授記說：「這比丘教導人家這樣子修學熏習，他自己也如此修學熏習，他心中對任何的法都沒有繫縛、都沒有執著，後來他就能通達諸法其實只有一相，就是佛法中說的無相。」這句聖教，一般大法師都會說：「對啊！因爲諸法永遠都是緣起性空，所以諸法才會只有一相；既然緣起性空，滅了以後當然就無相，因爲最後都歸空啊！」他們這樣講，而且要求弟子四眾們都要這樣認定。可是他們一生弘法心中都不空，每天逼著本山的總監要打電話到各處精舍催：「某某精舍住持！你們這個月上繳的額定護持款還沒有上繳，本山沒錢繳電費了，快繳上來！」萬一眞的還沒有人繳上來，弄個不好，和尚就召見了，召見以後幾天若還沒有改善，精舍住持就換人了。

所以有時禪師罵人：「口中總是說空，成日裡都行在有中。」罵得多貼切。他要的就是道場弄得很大，收入很多，信徒很多，因此變成大法師，名聞四海，想的都是這些世間法。這個「有」還不能說是「三界有」，因爲那還太推舉他們，這些要叫作人間的「欲有」。也就是說，他對佛法的瞭解錯了，根本沒有實證，連依文解義都辦不到，想的是人間的名聞利養。依文解義就要像我剛才說的那樣，如果今天是第一天來聽我說，可能依舊誤會成那些大法師說的那種道理，但你們不會，因爲你們知道我要講什麼，三句不離本行，這一定是依如來藏說的。對！符合 世尊的本意，就是諸法一相。

有時我不說諸法無相，我故意說諸法一相，就是如來藏相，就是眞如相。曾經聽我講過喔？就是眞如相，就是第八識。我們也講過很多遍，諸法無相而無量無邊；世間成語說的森羅萬象，還只是萬象而已；然而如來藏含藏的諸法無量無邊，哪裡只有萬？百千萬億了，不足以言說。所以這位比丘能夠這樣子修學熏習，能夠這樣子努力去修道，他心中無所繫著時，表示他的心已經能夠捨棄三界萬法，完全轉依「**無名相法**」的眞如法性了，了無一法可得。三界萬法捨棄到最後，都無可捨時，只剩眞如心存在，那就是眞如境界，就是第八識「**如來藏妙眞如性**」，也就是這一部《佛藏經》講的「**無名相法**」、「**無分別法**」。

有沒有想到禪宗的一個公案？有一天禪師問師弟：「**你近日見處如何？**」他說：「**我心中無一法可得。**」禪師就告訴他：「**這正是你放身捨命處。**」師弟要是誤會了，可就死定了。他若誤會了，就以爲「**我無所事事，什麼都不思，什麼都不想，諸事不理**」，認爲這樣就開悟了，可就倒大楣，因爲大妄語業難免了！如果禪師告訴他說：「**這就是你放身捨命處。**」他夠利根的話，直下看見了本地風光：原來這就是我歸家之路，原來我的原鄉就這個模樣。

什麼模樣呢？沒有模樣！終於懂了，這時他好好去觀察，人間有無量無邊萬法，數之不盡、說之不清，但是觀察到最後，一切法莫非從本地風光這個故鄉生出來的，而這一切的萬法不外於這個故鄉；這是因爲這個本來面目最陳舊，當然要叫「故」，而自己只是從這個地方出現，是來自這個地方，死後還要回到那裡去，當然叫作「鄉」；很陳舊的來處，不叫作故鄉嗎？

我剛出來弘法時沒有想要當法主，只是找看看有誰可以繼承這個血脈，然後我就要回鄉歸隱田園，所以在家鄉買了一塊一百多坪住宅區的地，在重劃區；後來覺得那裡太吵，不好住，因爲我想要把禪定全部回復，所以後來又去我同修故鄉一個佛寺旁邊，又買了八百多坪地，想要蓋個農舍，那就安靜而可以修足四禪八定了。可是後來二個原因，眞的不想回鄉了，一個原因是：我這要是一走不是了之，不久將會是天下大亂，我還得要再回來。另外，說回鄉、回鄉，是要回哪個故鄉？每一世都有故鄉，那麼想回這一世的故鄉，爲什麼不回上一世的故鄉？如果要回上一世的故鄉，我明兒個要回江蘇買房買地去了。可也不對啊！那上上世呢？乾脆推回四百年前，我回西藏去住算了！一直追溯到二千五百多年前，那是在天竺，我是一千多年前才來到中國的；那麼回去天竺養老也不對啊！因爲來天竺之前呢？四千多年前是活在天竺，在更前呢？原來彌勒內院才是故鄉。可是在這一劫之前呢？這樣連續想一想，哪有故鄉？沒有一個眞正故鄉可以讓你回去養老的。每一世都有故鄉，你推究到後來，那些故鄉都是無常；而眞正的故鄉就在當下，本來就住在故鄉裡，還要回什麼鄉？想通這一點了呵？

所以，將來假使需要諸位去大陸弘法，甚至於哪一天不得不要去那邊入籍才可以弘法，那就去入籍吧！因爲去那邊也是故鄉，故鄉是你揹著到處跑的。每一個人都是揹著故鄉到處跑，隨時都住在故鄉裡面，所以禪師說得好：出門三千里外，不離家中。不是沒道理啊！本來住在家中，雖然出門三千里了，還是不離家宅，所以再也沒有回鄉的念頭了。現在的想法就是，到哪裡就住下來，住下來就是我的故鄉；若沒辦法住下來一直奔忙，奔忙時也是我的故鄉，因爲祂跟我們同在。所以，當你發覺到諸法，不管自己眼見色、耳聞聲、鼻嗅香乃至身覺觸、意知法等，全部都在自己的原鄉之中，一切法本來就在自己的「無名相法」當中，不曾離開絲毫，所以一切諸法都屬於如來藏，因此一切諸法就只有一法，就是《佛藏經》講的「無名相法」、「無分別法」，這就是「佛藏」。

這個「無名相法」沒有青黃赤白，沒有長短方圓，沒有高矮胖瘦，大家都一樣；上從諸佛如來，下至螻蟻乃至地獄眾生，莫不如是，都同一個模樣，那個模樣就是沒有模樣——無相；所以大家都是一樣的一相，所謂無相。但這得要通達諸法才行，也就是要能夠現觀，不論哪一個法全部都是從如來藏來，而如來藏永遠只有一相。從古至今，不論是多古的那個古，來到現在一樣都是一相無相；盡未來際也都是一樣，一相無相。所以諸法的本質究竟是什麼？就是「無名相法」，就是如來藏，又名眞如、阿賴耶識。

因此，般若諸經裡面有時候告訴你說：一切諸法不生不滅。那一些緣起性空論者、那些六識論的人，就不敢去解釋爲什麼一切諸法不生不滅，因爲在他們的想法中，一切諸法都是生住異滅、都是緣起性空，永遠都是緣生緣滅，沒有不生不滅時。可是《般若經》中卻很多地方告訴我們：一切諸法不生不滅。那他們要怎麼解釋？無法解釋啊！無法解釋，偏偏又是大法師，特別是被推崇爲佛教界的導師，那時該怎麼辦？總不能兩手一攤說：「我也不懂。」所以乾脆就告訴大家說：「大乘非佛說。」那時人家會質疑啊：「既然不是佛說，爲什麼幾千年來，大家都認定這是佛經？」那他該怎麼解釋？他說：「雖然是佛弟子長期集體撰寫的，講的如果是佛法，也算佛經。」那問題來了，那你的《妙雲集》爲什麼不叫作《妙雲經》？那《華雨集》也可以叫作《華雨經》啊！爲什麼又不叫經？

所以那個人講話，前言不對後語，前一段跟後一段就衝突了，別說前一頁跟後一頁衝突，更甭提第一章跟第五章衝突；只是那一些迷信他的人，智慧相差太遠，看不出他的矛盾。他們都出家幾十年了，號稱是專業的人士，還不如人家一個在家非專業的博士，人家一個世俗法中的博士，都還能寫出評論印順的那本書，叫什麼名稱？恆毓博士寫的那本，是《印順法師的悲哀》，對吧？但他也無法回應。那又不是在他死後才寫的，那個很強勢的釋印順，眼裡容不下一絲微塵的人，人家弄了一顆小石頭進他眼裡去了，他竟然沒反應，這可怪了！所以有時候想，他也眞了得，好像是個大丈夫；歇後語是什麼？能屈能伸。遇到可以招惹的，他就拿出大砍刀砍了對方；遇到不能招惹的，當作不知道有這回事；能屈能伸，不就是大丈夫嗎？

也就是說，其實《般若經》常常講的「一切諸法不生不滅」或是「一切諸法本不生滅」，所講的一切諸法是指一切諸法的本質，它們的本質就是眞如第八識，而第八識不生不滅，由第八識函蓋了一切諸法，一切諸法都在如來藏中，不曾有一法曾經一刹那離開過如來藏，而如來藏從無生滅，所以一切諸法就是如來藏，因此一切諸法不生不滅。我們弘法之前，如果有聽到人家這樣開示，一定高興死了，可就是沒有啊！老實說，回復往世的法以前，根本不知道我學佛到底是想要求什麼？說證果嘛，明明我心中對證果沒什麼興趣，但是想到要開悟要明心見性，興趣可就來了，就是摸不著門路。後來想一想，既然大法師們不可靠，咱家自己來吧！沒想到自己來，還眞的解決了，於是才有今天正覺這個妙法震驚了全球佛教界。

包括基督教都把我們當作眼中釘，現在基督教認爲：天下最大的敵人，不是達賴，是正覺。他們只是不敢講出來而已，因此他們還特地寫書在大陸評論我。那爲什麼會這樣子？原因是我們通達一切諸法，知道一切諸法莫非一相，名爲無相，無相才是實相。而他們在不知不覺中就被人了知基督教全都落在種種相中，不離人間的境界，還及不上四王天的境界；至於所謂的永生不死，就都別提了。

那麼　世尊又開示說：「這個人這樣教導比丘們，他自己也這樣修學熏習，也這樣實證了，又能夠通達諸法一相。這個人他心中尚且不會生起任何一法之想，何況會生起我與別人的分別之想呢？」所以，假使不是爲了弘法的事情忙，他坐下來就沒有念頭；不是去修來的無念，而是他心中沒有煩惱，所以就沒有雜念，就是依於眞如的境界而住，因此他不跟人家計較什麼。如果跟人家計較東、計較西完了，還要計較南、計較北，他一定住在中央這個五陰自我之中，所以東西南北都要計較。如果他是無我的，無我時還有東西南北嗎？沒了。就不必計較啦！所以只要大家能共同把事情作好就行，他不計較什麼。但是說來容易作來難，難在何處？難在　世尊講的這兩個字「通達」。所以沒有通達之前，總是會計較；但只要計較得有道理就沒事，如果計較得有道理，不管誰來說，我都說那沒問題。但如果計較得沒道理，就表示他雖然證悟了，可是與通達還有一大段的距離。

一大段，到底有多麼大的一段？我這手這麼短，再怎麼比也只有這樣而已，乾脆用比例來說好了：一丈差了九尺九，那就事事計較了；如果一丈之遠只差五尺，計較就少了；如果通達了，沒什麼可計較的，怎麼樣把錯誤改正過來，事情作好也就罷了，沒什麼好計較的，因爲心中尚無一法之想，還要計較什麼呢？這就是「通達」之所以重要處；因此說，這個人「猶尚不生法想，況我人想？」因爲根本沒有可以計較了，再怎麼計較都是自己已經捨棄或應捨棄的。

《阿含經》常常說「棄吐」，嘔吐的吐；說阿羅漢把三界有捨棄，猶如嘔吐出去的食物一樣。先問諸位，你們都嘔吐過呵？嘔吐出來的東西用碗裝著，你還吃不吃？不說吐到地上，吐時用個金碗幫你裝著，你還吃不吃？對了！就好像吐出去的東西一定棄捨，沒有人通達以後，還故意把吐掉的東西再吃回肚裡去的。只有愚癡的畜生才會再吞回去，譬如野外那一些野狗，看見別的狗吃的食物，但也許因爲生病或怎麼樣嘔吐了，其他的野狗沒得吃，也就吃了。可是換了你，再怎麼餓，你也不吃啦！說來很怪呵？確實怪，那吐出來的本就是你肚裡的東西，爲什麼你吐了以後你就不吃？剛剛還覺得很好吃而吃下去的，爲什麼現在就不吃了？因爲那是你所棄捨，棄捨了就表示不好的，就不要再吃了。通達的人正好如此，所以一個已經通達的人，除非諸佛如來或者上位菩薩來了，指定你說：「這時你得幹國王去了，否則正法就滅了。」那你就義無反顧：「諾！」就去投胎國王家。假使是可以選擇要或不要呢？那你一定說不要，因爲當上一次國王，以前的五通全都消失了，未來世得要再重修。

這就是說，很多劫以來就把可以去擔任轉輪聖王的福報，猶如棄吐一樣捨了那個權利，心裡面都沒有一點點的意樂，何況現在又回去再把它取回來當呢？所以通達的人不會這樣作，因爲不單單是斷我見而已，他都已經過了阿羅漢位才能入地，三界諸法都已經棄吐了，所以再也不會去拿回來吃下肚，他當然沒有我、沒有人的觀念；到了這個地步，他心中不會去牽掛著諸法，都沒什麼可牽掛的，所以沒事時，心中空無一物，那眞的叫作好日子。所以悟後轉依得很成功的禪師，會告訴你：「日日是好日。」明明他喝的都是粗茶，吃的都是淡飯，一般人吃不下、喝不下，可是他偏偏就甘之如飴。一般人只要稍微有一點錢，人家端上來粗茶，才一沾脣就：「呸！你們家還喝這個？沒有雨前嗎？」開口就這麼問。至少也得雨前或碧螺春，還喝這種粗茶？他喝不下。可是這禪師瓦屋三椽，那架房搞不好雨天都還會滴水，他就這麼住，他已覺得很滿足啊！這是有原因的，時局不適合弘法就這樣過日子；可以弘法時，那就出來弘法。一世又一世都沒有入涅槃的原因就是爲了弘法，就一世一世等吧！所以你要說什麼棄吐又取回而食的事？不可能！

我記得以前小時候，同學們都會說：「我將來要幹什麼，你要幹什麼？」都會這樣討論。人家常常問我這個問題，我不會覺得討厭，可是我也談不出將來要幹什麼；到高中時，我開始認眞思考這個問題，因爲我覺得世間有很多東西，並不是我喜歡的，所以我開始思考這個問題：到底我來人間是幹什麼？來尋找這個答案。當時也沒有什麼佛教，只有一家一家的寺院，都沒有佛法可說，所以我讀高中時心想，不用幹什麼，就這麼平平淡淡過一生。

他們發什麼願呢？有的發願要當總統，有的發願要當工程師，有的發願要當大富翁等，有很多人後來果然實現了，就是想當總統的人還沒有實現。可我沒有發願過要幹什麼，後來私下想（我沒敢公開講，因爲我講了，大概人家會笑我，我不想講），當了兵回來，弄一塊小小的地蓋個四公尺見方的小磚房，我就這麼住著過一世。當年我學習針灸，有人需要我幫忙，我就幫他們扎一扎，就這麼一世也就過了，沒想要幹什麼，眞的叫作胸無大志。

如果是期望很高的老爸，知道是這樣的話，早就把這兒子捏死算了。我媽早逝，我國小五年級她就走了；我爸這個人性情平和到簡直是不可理喻，我說是他對我，他大概就是想：「這小孩子也沒財產可分，現在就像寄人籬下，隨他過得快樂就好。」所以有時我看他下田蠻累的，高中時我是蠻有氣力的，我那時候練武很有氣力，總是休假就去田裡幫忙；但每一次去，作不到一個鐘頭他就趕人了：「你回去啦！你回去啦！這裡沒你的事啦！」我始終想不通其他姓陳的兄弟去田裡，他卻不趕人；後來我懂了：喔！原來我不姓陳，不能分財產。我不是可以分財產的人，我們家有兩姓，所以我爸大概這樣想：「這不是你的事，你不用辛苦幹活，回去啦！回去啦！你多作了，將來也沒得分。」哈哈哈！我後來終於想通了，但還是設法去幫忙，因為老人家累，我實在看不下去。那可以分財產的哥哥，我爸從來不趕他；他很會喊累，我從來不喊累，可是我一直被趕走，就這樣。

這就是說，我這個人從小就是胸無大志，沒想要幹什麼，只想這一世就這麼平淡地過，以後再看有什麼因緣，弄清楚我到底來這一趟是幹什麼的。一直到上了臺北，在人間隨著因緣奮鬥奮鬥吧；終於成家了、也立業了，繼續追尋吧！所以作了很多的追尋，打拳、練氣功、集郵、蒐集錢幣、讀哲學書籍、作一些工藝，到後來有一次是國軍的教育召集（一天的），在士林的陽明戲院；座位隔壁有個人拿著小冊子在讀，我就轉過去看寫什麼；因爲那些教育訓練的內容沒什麼可聽的，我就轉過去看他讀什麼，看了一些內容覺得有意思，就問他是什麼書？（那個人是誰？可能有不少人認得他，叫作顏宗養），他乾脆把小冊子送給我。後來就跟他接觸，那時他在天華出版社任職，然後就開始買書讀；老實講我也幫他們出版社賣了很多書，其實不是賣，而是出錢買了很多去送人。

後來談到三歸依，他介紹我去土城；那時我事業正忙，只好抽空，盡量設法把事情提早辦完了，抽空去；但去了兩趟都沒成功，都是半路堵車，沒辦法，去不成。後來我又到天華出版社去買書時又問他，「不然這邊比較近，最近的就是北投農禪寺。」於是我去了，也買聖嚴法師的書看一看，然後就改流通聖嚴法師的書；他們最有名的一本書叫作《正信的佛教》，從我手裡大概流通了一、二萬冊出去了；我每一次買兩大包，所以那時候我買書都是五折，你們沒有人買過那麼便宜的。

我就這樣一頭栽進來，才終於發覺，原來修學佛法是我這一世要走的路，我找的是這個。於是我把以前的興趣就全部丟棄，拳不打了，錢幣也不收集了；這時音樂也根本沒時間聽，本來預備比較有空時我要聽音樂，預先買了好多原版唱片，等退休後要好好聽的，結果都沒動；那都是原版的，向讀者文摘出版社買的，全部都放在一旁不管，我就一頭栽進佛法中來。所以我這個人到底有沒有志向？眞的沒有。因此學校的書不想讀，我都是讀一些奇奇怪怪的東西，很雜，非常雜學；學那些東西到社會上能賺什麼錢？賺不上錢。所以我後來賺錢的，是憑著往世的福德；賺到後來我不想再賺了，因爲覺得再賺也沒意思了，所以眞的胸無大志。胸有大志的人應該賺第一個百萬時，說我要再賺第一個千萬，然後再賺第一個億萬……等，人都是這樣的啊！

偏偏我這個人胸無大志，覺得這樣很滿足了，四十幾歲便退休下來，事業不幹了，就專心走這一條路。沒想到我這個胸無大志的人，沒有企圖心的人，什麼都不計較的人，今天跑出來在佛教界跟人家斤斤計較，總是計較說：你這個法錯了，你誤導眾生，要改；他那個法錯了，他誤導眾生，也要改。一天到晚計較，計較的結果，我得了什麼好處？（有人說：沒有。）有啊！

有好處，很大的一頂高帽子：邪魔外道。我專幹這種吃力不討好的事，幹這種事情不會有人讚歎，只會招來罵名，可是我就因此賺大錢了，因爲這七聖財無量無邊，眞的賺大錢。這才是眞的賺錢，這種錢跑不掉，你到下一世去，它就跟著你；這種錢財沒有人能搶奪的，死後也沒有人能拿走，永遠跟在自己身上。那這樣到底是胸無大志還是胸有大志？沒有！眞的沒有大志，因爲無人無我，哪來的志？立志是因爲有我，才要立志；沒有我時立什麼志？沒有啊！但我這個七聖財大發特發，也就只是個副產品。

這是副產品，主要就是救護眾生成功了，心裡可歡喜著。看到很多人一個一個走回正路來時，你可不知道那是多歡喜的事啊！因爲當大家都走回正路時，你固然心中無我無人，在私底下來看，自己的成佛之道就走得快。有沒有人成佛時是獨自一人成佛的？（有人回話，聽不清楚。）沒有嗎？釋印順就是獨自成佛，釋證嚴也是獨自成佛，都是只有一個人成佛；他們法座下沒有一生補處菩薩，也沒有妙覺、等覺菩薩，有的都是什麼？都是還在十信位的凡夫；這也能叫作成佛？才怪！

這就是說，每一世剛出生、才剛長大，問他說：「你這一世百年之身，是求什麼？」一般人都會有一個目標：我想什麼、要什麼。可是我沒定過目標，當一個人通達佛法時，一直到我出來弘法時都沒定過目標，我只是想隨緣把法傳了，只要有哪個大法師願意接這個法，傳給他，我就歸隱田園了，沒想到竟然是沒有人要。當初我都是親自送上門去，沒人要這個法；現在如果有誰要呢？得要親自上門來求，而且至少要上兩年半的課，不管他的官當多大。

可是當年我親自送上門去，沒人要。就這樣子弘法，也沒有想要定下一個未來的目標；是後來看那些大法師都不可靠，我至少要有一個弘法的團體一直把正法延續下去，所以才去成立正覺同修會。本來是成立內明共修會，但登記好了以後被人家掌控著，等於被人家拿去了，我們就另外成立正覺同修會，這才算是第一次定下一個目標：法一定要如實地、永續地傳下去，不許中斷。也不過是這麼一個小小的目標，可是看看諸位對法這麼有信心，又看到諸位對法這麼護持，我就開始定下更偉大的目標；那麼這個偉大的目標，目的不是爲我，而是爲了諸位；因爲如果不這樣定下這個目標，就不可能有一個特大號的福田，裡面有各種各類的福田可以開墾出來，可以培植大福德，才能繼續進道。

沒有福田可以讓諸位來種時，諸位憑什麼證悟？沒有福德作支撐，悟了還會退轉；退轉不打緊，但是疑心就會謗法，來世可不在人間了。所以後來我想，就定下這個特大號的目標，就是復興中國佛教；這是幾年前定下的目標，由此開始去作，這樣諸位也有機會可以種植廣大福田；種下這些福田，果報無量無邊，就有證悟的機會，只差遲早之別。可是這個偉大的目標實現以後，我得到什麼利益？我可以家財萬貫嗎？沒有！一樣不收供養；我也不管帳，也不管出納，也不經手錢財，我都不管，只管說法。我只在想要買講堂、買地、買寺院時，才會去問管財務的同修：「我們現在有多少錢可用？」否則我從來不過問財務的事，我就只管寫書、講經、辦禪三，以外沒我的事。

但是這樣作下來，因為我的緣故就累死大家了。不累喔？眞是大菩薩，這叫作菩薩子。但是在這個復興佛教的過程中，沒有人可以從中營謀私利，如果在這裡面營謀私利，表示他心中有我有人，所以要從別人那裡把錢財弄到自己身上，這就證明他心中還是有人有我。我們作的只是要讓大家有大福田可種，憑這一些福德來支撐自己可以有證悟的因緣，這樣就夠了。所以不管怎麼累、怎麼辛苦，絕不說一個累字，絕對不講辛苦，就這麼去作。有人問我說：「您這麼多事情，什麼時候能作完？」我說：「容易啊！死時就作完了。」所以依著規畫該作多久，作完了就可以死，可以到下一世去了，就這麼簡單，這沒什麼好考慮的。一個人有我無我，就在此分野。

所以像這樣的比丘，心中沒有一法之想。會有很多法想的人，他會斤斤計較：「這件事是對我不利的，這是對他有利，所以這件事情無論如何要把它阻止。這件事情對他有利，對我也有利，勉強幫他吧！這件事情是對我有利，對他不利，我可以爬到他頭頂上去，無論如何要把它弄成功。」這也是法，叫作世間法。可是當這個人在佛法中通達了以後，他轉依如來藏成功了，從來沒有法想，因爲他依眞如而住；眞如的境界中沒有一法，不見一法，何況能見我、人？而你們證悟眞如的人，現觀一下就知道了，眞如境界中無一法可得，何況有人、有我、有他、有眾生？這樣的人才是通達的人。換句話說，通達位是二乘解脫道已經圓成，然後生起對十無盡願的增上意樂，因此發了十大願，依著無生法忍的智慧以及廣大福德，進入初地去，這才叫通達。

接著 世尊開示說：「舍利弗啊！你的意下如何呢？會憶念到諸法，有這種想法的人，這個人能夠滅掉一切法嗎？」假使有人心中老是想著這個法、那個法，而且想的那些法大部分是世間法，譬如：「我這個徒弟快跑掉了，要趕快想辦法把他留住。」又譬如想：「某某法師那個徒弟不錯，我要設法趕快把他拉過來。」然後：「這個人是大金主，我得要好好拉住他；這某乙沒錢又沒勢，隨便應付應付就算了。」那這個人一天到晚都想著世間法，這樣的人可能「滅一切法」嗎？

說到這裡得要先談什麼叫作「滅一切法」？「滅一切法」有兩個意涵，第一個層面是依二乘解脫道而言，把一切法滅除，因爲連自我尚且都要滅除，所以捨壽時入了無餘涅槃，連自我都不在了，哪還有法？這是第一個層面：二乘聖者滅一切法。第二個層面是菩薩們進入第二大阿僧祇劫之後，當然是「滅一切法」的行者，但是卻反而要生起一切法，所以才叫作「應無所住而生其心」。可是在進入第二大阿僧祇劫之前，得要不斷熏習、訓練、觀行，使自己有能力滅掉一切法；也就是說最好能取證俱解脫果，如或不然，最少要取證慧解脫，才能滅掉一切法。那麼滅掉一切法的意思，表示要能夠解脫於三界萬法的繫縛。如果有人一天到晚想著這個法、那個法，從來沒有辦法讓腦袋瓜停下來，他想要得到未到地定那個輕安，都不可能啦！何況證得禪定？更何況是證眞如？

所以菩薩證悟之後，得要有能力滅一切法，才能通達一切法；通達一切法的人，所見一切諸法唯有一相，所謂無相，無相即是實相。那沒有通達的人還不能滅一切法，反而要多多思惟一切法，把一切法與這個無相的實相連結；任何法都要跟妙眞如、如來藏連結，全部都連結成功了，這時你就知道「**法住法位**」。「**法住法位**」已經現前觀行好了，你當然就知道「**法爾如是**」，因爲某一個法它在這個位置，經過某一些連結而跟如來藏連結起來，你沒有辦法改變它的位置，它跟如來藏的連結已經到第六層、第七層、第八層了，它就是那個位置，你沒有辦法把它拉過來前面幾層的關係中，這就是「**法爾如是**」。所以，不要問說意根可以從如來藏出生，爲什麼我們意識就得要有意根，還先要有五色根，還得要先有六塵，然後意識才能現前？不用問，因爲「**法爾如是**」，因爲各法都是「**法住法位**」。當你把每一個法與如來藏的關係都連結好了，心中就有一棵完整的菩提樹，每一片葉子，每一朵花，每一根細枝，每一根粗枝，每一枝幹，一直到根，全部都具足。

最後你發覺菩提樹在人間，不能離開泥巴而住。你看看人間有哪一棵樹住在空中？有沒有？沒有啊！樹沒有辦法種在空中。有人也許說：「有啊！我種在屋頂啊！」屋頂不也是依地而住嗎？有人說：「有啊！我們家裡用寶特瓶，弄一些泥土，澆一些水，我就掛在我們家牆壁上好美，那不是離地嗎？」那有離地唷？那泥巴是怎麼來的？那個寶特瓶養著它，你不必掛著嗎？難道它自己浮在空中嗎？所以一切樹要依地而住。那我們心中這一棵菩提樹全部觀察完成時，發覺住於什麼地？住於實相法界所生的五陰煩惱大地。所以你如果捨壽入無餘涅槃去了，菩提樹就滅了，也就無一法可得，那就談不到「法住法位」，也沒有「法爾如是」可說了。因此說，只要還落在諸法中斤斤計較，或者還在諸法中繞不出來，那麼這個人沒有辦法「滅一切法」，他根本入不了初地，他也沒有能力出三界；因爲這個緣故，所以舍利弗答覆世尊說：「不也，世尊！」

世尊循循善誘，又接著問：「舍利弗啊！如樹無根，能有枝葉華果實不？」譬如一棵樹如果沒有根，它能夠長出枝葉，然後開花結果又有種子嗎？沒有根的樹不可能存在，假使一棵樹本來有根，把它砍了，那樹也就死了。可是有個問題，人家來問：「如何是佛？」禪師竟然答覆說：「石上無根樹。」「如何是佛？」就是要問眞如心、問「無名相法」如來藏，也就是問諸佛如來本際。人家來問「什麼是如來」？禪師竟然說石頭上沒有根的樹。往年，那些自以爲悟的人，不管是法師或居士，他們都解釋說：「石上無根樹就是代表世間沒有這個東西，意思就是要讓你無法思惟動念，就是告訴你什麼都不要想，你要一念不生，把妄想之念全部砍斷，一念不生時就開悟了。」好在他不是在我眼前說的，不然他可倒大楣了。禪師說的不是這個道理，已經直接告訴他如何是如來，只是他落到語言文字上去了，隨著人家的言語脈絡一直轉下去，那他就永劫不悟。

回到經文來，世尊說「譬如一棵樹沒有根」，那就表示不可能生下種子再傳後代，因爲連果都不會存在，連花、葉、枝、幹什麼都不會存在，所以世尊問時，舍利弗也只能回答：「不也，世尊！」於是 世尊告訴他：「如是，舍利弗！若人不得諸法根本，是人能生諸法想不？」這時候開始有文章了！如果有人不曾證得諸法的根本，他能夠對諸法去生想嗎？也就是說，諸法到底是怎麼回事，他能夠想清楚嗎？

有很多人不是都在研究唯識學嗎？我講《成唯識論》之前，有人送給我兩本唯識學的書，一本是臺灣人寫的，一本是香港人寫的。我心想：「有人送我這兩本書，眞得好好感謝！」可沒想到，回到家裡翻起來一讀，幾乎要吐血！我說：這還能叫作唯識學喑？胡扯啊！這兩個人還是港臺有名的唯識專家，錯到一塌糊塗了。所以那兩本，我耐著性子讀，每一本讀不到五頁，眞讀不下去了，我說這不是汙了我的眼睛嗎？

也就是說，他們不但看不見諸法的脈絡，連諸法的各個法相，他們都弄不清楚，不要說到脈絡。既然連諸法各自的法相都看不清楚、都誤會了，如何能夠看見諸法的脈絡呢？每一個法都各有一個脈絡，最後全都連結到如來藏來；不管哪一個方向的諸法，最後都會連結到如來藏，都有一定的脈絡。所以通達以後，從任何一法就可以講出萬法，因爲這個法可以往末端講去，然後繞回來再一直講到如來藏來；也可以從如來藏又講到另一個法，又往末端一直延伸出去；就這樣錯綜複雜一直講下去，你哪講得完？眞的講不完！

如果有人邀請我去說法時，我最大的困擾就是時間限制。像我們這樣講經多好，我要講什麼就一直講；若講不完，下回繼續再講。可是如果限制時間，我這個人不喜歡被限制，因爲法講得正好正妙時，突然間時間「噹！」的一聲到了，就把你砍斷了，多煞風景！因此講法時一定要先得根本，有根本時，你說任何法可以互相去作連結，直系的一直講到如來藏，往根本講、往枝末講都行；然後這個法跟隔壁旁系的法該怎麼連結，你可以一直講下去。可是那些人，對諸法的形相都還弄不懂，都還誤會了，竟然能夠講唯識，眞有趣。

「唯識」的意思是說：諸法都唯有依止第八識，萬法唯八識心王所生，這才是眞唯識。結果他們都在研究識所生的法相，每一個法一一把它拆開來講，每一個法沒有互相的連結，那這樣不就支離破碎了嗎？所以諸法的根本才是最重要的，也就是說，諸法之所生處、諸法之所來處得要了知，也得教導大眾了知；然後諸法滅了以後呢？滅向何處？這才是最重要的事。因此當你得到了諸法的根本以後，可以觀察諸法與本源如來藏之間有什麼關連，就表示你得到了諸法的根本；得到諸法根本之後，你才能夠對諸法具足圓滿解說。

這時，眾生需要知道十個法，你就爲他們具足演說十個法；另一類眾生能夠懂得一百個法，你就具足爲他們說一百個法，乃至千法萬法等；因爲你有法的根本，每一法都從此法生，所以你從此法一直講出去，才能夠有諸法的完整模樣存在你腦袋瓜裡面，可以藉意識不斷地生起、不斷地演述。所以世尊說：「舍利弗啊！如果有人不曾證得諸法的根本，這個人能對諸法具有圓滿具足的作意嗎？」舍利弗依舊只有一個答案可以答，沒有第二個答案；他只能永遠繼續答這個答案說：「不也，世尊！」但這句話作文章是作在哪裡？作在有沒有證得諸法根本。

接著世尊開示就從反面說了：「舍利弗！若人不得不念法相，是人能滅一切法不？」如果有一個人沒有得諸法的法相，他也從來不憶念諸法的法相，那這個人能滅一切法嗎？如果沒有眞的懂得這一句聖教的意涵，誤會可就大了！他將會以爲是延續上一句說的「不得諸法根本」，因爲沒有得到諸法的根本，就是任何一法都沒有；都沒有得任何一法，所以他不得法相、不念法相，他會這樣誤會。

佛講的是，如果另外有一個人，他證得了諸法的根本，然後轉依於這個法本；當他如是安住時，依「無名相法」諸法根本自己的境界來看待一切法時，他發覺在如來藏、在眞如、在這個「無名相法」自己的境界中，沒有一法存在。當菩薩如是轉依，住於沒有一法存在的實相境界時，他有沒有得到哪一個法的法相？都沒有啊！他住於這個境界時，會不會突然想起某一個法的法相？也不會！這時的眞如境界中也沒有念心所，能這樣，這個人就是眞正的菩薩，叫作勝義菩薩，也就是不得法相也不念法相。即使她燙了頭髮，不管燙什麼頭，獅子頭、鳥雀頭搞怪搞怪也行；又畫了眉毛、塗了胭脂、抹了粉，身上穿得很華麗，還掛著用眞鑽鑲起來的項鍊；或者掛著一顆價值千萬的翡翠觀音，行不行？行！因爲這個人已得諸法根本，她這樣子出來示現：菩薩雖然身爲一個女人，可是廣有資財、智慧無邊，可以攝受眾生，殺一殺聲聞人的銳氣，有何不可？

這個人看來似乎是行在有中，可是她其實住於空中。空性是什麼？是如來藏，就是《佛藏經》講的「無名相法」、「無分別法」，是住在這個法中。當她住在這個法中時，無一法可得，當然不得法相，也因爲眞如從來不念任何一法；譬如一面明鏡，明鏡顯示出來的那一些影像、那些鏡像，都是給人看的，它自己不看；它讓人家在那個影像裡面打滾，在那影像裡面喜怒哀樂，可是明鏡不理會其中的喜怒哀樂，明鏡也從來不曾想過：「我以前顯現過什麼影像，接下來要顯現什麼影像；現在是誰看了我顯現的影像在那邊痛哭，誰在歡喜？」它都不理會，從來「不念一法」。

如果有一個人得了諸法根本之後，這個人不得法相，也不念法相，這時他還需不需要滅掉一切法？（有人答：不需要。）爲什麼不需要？因爲一切法本來就全在自己如來藏裡面，何必滅掉？所以哪一個人如果明心以後說：「我要轉依這個眞如，因此這一世一定要入涅槃。」我要是知道了，趕上門去剁掉他的腳後跟；因爲表示他沒有轉依成功，我度這個人白度了，是個聲聞自了漢。悟了就應該要留下來，因爲如來藏從來沒有想要入涅槃或輪迴，就只是無私無我而自在地運作，菩薩就如是利樂有情；所以菩薩悟後得要無私無我而好好利樂眾生，讓正法久住廣利人天，這才是證悟的菩薩行者應當幹的事，才是眞正的轉依成功；怎麼可以當自了漢而想要全依眞如的寂滅，死了就入涅槃去？

這就是說，當這個人依於眞如的境界而住，也就是依於《佛藏經》講的這個「無名相法」的境界而住時，從這個眞如的境界來看一切法，其實別說一切法，這時連一法都看不見，所以「不得法相」。得法相的是你證得祂以後這個意識心得到了諸法的法相，這時「法住法位、法爾如是」，也是你觀行得到的智慧，無關於祂自己；祂只是繼續供應種子給你，你需要什麼，祂就供應給你，讓你可以證得，因此懂得般若諸經的意涵，使你成爲勝義菩薩。這時不管你穿得花花綠綠，或者男眾梳個油亮油亮的西裝頭，穿上白西裝、白領帶、白襯衫，白長褲加上白皮鞋，渾身雪白，看起來不得了；如果是請個司機，買一輛白色的林肯，夠氣派了，但無妨依舊是個菩薩。你看 維摩詰大士，家宅那麼寬廣，資財無量，但他卻是大士，又有何妨？無妨是勝義菩薩。雖然他娶個老婆，生了女兒，但依舊是個出家人，因爲他可以出三界家。阿羅漢能出三界家，都還看不見 維摩大士的背部。所以，什麼叫眞實沙門？這才是眞實沙門。

這意思就是說，如果有人證得諸法根本以後，他轉依於眞如這個諸法根本，那他就「不得法相」，也「不念法相」。當你們證悟時，看看你的眞如會不會想起什麼而告訴你說：「我們今天該去哪裡？」有沒有？沒有啊！另一個人，他的眞如也不會說：「昨天我們才吃絲瓜，今天不要再吃絲瓜，改吃別的，明天還可以改吃瓠瓜。」有沒有？沒有啊！眞如從來不念任何一法。所以，既然你依這個境界而住時，當然「不得一法，不念一法」，任何法相都無；什麼法都沒有時，你還要滅什麼法？一定是「有」才可以滅，「沒有」你要怎麼滅？

法界的定律是：「有」才可以滅，「無」不可滅。因此，既然依眞如境界而住，而這種境界中「不得一法」也「不念一法」，那你還要滅什麼法？所以，這個人沒有辦法滅一切法的。因爲你如果說：「我還是要滅一切法入無餘涅槃。」那人家問你：「你不是說證得諸法本源而不得也不念法相嗎？」這下要怎麼回答？所以，阿羅漢心中依舊有諸法，他們才要滅掉諸法入無餘涅槃。如果轉依眞如心時，心中連一法都無，何必要滅掉這麼多法而去入涅槃呢？這意思告訴諸位什麼道理？告訴諸位說，假使你有一天證得這個「無名相法」了，將來死後可不可以想要入無餘涅槃？對了！女眾答得很勇猛，但男眾一聲也無。男眾們不能光搖頭啦！老闆面試時如果來求職的人只會點頭、只會搖頭，都不吭聲，老闆一定把他刷掉、不錄取。

這就是說，世尊教導我們這些法的目的，是要你當一個菩薩，不要你當聲聞自了漢。所以當你能夠證得諸法根本時，就表示你能夠觀察諸法根本這個「無名相法」自己境界的狀況，就表示你已經現前觀察到實相法界的狀況了。那實相法界的狀況，你已經一清二楚了，結果是發覺實相法界中，也就是「無名相法」的境界中無一法可得；連最小最小的一法都無，哪能夠再滅一切法？既然不能滅一切法，那就依照 佛的聖教不用滅一切法。不用滅一切法，好不好？好！爲什麼好？（有人答話，聽不清楚。）不能那樣答啦！不滅一切法的好處就是好吃的照吃，該享受的照樣享受，但心裡面繼續捨棄它；因此，原來住的大別墅也不必丟棄，可以繼續住，名車繼續開；然後救濟眾生就繼續救濟，教育眾生也繼續教育，幫眾生實證也就繼續幫他們實證，如是教導大家一群人又一群人，不斷地把他們拉入佛菩提道中來實證，這樣才是好啊！所以菩薩證悟了以後，不可以入無餘涅槃；這就是 世尊這一句話告訴我們的重要意旨。今天先講到這裡。

經過一週來的颱風攪局，這次很嚴重，但是大家都得接受，因爲這種氣候異常的狀態，本來就應該叫作異常，那就是說偶爾會出現一次。但根據氣象學家的說法，這種現象將會成爲常態化。常態化意思是說，將來假使每年或者每二年都會有一次這麼厲害的颱風來，那大家要有心理準備，因爲都已經說是常態化了。這就是說，全球環保作得不夠，節能減碳作得不夠，所以全球氣溫繼續增加；那罪魁禍首到底是誰？什麼人？哪個國家？當然是人類，但人家落後國家沒有多少碳排放，排放最厲害的□國跟□國；但是大家要有心理準備，請諸位要保重。以後遇到這種狀況，預防措施要先作好，該撤走的就先撤走，留得青山在，不怕沒柴燒；因爲諸位能來到正覺，可都是稀有動物；應該叫作稀有人類，不要叫稀有動物，因爲我們是人，人有人的格，動物永遠沒有人的格。老是有人用達爾文的進化論說：人是從猿猴進化來的。但猿猴可以進化爲人嗎？有沒有根據呢？也沒有，正確的理論上也不可能有。如果猿猴可以進化爲人，那人也可以進化爲四王天人，人類也可以退化爲鱷魚、狗一類，也是可以退化爲猿猴的。有進化就也會有退化，有沒有人曾經退化爲猿猴？答案是沒有！所以那個理論是講不通的，這是達爾文思想的盲點；沒有人去注意到這一點，但我們不要隨從那一些人亂講。

假使人類是從猿猴進化來的，我以前常常入定看往昔很多劫以前的事，應該總也會有一、二世看見我是怎麼樣從猿猴進化成人的；但我沒有看見過。我甚至於看見過往世謗了一個得四禪的人，結果下墮成爲一隻老鼠，當了一世，還沒有成家立業就被貓爪撲死了。以我現在的證量來說，這一定是二或三大阿僧祇劫前的事；連這個都看見了，竟然我往昔從猿猴進化爲人的事情會看不見，沒這個道理吧！

佛是一切智者，也不承認這一點，經中有什麼地方說人類從猿猴進化而來？沒有！只有造惡業死後來世當猿猴，沒有說這個肉體一代一代演變，變成了人，沒有這回事。所以，那一些思想都只能叫作思想，不是實相。既然是思想，就表示那是人類觀察去思惟出來的。那觀察思惟出來的不一定準確，所以不要信那個道理，因爲十方三世永遠只有三界六道。三界中只有六道，人類是其中的一道，表示不與其他五道互相混濫。所以，不應該說人是從猿猴進化來的，否則的話，同樣的原理、同樣的邏輯，人也應該可以退化爲猿猴，但進化或退化都沒有根據；不能說找到以前的比較像人類的猿猴，就說那就是證據來證明人是從猿猴演化來的，那是不可能的事。

言歸正傳，《佛藏經》上回講到十四頁第二段第六行的最後一句。今天從第七行第二句開始說：「**不也，世尊！**」這是舍利弗對 世尊開示的答覆，

因為 世尊說的是，如果有一個人，他所住的境界中不能找到任何一個法生起運行滅壞的相貌，他所證得的那個境界中，也不會起念去憶起、或者了知任何一法生起運行壞滅的相貌。那麼 世尊問了舍利弗說：這樣的人能夠滅一切法嗎？所以舍利弗說：「不也，世尊！」

我們上週最後說到，既然菩薩所證的境界中沒有一法可得，而那個境界中也是不念一切法的，這樣他就沒有任何一法存在，又如何能夠把一切法滅掉？所以他不得、不念法相時，到底是能夠滅一切法，或者不能夠滅一切法？我們也談到說既然一法都無，又如何滅任何一法？何況是滅盡一切法。那麼舍利弗尊者很清楚這一點，因為身為十大弟子中智慧第一的菩薩，他當然瞭解這一點，所以他就答覆說：「不可能的，世尊！」

我們上週最後也說過，如果沒有一法可得，沒有一法可念，那個境界中都無一法時，那菩薩捨報時，是不是可以把五蘊十八界滅除，因為五蘊十八界在所住的境界中都不存在，也就是指如來藏自身所住的境界，你依著所證如來藏的境界來看時，根本都無一法可得了；正當無一法可得時，能滅除什麼法？所以轉依如來藏時，雖然你是大阿羅漢，或者慧解脫、俱解脫等阿羅漢都行，就不該有法可滅了，否則表示你轉依沒有成功。

既然沒有一法可滅，當然死時就不需要把五陰十八界以及中陰身滅掉，因爲在中陰身時，你還是記得這一世的所證；那你記得這一世的所證，實際是沒有一法可得的。因此，該投胎就去投胎，乘願再來。記住喔！乘願再來。什麼願呢？願我常住娑婆，得遇　世尊正法，遇善知識，修學妙法，很早證得菩提，繼續延續這一世的道業。應該如此！那麼也就不需要取涅槃。

所以菩薩沒有權利說：「**我死了要入無餘涅槃，所以我死後，你們弟子們要為我蓋一個涅槃塔。**」誰要是要求弟子們蓋涅槃塔，他就不是菩薩。換一個方式來說，猶如《法華經》說的，涅槃塔本來就存在，每一世都有一座涅槃塔，幹嘛還要要求人家去蓋？永恆不壞的涅槃塔不要，竟要求弟子們爲他蓋那個幾百年、一兩千年就壞掉的涅槃塔，那還能叫作涅槃？才怪咧！

所以，慧忠國師跟皇帝告辭說：「**老漢我要捨壽了，你為我造個無縫**（涅槃）**塔。**」那皇帝就問：「**師父您要的無縫塔，就請師父您賜下塔樣吧！**」慧忠國師良久，皇帝看不見，慧忠國師就說：「**你要我的涅槃塔的塔樣，我走了以後，跟我的弟子應眞耽源要吧。**」既然吩咐這樣，身爲弟子的皇帝就依教奉行，為他處理了後事以後，找了慧忠的弟子應眞來：「師父這麼交代，就請你給個涅槃塔的塔樣吧！」沒想到應眞這麼說：「湘之南、潭之北，中有黃金充一國；無影樹下合同船，琉璃殿上無知識。」就這樣子講給他聽，你看要命不要命！涅槃塔，跟你扯到湖南湖北，說有涅槃塔，中間有黃金充滿了一個國家；又說無影樹下應該同在一船，到了眞如琉璃大殿之上卻看不見任何一個善知識。說這叫作涅槃塔，那顯然涅槃塔在禪師心目中，並不是講那個石頭雕成的石塔，而是指如來藏這個「無名相法」、「無分別法」，才是眞正的涅槃塔。

這才是所有人的歸依處，這叫作自歸依；不要去歸依外面的，要歸依自己的究竟法，因為盡未來際乃至成佛以後的未來際，繼續利樂有情無窮無盡，所歸依的依舊是這個涅槃塔。所以晚課作完了，三歸依是怎麼歸依的？自歸依佛，自歸依法，自歸依僧。佛法僧都在你身上，你應該歸依的佛，就是這一座涅槃塔。你可別說：「你講這一座涅槃塔，我又沒看見。」你沒看見那就歸依法，每週二來聽我講一大堆，聽久了便會漸漸看見。也要自歸依僧——歸依自己這個僧，你這個五陰就是僧，因為你之所以能出三界家，也是依這個僧修行而得；若不是這個僧，你哪能出三界？你能出三界，分證解脫或滿證解脫都一樣是僧，所以要自歸依，不要他歸依，他歸依不究竟。

釋迦老爸教我們的也是自歸依，否則祂不需要講這麼多經典，祂只要像一神教這樣：「你只要信奉上帝我就好了。」就等於告訴弟子們：「你們只要信我如來就好了。」就不必講這麼多佛法。但如來不斷地告訴弟子們，說我們身中有一個自心如來，有一個亙古恆新永遠不壞的寶貝，猶如如意輪寶珠一樣；想要出生一個地獄身，也很簡單，五逆十惡不斷去幹就行了，死後保證祂會幫忙出生來世的地獄身；想要生天也簡單，去修十善，每天好好作，死後祂就幫忙出生來世的欲界天身；乃至於修學禪定，或者接著證得聲聞法、證得緣覺法、菩薩法，祂就幫忙出生一個來世的菩薩身。什麼果報身都可以隨願而生，祂不就是如意輪寶珠嗎？每一個人都有這麼一個寶珠，有沒有想起茶陵郁禪師有一首詩叫作「我有明珠一顆」，有沒有？不是兩顆三顆，就只有一顆。每一個人都只有一顆，不多也不少；問題是這個寶珠要有慧眼才看得見，一般學禪的人總是看不見的，又很難形容，所以寒山大士最後只好感嘆說：「教我如何說？」

我說法二十幾年了，就專門在講這顆寶珠；這一顆明珠人人都有，可是那一些大法師們安板以後，關起窗戶來，點著檯燈偷偷讀我的書，始終也弄不清楚這明珠到底在哪裡，顯然是很難。所以我剛才告訴你們說，這一顆寶珠你看不見也就算了，至少得要努力聽聽看，聽到正知見夠了，福德也修集夠了，慧力足夠、定力也夠時，自然就會讓你撞見了。還眞的是撞見，這一撞見了以後，你卻說：「原來我沒有撞到祂。」怪了？其實不怪，因爲實相法界本來如此。所以這樣的一顆寶珠，才是大家所應證的。

可是當你證得這個寶珠時，發覺你的各種法寶都從祂來，你的這個五蘊身心——色身與受、想、行、識，還有你的各種心所法等，莫不從祂而來。乃至你這一世，假使赤手空拳、白手起家，如今是億萬富翁了，但是你這一些資財如何能得？也是因爲祂幫你把往世修集的福德帶到這一世來，所以你這一世去賺錢才能賺得到。同樣的賺錢，別人賺不到那麼多，就是你賺得到；那不是你比較行，而是因爲你有那個福德。福德的功能是誰幫你帶到這一世來？還是這個如來藏「無名相法」。

有很多人感嘆自己沒有發財的分，爲什麼？因爲他在老闆手下作事，每一件事情都成功，老闆就賺大錢。然後他想：「我老是幫老闆賺大錢，我自己賺不行嗎？」於是他就離開，自己開了公司，但就是賺不了錢。他賺不了錢只好又回原來的公司去了，然後他去作任何業務依舊都很成功，那麼他能怨誰？他回去舊老闆的公司就能賺錢，別的人在那裡也沒有辦法像他賺那麼多錢，可是他在那個公司賺很多錢時，賺得的錢大部分是老闆的，而老闆到年終會發大筆獎金給他，但大部分還是老闆拿去了。可是他自己出來開公司就是不賺，同樣的業務、同樣是他在作，就是不同，這是什麼道理？是因爲那一些福德，大部分是存在他老闆的如來藏中，他跟那個老闆往世有一個共業在，所以他有少分福德，要跟那個老闆共同來賺錢；想要自己賺那一些錢，就是賺不到。你想想看，老闆那一些可以賺到的錢，別的公司同樣的經營那個業務，別的公司老闆卻賺不了錢，就是他的老闆和他能賺；這樣看來，他老闆的那一些福德，還是他的如來藏帶來的。這個業務員也是有一分福德，但是要藉老闆的因緣，他才能夠分到一部分。你想，這也是從如來藏來，所以如來藏像不像如意輪寶珠？不能說像，根本就是如意輪寶珠。

所以你看，一切法都從祂來，可是如來藏從來不去憶念說「我含藏了多少的法」，從來不憶念；祂的境界中無一法可得，所以祂的境界中不念、不得任何一法。舍利弗當然很清楚知道這一點，所以他答覆說：「不也，世尊！」

世尊接著又開示，這樣住在這個「無名相法」境界中的人：「是人不得於法，不得法相，不得於滅，亦不分別無生無滅；」假使是錯把離念靈知意識心當作是眞如的人，認爲那就是開悟的境界，他該怎麼解釋這一句？世尊開示這一句，他如何解釋？解釋不通啦！

「是人不得於法」，還勉強可以扭曲說，因爲我不理會任何諸法，所以就不得於法。我說他是勉強扭曲，之所以勉強，是因爲這個扭曲若遇到有智慧的人，他就扭曲不成功了。他老哥總是說：「放下！不理會，別管他。」問題是，放下、不理會、不管他以後，心中有沒有法？有啊！萬象崢嶸不斷起滅，眼睛還沒有張開就已經是法了，哪裡沒有法？你們想想看，醒來時是怎麼醒來的？怎麼醒來的？有兩個情況，一種情況就是作夢，不斷地作著尿床夢，到後來才醒來。也許人家外面正在舂米，或者在泥地上，用那個大鐵棍在敲什麼時，他正夢見人家在打鼓，被吵著漸漸地醒過來，才知道原來不是在打鼓，或者夢見什麼然後醒過來。

另外一個情況，將要醒過來時，正在想著什麼。那時既然想著什麼，不就有很多法了嗎？就算都不吃、不想，他是先眼根、眼識接觸了光明，光明也是法；耳根、耳識聽見了聲音，聲音也是法；……等，乃至有的人踢被子，凍醒了；有的人，夏天冷氣剛好壞了，把他熱醒了，各種情況都有。或者狗在那邊打架把他吵醒，不也都是法嗎？如果沒有任何一法存在，他醒不過來的；而他醒了，那不就是法嗎？更何況他要出去辦事情、要去上班，或者出家人要過堂，眼根、眼識不必見嗎？耳根、耳識不必聽嗎？鼻根不嗅香嗎？身根不觸冷暖嗎？意識不必了知色聲香味觸嗎？這都是法呀！哪裡可以說無一法可得？所以那一些人，就像是三歲孩兒講微積分，或者像是三歲孩兒在講解《古文觀止》同樣荒謬。因爲那是不可能的，他們不知道，以爲自己眞的能夠如此，所以其實還沒有完全醒來就已經在諸法中了。

既然如此，禪師就有話說了，例如石霜說：「**出門便是草。**」有的禪師說：「**即使不出門，也是草漫漫地。**」在禪門裡面說草，草是指什麼？很雜亂的妄想叫作草，乃至任何一法都是草。沒想到禪師這些話傳到洞山那裡去，洞山禪師怎麼說？他說石霜是一千五百人善知識。所以後來明安直接就說：「直是不出門，亦是草漫漫地。」也就是說，你往外去攀緣，那都是草；但洞山舉了很多禪師的說法時，也開示說：「你沒有往外攀緣，都住在覺知心自己的心境中，那時也都是草。」心裡面妄想一大堆，不都是草嗎？乃至思惟佛法時也是草，因爲實際理地一法也無，哪來的法？既然很多的法不斷在覺知心中生住異滅，都不是像眞如心一樣，所以說不出門亦是草。你看這些禪師們，他們這樣講，有幾個人聽得懂？都聽不懂啦！就只有家裡人聽懂。

可是世尊說，有一個人不得於法，表示不管他醒過來、沒醒過來都不得於法。也許有人現在想：「哪有可能？依照您這麼講，一定都有法，難道您醒過來能夠不接觸五塵，或者不了知法塵嗎？不可能吧？」但我告訴你，就是可能，可能的原因是因爲每一個人都有五陰十八界，但五陰十八界同時同處還有一個「無名相法」、「無分別法」，又名眞如，又名如來藏，又名阿賴耶識、異熟識、無垢識、心、所知依，禪師把祂叫作本來面目、本地風光、莫邪劍等，有無量無邊的名稱，就是第八識如來藏，這一個心的境界中永遠不得一法，永遠不會一法。

所以有人說他不得一法，六祖拿了棍子就敲他一記，因爲他落在意識境界中。又好像荷澤神會，六祖問他：「我打你，痛是不痛？」他說不痛。再打一棍痛不痛？有痛的，有不痛的，看你依什麼而說。你如果依如來藏而說，不痛啊！打到腫起一個包來，當場腫起來時也是不痛；被打而哇哇大叫時，依舊講不痛。原來屈棒有人願挨，可怪吧？怪啊！但他的回答沒有過失。被師父打了，他還願意被打，還說不痛，是什麼道理？明明他痛得哇哇叫，為什麼口中又說不痛？師父為什麼也認可他？因為有一個痛底，有一個不痛底，兩個同時同處。你被打時痛得哇哇大叫，無妨繼續說不痛，師父也只能認可，所以禪門怪事很多。

例如黃蘗，他被徒弟一掌推倒在地上，站起身來卻呵呵大笑很高興；這要是在一般的寺院中，都要被叫作大逆不道，那是要依戒規嚴厲處罰的。沒想到黃蘗希運禪師被徒弟推倒在地，起來竟然呵呵大笑很高興就走了。很怪呵？一點也不怪，因為他曉得徒弟會了，從弟子證悟的喜事來看時，被徒弟推倒了有什麼關係？生了個金毛獅子，跌這一跤划得來啊！後繼有人了。那為什麼會是這樣子？因為他沒有跌跤；徒弟推他跌跤了，他還是沒有跌跤；他不認為這是跌跤，因為這個法之中沒有一法可得，何曾跌跤？

所以說，既然「不得於法」，當然就「不得法相」，法相就是說某個法運行過程中的相貌。任何一法都有它的相貌，比如你的色法；五陰中第一個色法，現前可見的是身根，遠遠走來就先看見一個人的身根；身根也是法，不能說身根不是法。那既然是法，這個法就一定有生起運行，最後壞滅的法相。比如說那個人走過來，你就看見一個人走路過來，就有這個法現前，然後運作過去的法相，他走到你身後去了就過去了；如果連這個法都沒有，就不會有法相了。一切諸法都有生起運作的過程，這個過程叫作行相，都有運行的法相叫作行相；然後這法相過去了、消失了，這叫作法相的行相滅失了，滅了就是無。譬如有一個人講一句話，當他講一句話，這一句話生起時有運行的過程就是行相；到這一句話講完了，這個過程顯示出說話這個法的全部法相，所以它一定有運行的過程。如果有一個境界是任何一法都無的境界，那就不會有法相進行的過程；也就是說，當你轉依了如來藏、依如來藏時，就看不到任何一法存在了；看不到任何一法時，就沒有法生起、運行、壞滅的法相，沒有法的進行過程，所以就「不得法相」。

既然「不得於法」、「不得法相」，那會有法壞滅嗎？不會啊！會有壞滅一定是本來有一個法，然後進行完成而毀壞了，才能叫作壞。如果是「無」，能不能壞？不能！「空」，空也不能壞，因爲空只是表示某一個法、某一個物不存在。但既然是不存在，你就不可能滅它。有誰能夠滅掉不存在的？不管把它叫作什麼法都一樣，不存在就不能說是法，不存在也不能說是物，說個什麼都不對；既不存在，你就不能滅它。那個老糊塗釋印順倒有這一點小聰明，他說「滅相不滅」。對啊！已經壞掉了以後成爲無，當然就不能把無滅除。可是他有語病，他講滅相不滅，（有人插話，聽不清楚。）「滅」有相啊？「無」有相啊？無是沒有相，滅了也就沒有相，怎麼還會有個「滅相」？他說「滅相不滅」的理論是對的，卻等於說：「我保存了一隻兔角。」兔角實際上不存在，他落入幻想中了；所以他這一句有語病，因爲「滅」不可能有相，滅了以後如果有相，就表示未滅，不能說是「滅相」。所以「無」是不可滅的，如果沒有任何一法存在，就不會有任何法的法相，那也就沒有任何法或者法相可以滅。因此說，他把滅相當作眞如，只是一種邪思，沒有意義。

所以這是有個先後順序的，「不得於法」則「不得法相」，「不得法相」

則「不得於滅」，表示這是「無名相法」如來藏的境界。而這個境界爲什麼能使人「不得於法，不得法相，不得於滅」？因爲這個境界是不觸內六塵，不會分別六塵的。譬如一面明鏡，你每天早上起來總要對著鏡子，看臉有沒有洗清潔了；你對著鏡子在分別哪個地方有沒有洗清潔，可是那面鏡子有沒有在分別鏡中的影像還有哪個地方沒洗清潔？沒有啊！如果鏡子會告訴你說：「你額頭還有一點沒洗清潔。」那你不嚇壞才怪。所以我們還是希望：鏡子不要有分別，我來分別就好，鏡子可千萬別分別。

那「無名相法」如來藏正好像這樣：「分別的事讓你作，你需要什麼我供應你什麼；你需要影像，我供應你影像；你需要聲塵，我供應你聲塵，我都供應給你。甚至於你覺得不需要時，我也供應給你。」例如你睡著無夢時也照樣供應內六塵給你，隨時隨地等候你，因爲怕你萬一臨時要用來不及，所以隨時隨地供應給你。因此，突然間大地震時，祂也繼續供應給你，你就懂得要趕快醒來逃避了。可是祂不會分別，祂根本不分別這個地震是大是小、該逃不該逃，都由你來分別，你來決定。爲什麼祂不分別？因爲祂不對六塵加以了知，祂對六塵是離見聞覺知的，祂在六塵這上面都不了別；那祂既不了別，是不是完全無知？不是喔！諸位都知道不是，這可厲害了，表示諸位正知見夠了。因為一般大法師如果聽到說祂都不了知，就會認為祂就像石頭木塊一樣；一塊一塊木材擺在那邊，什麼都不了知；你拿釘子釘它，它也不了知。石頭，你拿大鐵鎚把它砸碎了，它也不了知，從來不喊一聲；這個是他們的想法。

但如來藏畢竟是心，祂叫作阿賴耶識，或叫作異熟識、無垢識。識就是了別，能了別才能叫作識。既然祂叫作阿賴耶識，就表示祂也有了別功能，只是祂不了別六塵，而六塵以外的全都是祂在了別。對眾生而言，不能一開始就跟他們說祂了別六塵以外的法，那眾生知見會很混亂；所以對還沒有實證的人而言，要告訴他們，說祂無分別，否則他們想要實證這個「無名相法」時，就會落到識陰六識的境界裡面去，因此要告訴他們「亦不分別」。不分別的原因是因為祂不對六塵境界作任何分別，但祂有自己的分別功能；等你證悟了，完全可以自己印證這個事實，可以現觀。

那麼既然是這樣的自性，顯然跟生滅法的識陰六個識不一樣。能了別的是六識，這六識最能了別；還有一個看來笨笨的，但是反應很快的，祂都會直接反應，可是祂很笨而不太會思惟，老是被意識所騙，叫作意根。意根很伶俐，可是祂隨時被意識所騙，說伶俐是因爲祂反應快。

例如印順說禪宗的開悟就是直覺，所以他認爲自己也是悟了的人；然後誤認爲悟了就是阿羅漢，阿羅漢就是佛，所以他的傳記就命名爲《看見佛陀在人間》。可是這個「佛陀」不知道那個直覺其實只是意根的作用而已，那叫作沒有開悟、不明心的假佛，不能說他是佛陀。他在這個地方死掉了法身慧命，自以爲禪宗祖師的所悟就是直覺；但他大錯特錯！因爲既然稱爲直覺，請問有沒有覺知？有！只是不必透過語言文字的思惟而直接反應出來，那就是直覺。直覺還是有覺，如果他硬要扭曲說直覺是無覺的，你就當面舉起拳頭揮過去，他一定馬上閃開，你就可以質問他了：「你這個直覺有沒有覺知？」他很聰明，一定不會回答你說沒有覺知，因爲他已經閃了；閃了就不能夠說沒有覺知，那你問他：「你這個是不是直覺？」這時他只好嘴掛壁上，沒辦法答你的話了。

這表示說凡是有覺知的，不管是直覺還是思惟以後、分別以後的覺，都是妄覺，因爲是生滅性的意識的心所法；妄覺都是生滅法，因爲即使是意識背後能夠直接反應的意根，依舊可滅，阿羅漢入了涅槃就把祂滅了；那一般在作分別觀察的以及直接覺察的是識陰六個識，當然更是生滅法，因爲要依意根而起，是依他起性的生滅法。所以不生滅的一定是不分別的，凡是有知有覺能直覺或者思惟而後所覺，全部都是生滅法。既然說只有不生滅的才可以不分別，那就表示這個法一定是「無名相法」如來藏。所以 世尊這五句就這樣依著順序連貫而說：「**是人不得於法，不得法相，不得於滅，亦不分別無生無滅。**」

你證得祂以後，你知道自己有分別，有分別所以才能證得祂。如果自己是不分別的，你怎麼能證得祂？舉個比方，譬如說父親要求你去客廳把他的茶杯拿到戶外給他，那個茶杯不會分別，你會分別；由你這個會分別的人去把那個不分別的茶杯取過來給父親，你這個能分別的人，不能去變成那個不分別的茶杯，否則你就變成不分別了。如果都變成茶杯那樣不分別了，是誰能夠去把茶杯找出來，端到戶外去給父親？沒辦法了！

依這個比方來說，假使咱們七轉識本來是能分別的，修行以後變成不能分別了，那表示什麼呢？表示見了也不知，聞了也不知，嗅了、觸了、嚐了，以及在這五塵相想要去了知的，也變成都不知；全都不知時，憑誰來把那個不分別的如來藏找出來？當然一定要有一個能分別的五陰我繼續存在、擁有分別功能，才能把如來藏找出來。一定要有一個能分別的，在找到不分別的如來藏之後繼續存在，才能觀察那個不分別的「無名相法」如來藏的種種自性與功德，所以這一定是眞心妄心並行、同時同處存在而互相聯結在一起。

可是以前那些愚癡人，大法師、小法師都同樣愚癡，都要把這個能分別、能參禪的七轉識變成無分別的第八識眞如心；七轉識若能變成無分別時其實不好，因爲也許早上才剛剛打板，首座弟子先上來痛罵一頓再下去，他也不知道被弟子罵了；然後被人家拉到五觀堂，也許那侍者作弄他，因爲師父說他自己已不分別，侍者便作弄他，把前晚剩下的餿菜餿飯端上來供養他，他也不能罵；除非那個徒弟笨得可以，否則他不能罵的，因爲他宣稱都不分別了，所以應該把餿飯餿菜全給吃了，至少表面上要裝著，讓人看起來好像眞的不分別。他如果對侍者瞪了一眼，意思是說：「哼！你今天作弄我。」侍者一定會當場讓他吃不了兜著走，當下就問：「大師父！您剛才爲什麼瞪我？」他該怎麼答？難答呀！總不能回說：「你今天作弄我，故意弄餿飯餿菜給我。」他只好默默地把餿飯餿菜給吃了，吃了還不能生氣，因爲不分別。他如果講了出來：「你這麼不孝順，弄餿飯餿菜來供養我。」侍者可有話說了：「師父啊！您不是都不分別嗎？怎麼能夠知道那是餿飯餿菜？」這時候更下不了臺。

所以說，愚癡人才會把能分別的自己要去變成無分別，變成無分別時就是不見色、不聞聲、不嗅香、不嚐味、不覺觸也不知法；如果修行是要變成這樣，我看甭修了！本來好端端地還能夠了別一切法，很有智慧，修行以後證得般若了反而變成笨蛋，而且比笨蛋還笨，因爲笨蛋至少還知道好吃的就吃，不好吃的吐掉，他竟然連餿飯餿菜都得吃了，那到底是哪個好？當然要能分別好。但光是有能分別的也不好，因爲不得解脫，也不得實相、不能成佛，永遠輪轉生死去；老實說，若無那個不分別心常住，這個分別心根本不可能出現與存在，還能修行？所以還得要有個不分別的，讓我們這個能分別的去證得祂，然後發覺祂本來就不分別所以無煩惱；因爲不生滅所以無生死，本來解脫。這種不分別的是不生滅法，迥異於我們這個能分別的是有生有滅之法，所以祂不生滅而本來無生死。我們這樣子現觀時般若就會生起，便有實相智慧了。

所以不分別的心，是對六塵中的一切法都不分別，除非在祂的自性之內，那個部分祂才會去作分別，對六塵境界祂是永遠不分別的。現在接著請問諸位：能夠分別某一個法，是有生滅的或者無生滅的？這個是什麼心？意識心。這個意識心能夠分別諸法有生有滅，而另一個被意識心找到的，現前觀察證實祂是不分別的，那不分別的就不能觀察六塵中的諸法是否有生滅。這一個「無名相法」是不分別諸法的，祂會不會分別自己有沒有生滅？不會！祂會不會分別自己是不生不滅的？也不會！假使祂會分別自己是不生滅的，好不好？（有人答話，聽不清楚。）諸位很行，因為祂假使會分別自己是不生滅的，祂就會想要當老大，所以「你五陰十八界時時刻刻都要聽我的，假使你不聽我的，我就讓你好看」。讓你好看還算好，也許祂說「我就讓你不得好死」；你想要好好的死也死不得。

祂老是弄一些痛苦的相分給你去受，偏又不捨報；祂不走，你就捨報不了，要解除痛苦都沒機會。所以還是請祂安守其位：「你是這個法，就住在你的法位裡面，可不要變成跟我一樣有分別，否則咱家倒楣了。」咱們倒楣了，祂不倒楣嗎？會不會？祂也跟著倒楣，爲什麼？因爲只要會分別就會有苦惱，就會有種種煩惱無明，祂就得像五陰一樣輪迴生死，所以祂也倒楣。正因爲祂不分別，所以祂對自己的不生不滅也不分別，當祂這樣子都不分別時，祂就不會以老大自居了，所以你要怎麼樣都由著你；要活也由你，要死也由你（才能自殺成功），但祂不在這上面分別，當你不作自殺的行動而想著現在就要死亡也沒辦法，除非壽命已經終了，由祂捨身以後你才能死，否則要死還死不得。

這表示祂不但不分別諸法，祂也不分別無生無滅的自己，這就是唯識增上慧學裡面說的沒有證自證分；祂沒有證自證分，祂不了別自己。沒有證自證分的心只有祂一個嗎？不止！意根也沒有證自證分，所以正在睡覺時六識都滅了，意根不知道自己（你）正在睡覺；如果意根知道自己（你）在睡覺，你就是沒有在睡覺，因爲你一定有六識或多或少陪伴著。所以，你如果打電話給好朋友說：「你睡了嗎？」他告訴你說：「我睡著了。」（大眾笑…）那你就得質問他了，對吧？說：「你是不是神經有問題，睡著了還能答我的話？」睡著了就應該連電話鈴聲都聽不到了，還能答話喔？所以不分別的一定沒有證自證分，因爲連意根可以少分了別法塵，祂都沒有證自證分。沒有證自證分，眠熟時才能獲得完全的休息。只要整晚都有六識生起，就沒有辦法獲得休息了，睡眠的功德不成就，於是第二天早上起床依舊很累。由於六識都滅了，意根不了別自己，所以身體全部都放鬆了，因此第二天早上起來才能夠神清氣爽。所以不分別的就不分別一切法，不會說「我只是不分別六識所分別的東西，我還是能夠分別自己」。沒這回事！由於祂沒有證自證分而不會反觀「不生不滅」的自己，所以祂對於什麼叫作無生無滅，不但沒有概念，連了知都不了知；能如此現觀，就是證得第八識「無名相法」的境界。但是，法無定法，關於見分、相分、自證分、證自證分的意涵與現觀，有地前地後的差別；以上所說只是地前的境界，不包含地後的現觀境界，請大家別混爲一譚。

此人證得這個境界時，他的心境就不一樣了。世尊提出來要提醒大家，所以故意告知舍利弗：「是人爾時不生不滅，不名得涅槃者，亦復不名無得涅槃，」所以世尊就作出了一個結論開示：這一個人他住在「不得於法，不得法相，不得於滅，亦不分別無生無滅」的境界中，他這時是「不生不滅」

的，因爲他轉依「**無名相法**」如來藏，所以說他現在的心境、所住的心境是「**不生不滅**」的。此時，他不可以說證得涅槃；因爲證得涅槃是要入無餘涅槃，所以才叫作證得涅槃，譬如慧解脫、俱解脫、三明六通大解脫的阿羅漢，都是證得涅槃的人。但他是菩薩，不能夠說他得了涅槃，因爲菩薩所證的涅槃是本有的，不能說有得有證。這樣看來，似乎是在解脫道上的證量輸給阿羅漢了？不然！因爲 世尊還有一句話說：「**亦復不名無得涅槃，**」這也是忠告：不能說他得涅槃，也不能說他沒有得涅槃。

你要是從解脫道來講，得涅槃就得涅槃，不得就是不得，不能說既證得涅槃又說他沒有證得涅槃。沒有辦法這樣子作，因爲二乘涅槃就是依現象界來說，得涅槃就是得，沒有得就是沒有得。但菩薩是中道法，所以不能說他是得涅槃的人，但也不能說他沒有證得涅槃。可是這樣的涅槃實修，總得要有個理由吧？不然誰都可以亂說一場了！這當然有理由，因爲他所住的境界是自心如來「**無名相法**」的境界；這個境界中就是如來藏「**無名相法**」的境界，這境界本來就是「**不生不滅**」，本來就無生無死，那就是涅槃，怎麼可以說他沒有證得涅槃？我們弘法以來也常常講：菩薩證得本來自性清淨涅槃。

那麼這個本來自性清淨涅槃，是你證悟了以後才有的嗎？不是！當你證悟以後，能現前觀察祂的本來自性清淨涅槃，而這涅槃卻是如來藏本來所住的境界。爲什麼稱爲本來？因爲這個涅槃是本來就在，不是修來的。如果是修來的，就是從外而得來的；本無今有，那就是有生之法；有生之法，後來還會壞滅。所以這個涅槃是本有的，身爲證悟的菩薩，都有這個涅槃；沒有證悟的菩薩、外道，下至螞蟻、細菌等，也都有這個涅槃，只是大家不知不證。當你證得這個本來自性清淨涅槃，當然應該說你有證得；但因爲阿羅漢不知道，你問他說：「你入涅槃以後是什麼？」他不知道，但是你很清楚看見他將來所入的涅槃是在眼前顯現，因爲他的如來藏現前存在，他的如來藏不生不死、不生不滅，那不就是涅槃嗎？

「阿羅漢入無餘涅槃的目的，就是希望未來無生，無生就離苦了；但未來無生就永遠無滅，你也是希望無生無滅。可我菩薩儘管乘願再來世世生死，我這個涅槃或者說你阿羅漢所入的那個涅槃，依舊存在，並沒有消失。阿羅漢滅了五陰十八界以後成爲無餘涅槃，那個無餘涅槃在你現前就存在著，在我現在眼前也存在，那我何必要把五陰十八界永遠砍斷去取那個涅槃？所以我菩薩也是有證涅槃的，但我菩薩證的涅槃是本來就有的涅槃，你怎麼可以說我有證涅槃？因爲本來就存在了；你沒有證悟以前、沒有證涅槃以前就有涅槃了，因爲本來就不生不滅；本來就不生不滅的，你哪能夠說你有證？因此，你不能說你證得涅槃吧？不能說的，因爲本來就是你的，是你本來就有的。」

這二乘聖人聽了，本來應該跟你抗議的：「好話你說了，壞話也是你說，兩邊都讓你說光了，那我說什麼？」你就告訴他：「你本來就不能說什麼。」因爲他不知道實相就沒有般若，但你看得很清楚，所以就告訴他：「你入無餘涅槃以後，那個無餘涅槃其實在你現在就已經存在了，因爲你入無餘涅槃後就是第八識獨存的境界，而第八識是現前就存在了，本來就不生不滅，本來就無生無死，就是無餘涅槃；所以你死了以後入無餘涅槃，其實也沒有入，因爲只是你五陰十八界都不存在了，那時你入個什麼涅槃？你的五蘊存在時才能說有入吧？譬如說，你入了房屋，或者入了自家豪宅；如果入了以後你五蘊都不存在了，那你是入什麼？」一定是這樣的。

所以我十來年前在桃園演講不是講了嗎：阿羅漢沒有證得涅槃。就是那本《邪見與佛法》中所說的。這時阿羅漢能說你有得涅槃嗎？不能！因爲你這個涅槃是本來就在的，你哪有得？比如說，你家裡本來就有一顆無價的夜明珠，而且很大、直徑半尺，這稀世珍寶價值連城，那本來就是你的；有一天發覺忘了放在哪裡，因爲放了很久，可能都超過二十年了，一直珍藏起來，時間太久就忘了地方；有一天想起來時就開始尋找，後來終於找到了，你能說你有得嗎？你沒有得，那本來就是你家的，所以不能夠說你得。而你這個「無名相法」的涅槃，是本來就有的，只是你沒有把祂證實而已；當你找到了「無名相法」如來藏心而有現觀以後，證明果然如此；你已經證實了，那你也不能夠說你有得涅槃。

不能說「有得涅槃」就能說是沒有得涅槃嗎？也不行！因爲眾生都不知道這涅槃，二乘聖人也不知道這個本來自性清淨涅槃，而你已經證得了，所以既不能說你有得，也不能說你無得，那就離開兩邊；這就是菩薩妙法，讓世人和二乘聖人都摸不著頭腦的地方。你們看我寫書這麼多本了，弘法也二十來年了（編案：這是二〇一五年八月所說），那些大法師們讀之又讀，甚至有人還不只三讀，結果依舊理不清個頭緒出來，所以這個中道的實證還眞困難！但是話說回來，難的只是難死那一些愛面子的大法師，難不倒你們，你們終究有機會，因爲知見正確又肯辛苦修學。

所以說，證得如來藏心就是證中道，「不名得涅槃者，亦復不名無得涅槃」。所以一開始弘法我就說，假使南洋眞的有阿羅漢，來到正覺講堂照樣叫他開不了口。我早期這麼講時，好多人罵我狂啊、傲啊！可是我知道自己一點都不狂不傲，因爲「我」什麼都不知道，「我」什麼都看不見也聽不見，也不了知一切法，「我」哪裡會狂、會傲？所以，他們眞的不是我的知音；我想要跟知音相遇，只有每週二、週六，來這裡跟大家相見。那週末增上班眞的就是家裡人相見，都不用打招呼。需要打招呼的是什麼？客人！如果是家裡人，八個兄弟都不用打招呼。這就是說，這樣的人就是菩薩，是證得中道的人。你不能夠說他有證得涅槃，也不能夠說他沒有證得涅槃，所以他是離開有得與無得兩邊的。

然後，又繼續回到 世尊每一段開示都要吩咐的話：「舍利弗！如是教者名善知識。第一義中無善知識、無惡知識。」換句話說，要像這樣子教導的人，才可以叫作善知識。假使他教導的法是讓人家可以證得涅槃，眞的有證得涅槃而說那叫作佛法，表示那個人不是大乘法中的善知識，因爲他有得，有得就落到一邊去了。如果他說無得，那就是凡夫，這麼簡單。你這麼一講，他該怎麼回話？不能回話，口掛壁上。因爲如果他要選有得，你就說：「那你是個二乘小兒。」就算他是阿羅漢，依舊是二乘小兒。他如果聽你這麼一說，改口說：「我無得。」你就罵他：「那你就是凡夫。既然沒有證得涅槃，你就是凡夫，很簡單的道理，那你還有什麼話說？」這一問，他依舊是口掛壁上，沒辦法答話了。那你說，以這樣的智慧在教導眾生時，眞正的阿羅漢都沒有辦法應答了，何況南洋那一些所謂的阿羅漢都是凡夫，他們要如何答覆你的話？所以得要像這樣子教：「不名得涅槃者，亦復不名無得涅槃。」能如是教人家這樣子修、這樣子學、這樣子證、這樣子去得涅槃而無得涅槃，就是大乘法中的善知識。

可是你們有沒有讀過禪宗的公案呢？譬如說，禪宗祖師聽到某一個人說了某一些禪法，然後他就破了對方說：「你這樣根本就不是眞正的禪，這不是實相。」說完，禪師回過頭來刺自己一槍：「如老僧此說，亦復放三十棒。」

說這樣講禪，還是要打自己三十棒。爲什麼？因爲 世尊這一句話：「第一義中無善知識、無惡知識。」禪師的意思是說：當我這麼說時，我也已經落草了。有一句成語叫作落草爲寇，變成草賊；那如來藏是君王，君王可不管你外面紛紛擾擾，祂永遠如如不動。那禪師說了那麼一大堆言語時，豈不是落在七轉識之中了嗎？那就成爲寇讎，所以叫作落草。

因爲他如果依自己所住的如來藏境界來講，連了知都沒有了，如何還有「別人的法錯了」的了別，如何還能說出一堆道理來證明別人講錯了？所以他最後作個結論說：「**我講了這一些話，也得挨三十棒。**」世尊也是講這個道理：這樣教導的人名爲善知識。可是有善知識時一定相對有惡知識，那就一樣是落草了，所以得要再吩咐說：「**第一義中無善知識、無惡知識。**」爲什麼「**第一義中無善知識、無惡知識**」？因爲第一義就是「**無名相法**」如來藏自己的境界，如果祂自己的境界中可以分別「這是善知識，這是惡知識」，可就天下大亂了，所以第一義中無善知識、無惡知識。接著下一段：

經文：【「舍利弗！若人成就如是相者，世間希有，得不顚倒眞實見故，

是爲正見。復次，舍利弗！正見者名爲正作正行正道正解，無有顛倒如實而見，是故如來說名正見。舍利弗！若有眾生無有顛倒如實觀者，則有正見；若生我相人相眾生相者，當知是人皆是邪行。舍利弗！佛及弟子不說有我，不說有人，不說眾生，不說壽、不說命，不說斷常，是故佛及弟子名爲正見，何以故？正觀不顛倒故。舍利弗！一切凡夫於此事中無能入者，何以故？一切凡夫都無正見，但有隨順正見得柔順忍，不能如實；舍利弗！是名正見邪見差別。

如實見故名爲正見，見世樂因增長財利是世間正見，是皆欺誑，不免生死；舍利弗！佛說世間正見，是說懈怠下劣之法。賢聖不作是念：『此是正見，此是邪見。』所以者何？一切諸見皆從虛妄緣起。舍利弗！若作是念『此是正見』，是人即是邪見。舍利弗！於聖法中拔斷一切諸見根本，悉斷一切諸言語道，如虛空中手無觸礙，諸沙門法皆應如是。」

語譯：【世尊又開示說：「舍利弗！如果有人成就這樣的法相，在世間非常的稀有，因爲他證得不顛倒眞實見的緣故，這就說是正見。此外，舍利弗！正見的意思，又叫作正作正行正道正解，沒有顛倒而能夠如實親見，由於這個緣故，如來説這樣叫作正見。舍利弗！如果有眾生沒有顛倒、如實現觀的人就是有了正見；如果出生了我相人相眾生相的人，應當知道這樣的人都是邪行。舍利弗！佛以及弟子們不會説有我，也都不説有相對的別人，並且不説有眾生，不説有壽命，也不説有人壽、有情的壽命，也不説有命根，更不説斷滅以及常見之法，由這個緣故，佛和弟子們名爲有正見的人，這是什麼緣故呢？是因爲正確的現觀而心中不顛倒的緣故。舍利弗！一切凡夫在這一件事情中，沒有能夠進來這境界的人，這是什麼緣故呢？一切凡夫都沒有正確的見地，只有隨順於正見而得到的柔順忍，沒有辦法猶如眞實的境界一樣；舍利弗！這樣就稱爲正見與邪見的差別。」

「如實親見的緣故名爲正見，若是看見了世間快樂果報的因而增長了財利，這叫作世間的正見，這一些其實都是欺誑之法，這樣的人都不能免於生死；舍利弗！佛所説的世間正見，是告訴大家説這是懈怠和下劣的法門。如果是賢位或聖位的菩薩們不會這樣想念説：『這個就是正見，這個就是邪見。』爲什麼這樣説呢？是因爲種種一切的見解全部都從虛妄法的藉緣而現起的。舍利弗！如果有人是這樣子想『這個是正見』，那麼這個人就是墮入邪見中了。舍利弗！在聖法之中拔除、斷壞了一切諸見的根本，這時全部斷壞了種種一切的言語之道，猶如虛空之中，手是不會被接觸到物質而有阻礙的，各種或者說所有的出家修行者的法，全部都應該像這樣子。」】

講義：這一段經文是 世尊重新作一個結論，要讓眞正想要修學佛法的人自我警覺。譬如這一句：「若人成就如是相者，世間希有，得不顚倒眞實見故，是爲正見。」這是先從爲人悉檀來向大家解說什麼叫作正見，不能在演說實相法時一切皆依實相法界來說。如果不從現象界來加以說明，而一切都依實相法界來說，就像禪宗祖師那樣，那麼弟子們何時才有機會悟入？所以諸位看禪宗裡面，每一個大禪師座下證悟的弟子，都是三位、五位就算多了；往往證悟的弟子只有一位，禪師死後就由他當住持，大家都沒話說。爲什麼悟者這樣少？因爲禪師都從第一義來講。所以打板集眾之後不是要上法堂了嗎？和尚當然是姍姍來遲；大眾都已經在下面站好了，然後他姍姍來遲，坐了下來，東看看、西看看、近看看、遠看看，都不講話。這情況在公案上的紀錄只有兩個字叫作「良久」，「良久」就是很久，不是一分鐘、兩分鐘的事；一分鐘、兩分鐘只能稱之爲久，不能加上個良字。然後他就下座了。

這首座想：「不對呀！和尚都沒有開示，怎麼就走了？」於是趕快呼喚：「和尚！您還沒有開示啊！」沒想到和尚說：「你怎麼能夠怪老僧我？」就走了！爲什麼不能怪？因爲你請他來當住持時就是要他當禪師，要指導證悟的。禪師本來就這麼當，張嘴說法就叫作法師，不是禪師了。例如禾山禪師，他是個比丘，每天晚上打板後大家都到齊了，侍者來稟報：「大眾已集。」他揹著一面鼓，就打鼓上堂：咚得了隆咚，咚、咚！打到堂上了，問大家：「會麼？」都沒有開口說法就問：「會麼？」然後自己「咚得了隆咚，咚、咚」，又打鼓下去。後來諸方來問：「如何是佛？」他就回說：「禾山解打鼓。」他說「我禾山禪師懂得打鼓」。這可怪了，難道別人不會打鼓啊？人家打鼓的人技巧比他好得多，但他永遠只是會那一句：「咚得了隆咚，咚、咚。」再也沒有其他的善巧了，可是他說「我禾山懂得打鼓」，意思是說別人都不懂打鼓。

也有禪師上堂良久，之後終於開口了：「諸位！好生照看！」就下去了。那就表示說，他們都從實相法界來說法，像這樣，弟子們要怎麼悟去？難啊！所以得要施設一些方便善巧告訴大家說：「這個是邪見，不要落到這裡面去；

這樣才是正見，你們應該依此正見而行。」如果 世尊出來度眾也都像那些禪師們一樣，哪裡還有今天的佛教與禪宗？所以 世尊說了很多很多的法，幫大家把正見給建立起來，然後日常相聚中，或者遊行人間時，看哪個弟子緣熟了便給他個機鋒，於是弟子就悟了。所以依實相界來指導時，那都是很短的時間，往往一兩句話就指導過了；但是平常必須要教導很多的正見，依於正見再對比出什麼叫作邪見，說：「這樣是邪見，你們不要落到這裡面。」這樣弟子有了正見才有辦法實證。

我們正覺弘法就是依著這樣的道理在作，所以禪淨班裡面教大家建立看話頭的功夫，也教大家建立起正見來，知道什麼是邪見。通常上課過一年以後，親教師就會開始說明什麼叫邪見，哪一些是正見，要舉出密宗假藏傳佛教、有些大法師他們不對的地方，來跟他所說的正見內涵作比對，然後大家知道：「原來這也是邪見，我們不要落到這裡面去。」那就建立正見了。建立正見以後才幫助你證悟，而幫助你所證悟的內涵中，是沒有正見也沒有邪見的；但是你要證這個沒有正見沒有邪見的境界，卻得要先建立正見，否則就沒有機會實證了。

因此 世尊就為大家先解釋什麼叫正見，說如果有人像前一段經文所說這樣的菩薩，那他成就了這樣「不得於法、不得法相」等，成就這樣法相的人、成就這樣境界相的人，他是世間稀有的。你們實證後可別想說：「也沒什麼稀有，我們正覺裡面，已經有四百多人實證了，不算稀有。」那是因為你在正覺學法，假使你把全球的人類，現在是幾十億人？七十億了，七十億人裡面才只有四百多個人，是多或少？少到不得了。諸位想想看，在動物界，我們把它定為界；譬如臺灣獼猴有多少隻？少說也有幾千隻、幾萬隻吧！結果叫作稀有動物，還立法保護。如果是大陸的貓熊，更少了，所以變成國寶，因此外國只能來租借，大陸一年要收多少錢；借了去，生了貓熊的子女，還得要付錢買，否則還沒有權利取得。那貓熊有多少？超過四百吧？就變國寶了。那還是動物喔！動物已經變國寶了。如果證悟的人只有四百個，是不是叫作人中之寶？所以增上班的所有同修們都可以叫作仁波切，（大眾笑⋯⋯）對啊！這才眞是人中之寶，密宗假藏傳佛教人士稱自己為仁波切，其實都不是，他們都是冒充的贗品，他們沒有資格自稱為仁波切。

也就是說，七十億人中只有這麼四百多個人，眞叫作世間稀有；不能因爲說臺灣這麼多人悟了所以不稀有，你放到世界上來看可就很稀有。這四百多個人之所以能成爲稀有的人，原因很簡單——「得不顚倒眞實見故」。不顚倒，這個智慧很難得。世間人都是顚倒，單說第一種顚倒：人間香火的傳承。香火的傳承，曾祖父母生了祖父母這一代，然後有父母這一代，又有子女這一代，再有孫子女這一代，又會有曾孫子女，就這樣一直延續下去。我爲什麼說這個叫顚倒？因爲這是以色身當作傳承，以色身當作傳承時當然就叫作顚倒；但我們不顚倒，所以我有好多好多財產，所謂好多好多財產就是法財無量。那世間財總是有限，大不了給你以億爲單位算的好不好？終究還是有個數目算得出來。世間財是生滅法，傳給以這個色身所傳承的子女；但是法的傳承才是最珍貴的，所以把最珍貴的法財傳給法子，不傳世間法中的子女；就這麼簡單，依現象界來說，這樣作就是不顚倒。

所以生在人間同樣是世間人，跟世間人一樣要把財產傳給子女，但我不顚倒，因爲我還有比世間財產更重要的這一些法財交給法子。我也可以說我叫作中道，我這個傳承非世間非非世間，也是中道。所以一般人都不懂這一些道理，都是心行顚倒；心行顚倒到底是什麼原因造成的？是因爲沒有眞實見。爲什麼沒有眞實見，心就顚倒？這還是得要留到下一週再來說了。

不曉得現在外面還下不下雨？還下喔？下這麼久了，異常的氣候變成常態化，常態以後就不叫異常，以後臺灣北部就是會像中南部一樣下這麼大的雨；大概這趨勢是改不了的，因爲人們不願意改。

回到《佛藏經》來，上週講到十四頁第三段第二行「無有顚倒如實而見」。那麼上週最後講的是：「如果有人不得於法，不得法相，不得於滅，亦不分別無生無滅；那他其實是不生不滅的人，既然不生不滅就不能說他已證得涅槃，也不能說他沒有證得涅槃。」像這樣教導佛弟子的人，末法時代好像是找不到了，所以才能夠容許一種現象不斷地存在，存在了幾百年；那個現象，經上早就講過了：「邪師說法如恆河沙。」意思是說末法時代邪師非常多。在末法時代善知識剛出世弘法時，那唯一說法跟人家不一樣的善知識被罵作邪師，代表什麼意思？代表這個被眾口鑠金異口同聲指責他是邪師的人，才是眞正的菩薩；因爲邪師如恆河沙，大家都在罵邪師時，那些罵人的多數人就是邪師。

瞭解這個道理嗎？以後要會活用這句話。當人家說，你看每一個道場都罵蕭平實是邪魔外道。那你就問他：「現在是正法期、像法期，還是末法期？佛有沒有講過末法時期會有『邪師說法如恆河沙』這個現象？那麼請問被罵邪魔外道的有幾個？只有一個蕭平實。當大家都罵他是邪魔外道，那麼『如恆河沙』的人是什麼人，是蕭平實一個人嗎？」你要問他：「『如恆河沙』的人是邪師，那是蕭平實嗎？他只有一個人。」讓他想想去。也許他當時會意不過來，回去想久了，尤其三更半夜大家都睡著了，沒人吵他時正好思惟思惟，大概就想清楚了。

所以說，善知識很稀有、很難得。在元朝整整一個朝代都是喇嘛教的天下，因為歷代皇帝都奉喇嘛為國師；到了明初，朱元璋因為在正統佛教出過家，所以還好；但沒幾代，皇帝又開始信喇嘛教了，因為喇嘛去找皇帝時，提到既可以快樂玩女人又可以即身成佛的法，皇帝愛得不得了，所以明朝也該滅亡；不但元朝該滅，中葉以後的明朝也該滅，因為皇帝都在搞雙身法而遵奉喇嘛教，那是破壞正法正教的惡行。清朝這個時候崛起，所以努爾哈赤、皇太極他們很清楚，包括康熙也很清楚喇嘛教的本質是什麼；可是康熙過後，一到雍正，雍正就把雙身法大搞特搞了，因為他就否定禪宗證悟的祖師們；他最喜歡雙身法，也最喜歡離念靈知，所以極力打壓如來藏妙法；他白天政務繁忙，因爲抓權不肯放，就忙到一塌糊塗；晚上更忙，因爲晚上要精修雙身法、要成佛，所以他在位十幾年就死了。

你想，他白天那麼忙，吃也不像吃，喝也不像喝，晚上還要精修雙身法，雙重透支，他能活多久？活十幾年，他幹十幾年皇帝算很行了。那乾隆呢，他最愛好此道，所以不斷的下江南幹嘛？尋找美女啊！因爲一后二妃三宮六院，他玩膩了、不新鮮了，所以得要再去找，多多益善！不然哪來他那一些六次下江南的香豔故事？還眞的膾炙人口，電影不斷地拍。接下來的皇帝大致上都一樣，甚至於慈禧太后還養面首。面首聽懂嗎？不懂啊？小白臉啦！這就聽懂了。到民國倒是沒這回事了，但問題是戰亂連年，所以「**善知識出興世難**」。

善知識想要出興於世間眞的很難，終於有善知識出興於世間，應該很好了吧？然而從第一義的內涵來講，不好！因爲第一義中沒有善知識、也沒有惡知識，講誰是善知識、誰是惡知識，都是贅語；在第一義的境界中，沒有所謂的善知識、惡知識可言。這樣實證的人是稀有的，爲什麼稀有？因爲他有這個過程。我們打個比方，有一個人樂善好施，他把所有的錢財捐了出去，自己手中一無所有，所以人家問說：「你有錢沒有？」他說：「我一毛錢也沒有。」當他說「一毛錢也沒有」時，他是有一股傲氣的，因爲沒有人作得到；把幾十億或者幾千億的家財一時散盡，所以他說「我已經一無所有」時，他的話是有一點傲氣的。換了另一個人，他也跟人家說「我也是一無所有」時，他也有傲氣的；他是怎麼一無所有的呢？因爲他不得人緣，所以去乞討，每天都討不到，結果竟然去攀緣某甲說：「某甲！我跟你一樣一無所有，所以我也值得驕傲。」這有沒有道理？對啊！眞沒道理啊！

然而這種沒道理的事情，在二十世紀末的中國佛教裡面比比皆是，大家見怪不怪。有沒有這樣呢？有啊！例如善知識說了很多法，最後帶出來：「這才是眞正的實證，而實證的人自己的境界中，其實沒有不證、也沒有非不證，他沒有證與不證可言。」好了，現在有個凡夫大師也出來講：「在我的境界中沒有證與不證可說，所以你不要跟我談有沒有實證。」某甲大師這麼說，某乙大師也跟進，大家都跟進了，結果變成善知識在講實證的佛教時，這善知識就挨罵了：「你悟了就悟了，爲什麼要說你開悟了？開悟不可以讓人家知道，因爲說開悟就是沒有悟。」有沒有聽過？有！不是我一個人聽過而已。

所謂開悟的境界中是沒有悟與迷的，人家祖師講的正是開悟了以後，所悟的那個境界裡面沒有悟與不悟這回事情，那是如來藏眞如的境界，是「無名相法」自心所住的境界，不是你這個能證悟的五陰的境界。他拿來套在自己五陰上頭說：「開悟的事情，悟了以後，沒有悟或者不悟這回事，所以你悟了，不要一天到晚講什麼悟的事。」眞是罵人不帶髒話。其實罵我蕭平實時雖不指名道姓，大師們就這麼罵了；大家心知肚明，聽了哈哈一笑。所以也有大師這樣說過：「不要執著開悟這回事，不求開悟才能開悟。」聽過吧？對啊！很多人跟我一樣當面聽過。

這就好像人家是幾萬億家財一時散盡，他解脫於那一些財務的繫縛，帶著一點傲氣說「我已經一無所有」；那個乞丐從來不曾布施過一百塊、兩百塊錢，他是乞討不得而一無所有，竟也跟人家說：「我已經一無所有，我跟你一樣。」這哪有一樣？然而末法時代的佛弟子們正知正見眞的差很多，所以大家都見怪不怪。後來終於有人覺得怪，提出來講了，結果大家異口同聲罵他：「你是蕭門的信徒！」原來姓蕭的建立門派了，我竟不知道。但有沒有？我們沒有門派，我們就叫作佛教，沒有分派，也沒有建立為某一宗。

所以說，必須先有走過來的過程，如實正知何為善知識、何為惡知識之後，再依於自心如來的境界而說「第一義中無善知識、無惡知識」，得要這樣親自走過來了，才可以如是主張、解說如是義之修行；如果沒有走過這一段路，就不應該說他也證得「無一切法」的第一義。所以世尊才說：「若人成就如是相者，世間希有，」眞的稀有，這樣的人一定要待時而出，他會看準了時節因緣可以出世時才出世，否則繼續當個隱居的人就好。時局不靖時，無端招惹是非，大業也不能成就，出世弘法幹麻？所以這樣的人在世間不容易見，一定要有他可以施展救護眾生方便善巧的環境，才可以出世弘法，否則再怎麼努力都是白忙一場。

而這個人之所以「世間希有」的原因，就是因為他「得不顚倒眞實見故」。得到不顚倒的眞實見是很困難的，往年諸大道場教導信眾們都是想要把虛妄心修行變成眞實心，都是要把生滅的六識心修行變成常住不壞的金剛心實相心，這就是顚倒見。顚倒見的人所見一定不如實，一定落在虛妄法裡面；落在虛妄法中，他的一切見解就是邪見、邊見、常見、斷見，總之就是一堆邪見。只有「得不顛倒眞實見」的人，他的見地才能說是正見，因爲他有見地。

見地與知見不同，這是我破參之前就明白的。我這一世去打過唯一的一次禪七，那時還沒有破參，打了禪七以後大失所望。打禪七之前，本來以爲我這個見山不是山的功夫這麼棒，現在就等開悟了！大法師既然開悟了，幫我引導一下也就解決了。沒想到這七天裡面小參，大法師問說：「你怎麼參？」我把 克勤大師那個開悟的公案講給他聽，我說：「我在參這個，參他到底悟個什麼。」結果大法師顯然不懂那個公案，我就知道這回禪七白來了。對一個實證者，我是很恭敬的，我對那道場的護持，在當時來講也算是很可觀。我又是怎麼恭敬的？大師坐在藤椅上，找了我去說話，我過去頂禮時，把額頭放在他的腳掌上，兩個手掌輕輕的碰觸他的腳後跟；不是這樣彎住抓著，只是這樣碰著，卻使他嚇了一大跳。我心裡面想：奇怪！這有什麼好嚇的？

然後就這麼捱過七天，我再也不報名禪七了。在那次禪七之前，每年都有人問：你爲什麼都不報禪七？我說：「我認爲我的條件還不夠，我等條件夠了才會報名。」大家都說：「你報了一定准，因爲你是幹部中最出色的人，也是很護持的人。」我說：「那是你們講的。」報了那一次，那個審核可也曲折，也是一件故事。審核的法師叫某輝師，問東問西，也問到說：「你為什麼一直都沒有報名？」我說：「我覺得我的功夫還不夠，知見也還不夠，所以沒有報。」「那你現在為什麼報名？」「我覺得我現在知見夠了、功夫也夠了，所以來報名。」然後就談到知見與見地的事，因為他認為我有見地了。我說：「我現在只能說是知見，不能說我有見地。」他好像因此覺得我在貶抑他，因為我說知見跟見地不一樣，他說是一樣。就這樣子，他就開始爭論起來。我說：「沒關係啦！師父您說怎麼樣就怎麼樣，我對這個沒意見。」因為錄不錄取在人家手裡，爭論什麼呢？對吧？所以我不爭論。雖然他覺得很不爽，但還是把我錄取了。但那一次禪七回來以後，我再也不報名了，因為我知道對我的道業沒有用處。

這就是說，一定實證了才有見地。「見地」二字要先談那個「地」，地就是境界；見地是說你已經親自看見了，你有所見的境界，才可以叫作見地。知見只是聞慧、思慧，大不了算他有一點修慧吧，都只能算是知見。如果不懂還要爭執說，知見就是見地，見地就是知見，那都是沒意義的事。有正見的人就表示他有所見，有所見才能稱為見地，因為有所見才能說他的所見是正確的；這樣的人「不證涅槃，亦非不證涅槃」，因爲他依「無名相法」第八識的境界而住，這就是本來自性清淨涅槃。像這樣的人旁通實相法界而繼續安住於現象法界中，具有如是正見，才能稱爲「正作正行正道正解」。

這樣的人來作利樂眾生的法事，他的所作一定都是正確的；他不會爲了個人的私利去決定要怎麼作，這才是「正作」。作任何事都是「正作」時，他的行爲就稱爲「正行」；凡事都爲正法的久住、都爲學人的未來設想，不是爲一己之利而設想，所以他的一切所行才是「正行」。「正作正行」的人，一定不會走入岔路，一定不會走在邪道中，當然行於「正道」。「正道」是指什麼？佛菩提道。你要他行於二乘菩提之道，他還不願行；他繼續在佛菩提道中行走，把二乘菩提放在佛菩提道中不當一回事。所以如果有人要求他只教二乘菩提，他一定不教；如果有人要學佛菩提，他卻把二乘菩提附帶教給學人們，所以他的所行全部都是「正道」。

那麼這樣行於「正道」的人，對於 如來的聖教以及 如來的心意一定都有「正解」，能夠體會 如來之心。如來示現於人間，沒有他事，就只有一法：唯一佛乘。不論什麼樣的眾生，只要來求法都送給他佛菩提。固然眾生根器千差萬別，有時先給他一點小玩具，有時候給大一點的玩具，也就是有時給了羊車，有時給了鹿車；但當眾生這些都得了以後，還是要繼續給他們大白牛車，這就是 如來的心意。這表示，這個人對 如來的心意有了如實的理解，對 如來的聖教也有正確的理解；這個理解當然出之於勝解，如果有勝解，就能如實理解，所以這個人心中「無有顚倒」；當他出世弘法時所作所為絕不顚倒，不顚倒是因為他的所見「如實」。所見「如實」很困難，不說一般人，單說證悟了以後沒有善知識攝受，十年之中他都有可能在許多所見上依舊不能「如實」。

不說一般人，說我自己好了；我剛破參那兩年，有好多問題等著我解決。有一次我在等人，在車上坐著一直思考；那個問題已經思考了好幾天，當時等人沒事，車上只有我一個人，不會有人打擾，就繼續思考：「我都證得如來藏了，如來藏是含藏過去世一切種子的心，我既然證得了祂，為什麼我無法去接觸如來藏中的種子，藉裡面的種子來瞭解我上一世姓誰名誰？這個沒道理啊！」百思不得其解，想了將近三小時，想到腦袋瓜都痛起來了，依舊無解。為什麼無解？因為那時的智慧還不夠深入，往世很多證量都還沒有回來，現在證悟時才剛剛打開蓋子，就想要瞭解裡面全部的內涵，當然不可能！後來想不通就放棄，不理它，開始努力去讀經典。

那時就開始讀《楞伽經》、《解深密經》、《楞嚴經》等，我就很努力去讀。過了幾年，有一次下課以後有人問我說：「老師！我們不是證得眞如嗎？那我們往世所含藏的一些種子都在眞如裡面，爲什麼沒有辦法直接就了知往世的一切事情？」我說：「這個問題簡單，因爲你這個意識是這一世的，不是從往世延續過來的。」他一聽就懂了。他懂了，然後換我懂；因爲我以前不懂，他這一問，我直接爲他答了，就懂了。原來我讀了那些經典是有用的，不知不覺之中化解了很多的疑問；但我自己不知道已經化解許多疑問了，就等人家來問，而我直接脫口而出。佛法就這麼妙！這表示說，到這個地步才算「無有顚倒如實而見」。

怪不得大乘佛菩提道的見道，時劫是那麼久遠；從初住位修到六住圓滿，說六度第一次圓滿了。六度圓滿了，接著四加行，煖、頂、忍、世第一法；那麼明得定、明增定、印順定，接著是無間定的世第一法，在知見上終於來到三界頂了。他這個智慧是三界頂的知見，沒有人能超越他，所以叫作

「世第一」，世間的第一法。接著等什麼？等見道。然後終於證得眞如了，原來如來藏在這裡，果然眞實而如如。再去找找看，還有哪一個法可以是眞實而如如的？再也找不到了，終於承擔下來：「我算是證眞如了。」可是證眞如之後，不退轉時也才只算是眞見道；這個見道是眞實的，不是想像的，所以叫作眞見道。

可是這個眞見道，表示才剛剛進入見道位而已。見道之後要再去觀察眞如的種種別相：原來這如來藏還有這個相貌；祂到了這邊，在這個法上運作時又有這個相貌；原來祂的自性是這麼千差萬別，但永遠都是同一個眞如心。這就是相見道，都在祂運行的法相上去見祂，親見祂的自性有許多的差別不同，但同樣都是眞如；這就是相見道，跟眞見道不同了。眞見道是直接找到祂，觀察祂本身的眞實而如如，觀察祂確實能生一切萬法等，就只是如此；可是祂運作的過程中有很多不同的行相，祂在很多很多法上面繼續運行，運行時就有法相可見，雖然同一眞如相，但畢竟所行的法相不同，就稱爲相見道。這個相見道要從第八住、第九住、第十住，十住位眼見佛性時也是眞見道，因爲是看見祂的另一種運行的法相，佛性就是祂運行時的法相；

但不是看見如來藏在運行，那個過程就稱爲眼見佛性，這可不要誤會了。

就這樣轉入初行位開始相見道位的修行，二行、三行、四行到了十行位圓滿，再轉入初迴向位，一直修到第十迴向位都還叫作見道——還只是相見道，還沒有進入修道位，想要入地都還辦不到。聽到這裡，腳心涼了沒有？沒有啊？你們眞是大心菩薩。這還在見道位，從第七住位到第十迴向位滿心，是一大阿僧祇劫的三十分之二十四，第七住位的初心見道開始，到十迴向位滿心，是一大阿僧祇劫的三十分之二十四，那是多久？所以大乘見道的完成不是像二乘菩提；二乘菩提的見道，有的人一時半刻就完成，有的人要拖上好幾天，或者乃至於幾個月、幾年不等，但沒有拖過一生的；可是大乘的見道要完成，從第七住位的初心開始到十迴向位滿心，都還沒有完成；想要入地，得要配合廣大的福德，得要配合解脫道的實證——要有慧解脫的實證，最少得要有三果中般涅槃的實證，然後要對十大願的增上意樂已得清淨，才能夠入地，才算見道位的通達。

也許有附佛外道，將來讀到我的書就說：「那行，我發了十無盡願，然後我就是初地了。」我說：「門都沒有！」怎麼說？因爲他還不懂我說的慧解脫的果證，還得要把《阿含正義》好好讀一讀，因爲沒有不證慧解脫的初地菩薩；即使是中般涅槃的三果菩薩，得十無盡願的增上意樂清淨，他至少得要有能力成爲中般涅槃的實證者。中般涅槃的實證者，只要知道最後那個慢的斷除，立刻就成爲慧解脫了，有什麼難？那不過是一念之間的事。然而不論是中般涅槃或者慧解脫，至少得要具足不退的初禪，他有沒有？答案是沒有，所以誤會的人太多了。

話說回來，得要到通達了才可以說是「無有顚倒如實而見」。諸位不要覺得我這個話是故意施設了難關來刁難人，不是這回事，這是如實語。因爲沒有通達以前，都還有多多少少某些法義上的所見是有問題的，這都是正常的。所以，由於「無有顚倒如實而見，是故如來說名正見」。因此，如來對於大乘見道中這個「見」的定義很嚴格。如來不輕易讚許人，有沒有誰聽如來讚歎說「你跟如來差不多」？沒有！雖然 如來很會讚歎人：你是頭陀第一，你是苦行第一，你是密行第一，你是解空第一，你是智慧第一，你是解經第一……很多很多的第一，就沒有一個人像 如來。世尊有沒有說到誰像如來？沒有啦！因爲那些第一，也只是針對僧團而言，各有第一。

五百第一其實不算什麼，十大弟子的第一，才比較有得瞧；可是你要他們那些第一拿到文殊、觀音等菩薩摩訶薩面前，那眞沒什麼好談的。那只是如來的方便善巧鼓舞大家，讓大眾見賢思齊、見聖思齊。若是要拿來跟那些大菩薩們談，說一句不客氣的話：不值一哂。「哂」知道嗎？口字旁加個西方的西，「哂」就是帶著一點點輕視的味道，輕輕地微笑。例如兩個小孩子在那邊互相炫耀，你看我算數算得多快多準，兩個互相炫耀：「**不然你問我十減七等於多少，我馬上答你。**」兩個小孩子互相炫耀，旁邊若有國小六年級或者初中的學生聽了就會輕輕笑起來，對吧？可是如果一個大學生，他不會有反應，因爲他認爲這就是小孩子，本來就這樣，他連「哂」都沒有。如果是初三、高一的學生聽了，可能就哂一下；大學生不會再微哂了，這叫作不值一哂。

也就是說，什麼五百第一，說那五百個阿羅漢各有第一，先不提那個，就說十大阿羅漢各有的第一好了，來到大菩薩眼前眞的不值一哂。那你想想看，這十大第一等大阿羅漢成爲菩薩以後，各個都入地了，如來說這樣叫作「**如實而見**」，其實這是對一般的菩薩而言，眞要到了大菩薩面前，不值一提。但即使如此，要得這個「如實而見」，可也非常困難，不是那麼容易的事。且不說見——不說通達位這個見，也不說證眞如這個見，單說斷我見、斷三縛結而證得初果那個見就好，放眼天下你看現在佛教界，有哪一個道場得見？依舊沒有。到現在也沒看見哪個道場出來說：離念靈知是意識，是虛妄的。都沒啊！可見斷三縛結這個「見」有多難。因此，對「如實而見」的可貴處，如來當然要加以說明，同時也要把反面的拿過來講，因爲有時只從正面來說，眾生體會不到另一個層面，所以如果把反面也拿過來說時，眾生就能體會到那個層面。

因此，世尊又呼喚說：「舍利弗！若有眾生無有顛倒如實觀者，則有正見；若生我相人相眾生相者，當知是人皆是邪行。」如來罵人了，有沒有？罵人了！因爲不罵不會進步，往往落在邪行裡面還理直氣壯，跟人家狡辯說他自己是正行。末法時代的佛教界不是這樣嗎？我們剛開始弘法那十年，以及將近十五年那些期間，都被人家罵邪魔外道，說我們是外道邪行；到現在一一驗證的結果才發覺：被罵「邪行」的人才是「正行」，罵人「邪行」的人自己正是「邪行」。你看顛倒不顛倒？所以有顛倒見的人落在「邪行」裡面，沒有顚倒見的人則有「正見」，但往往被人家罵是邪魔外道。

所以 世尊特地呼喚舍利弗說：「如果有眾生，他心中是沒有顚倒的，他所觀行的境界是如實的，他就有正見。」但是要怎麼樣去判別誰有「正見」、誰是「邪行」，要提出一個標準來，所以說：「若生我相人相眾生相者，當知是人皆是邪行。」大家都可以用這個標準來檢驗，但是要用這一句聖教來檢驗時也有一些問題，你可別抱怨說：「蕭老師！怎麼讓您講起來時佛教界不論什麼都有問題？」我告訴你：就是有問題。因爲什麼叫我相，什麼叫人相，什麼叫眾生相，末法時代的大師們都解釋錯了。

以前大師們都說：「我們只要打坐到了離念時，成爲離念靈知了，那就是眞如，這時就沒有我相。」對吧？諸位都聽過，沒聽過的人也讀過吧！但問題來了：打坐到沒有妄想時是誰打坐？正是五陰；不但有意識心，而且前五識還跟著在那邊轉。不但如此，還有受、有想，所以坐在那邊心裡面喃喃自語：「今天是誰監香？一炷香都過這麼久了，還不敲引磬。」有吧？有啊！多的是。然後安慰自己：「不理他，我再忍一忍，待會就敲了。」這一忍，他覺得說：「已經又過五分鐘了，怎麼還不敲引磬？我再忍五分鐘，看你能夠違規多久。」就忍，又忍過五分鐘了，他想：「我多忍了十分鐘了，還不敲引磬！不管了！」把腿一放，剛好「鏘」一聲敲了！因爲他覺得不舒服的時間就是過得特別慢，其實人家是依照一炷香的時間在敲的，不多也不少。請問：這時他有沒有受？有。他有沒有了知？有，這就是想陰；不但有了知，而且還打妄想：「爲什麼還不敲引磬，是誰當監香？」還打妄想，受、想都有。他這個色身在整個過程中存在有行，心中在那邊抱怨誰當監香時也有行；你看，身行、口行都有了，意行也都存在，這不就是色受想行識、具足五陰了嗎？那正好是我相。

就算他都不抱怨，入定了，成爲離念靈知，但入定時有沒有一念不生？有！還是有意行，依舊是行陰。他領受什麼境界？領受未到地定中的境界，也是受陰；也是有了知，那就有想陰；所以色受想行識都具足，這不正是五陰嗎？正是我相具足，但他們都認爲這樣坐到離念時就是離了我相。所以你看，要他們用這一句聖教來檢查自己是不是「邪行」者，他們自己都沒辦法檢查，這是不是問題？對了！所以我說處處是問題。正因此，二十世紀末的佛教眞可憐，因爲正覺這一頭雄獅的光明當時還不夠亮；如果這頭雄獅的光明夠亮時，大家都被照亮了，他們才可能離開我相，才算是不可憐。這頭雄獅的光芒現在終於亮起來了，很多人都看見了；不但臺灣看見，大陸看見，東南亞看見，甚至於在美國、澳洲也看見，因爲臺灣這一頭正覺雄獅大放光明了。因此說，你在末法時代，期望大師們用經中的聖教來檢驗自己是否有「**正見**」、是否行「**邪行**」都很困難，因爲他們沒有「**如實而見**」，這才是最大的問題。

懂得我相的內涵是非常重要的，所以爲什麼你們在禪淨班裡面，親教師爲你們講五蘊、講十八界要講那麼久，因爲這正是佛法入門的基礎；這個基礎沒有打好，沒機會入門的，就算探聽到如來藏的密意，又能如何？他的智慧依舊生不出來，就別說會增長，解脫功德就更別提了。所以基礎一定要打好，在禪淨班上課千萬別打瞌睡，周公不會教你這些法的。這就好像一貫道，他們有一個理論也蠻好的，叫作「築基」，要建築那個基礎；基礎沒有建築好，往上加蓋二樓一定倒塌。這個說法是好的，但問題是他們的築基是亂築一通，都在邪見上亂築。

知道了我相的內容而斷除了，這個斷我見是法智；接著要有類智，類智就是人相、眾生相；由自己身上來觀察五蘊十八界，然後推而及人、推而及於畜生等，這樣發覺別人或者畜生們跟自己同樣有這個我相，說自己具足五陰十八界，別人也具足五陰十八界；看見遠遠一條狗走過來了，也一樣五陰十八界具足，這就是眾生相，這屬於類智。自己如此，別人如此，就有人我相對之別，雖然有人我相對之別，可是同樣具足五陰十八界，所以別人跟我是一樣的。一定不會有人胡思亂想說：「我有五陰，別人可能只有三陰、可能只有四陰吧？」不會。

「我有十八界，也許有人只有十七界。」會不會？會喔！怎麼不會？生而眼盲，那不是少了個眼識界嗎？對不對？也許這時候有人抗議說：「我抗議，蕭老師您講錯了，他應該沒有眼識界，應該也沒有色塵界、沒有眼根界，所以十八減三，應該剩下十五界才對，不是十七界。」這樣抗議有沒有道理？有呵？沒有？到底是有還是沒有？我說沒有道理啦！（導師笑起來說：）爲什麼沒道理？我請問：瞎子晚上作不作夢？會作夢，他也有所見。但他醒來以後沒所見，夢中有所見；而且夢中所見還不是一片黑色，一樣是清清楚楚明明白白，而且還是伊士曼彩色。那他有沒有色塵？有。他有沒有眼根？也有，因爲他還有勝義根，他只是扶塵根生來故障，生來就沒辦法看見外塵；也許他手術以後又看見了，所以他還沒有看見之前，在夢中還是會看見色塵的；可是他醒過來時沒有眼識，因爲他的眼識無法生起、無法運作，所以他只有十七界；他的眼根還是有，但只是扶塵根有缺陷而已。

再說他醒過來時有沒有色塵？有沒有？有，他其實只是看見黑，不是無所見，他有看見黑。看見黑之後，反正一樣都是黑就不必看；因爲不必看，於是久了眼識就消失了，所以他這時只有十七界。但是從他的十七界裡，還是可以印證他跟我一樣，只是他眼根的扶塵根出問題了，所以我是我，他是他；他是瞎子，我是明眼人，正好成就了我相與人相。然後推而及於一切大眾，推而及於旁生有情，發覺眾生莫不如是。只是有的眾生因爲業報的緣故，所以他少了這三界，或者少了那三界，一樣還是有五陰；十八界容或有減，五陰依舊具足，只是功能差別變差了；這樣「如實而見」，就是了知我相、人相、眾生相的內容。如果有人主張只要心中離念了就是開悟，當他開悟時，所見的所謂本來面目，不都是落在我相、人相、眾生相中嗎？所以 世尊給了一個定義說：「當知是人皆是邪行。」不曉得今天這一些解釋，將來整理成書籍流通出去，他們讀了會怎麼樣？可能要準備冰毛巾吧！把耳朵摀一摀，不然燙熟了怎麼辦？

這就是說，如實見以及邪行者的差異是很大的，這個差異很大就牽涉到很多的事相，但根本的原因就是他沒有證得「無名相法」，不知道「無名相法」這個自心如來第八識的境界中，絕無一法可得；沒有善知識、惡知識可言，沒有解脫與繫縛可言，沒有涅槃與輪迴可言。那麼因爲不如實知、不如實見的緣故，他就會產生「邪行」，就會告訴人家：「證悟的境界就是沒有開悟。」或者錯解不悟的問題，就說：「你心中老是在想著自己沒有開悟而想要求開悟，就離開悟的境界越遠了。你只要什麼都不想，到最後什麼念頭都沒有了，你就是開悟了。」所以有大師開示：「如果有人說自己開悟了，他就是沒有開悟。開悟了是不應該講出來的，講出來以後，當他開悟時，他就是沒有開悟。」有沒有道理？（有人答：沒有。）爲什麼沒有？當年大家聽起來都覺得有道理呀！爲什麼你們偏說沒道理？原來你們都是異類。

什麼叫作「異類」？百丈端禪師說：「頭角混泥塵，分明露此身；綠楊芳草岸，何處不稱尊？」說這叫作異類墮。但他那個「異類」是講什麼？講那一條牛。是那一條牛對不對？你看到一條牛，頭上的角全部都混著泥巴，但牠依舊分明顯露出牠的如來法身，不論是在綠楊樹下休息，或者是在芳草岸啃食香草，去到哪裡不都是眞如唯我獨尊嗎？這其中的眞如就是異類。如何是異類中行？（有人答話，聽不清楚。）你說的當然也對，雖然你沒講出口。潙山靈祐講了個杜撰公案：「**老僧死後，向山下當一頭水牯牛去；左脅下寫著幾個大字：潙山僧靈祐。喚作潙山僧靈祐是呢？或者喚作水牯牛才是？**」你們要喚他是誰？告訴你：這就是異類中行。

假使時局眞的沒辦法弘法，眼見接下來三百年根本不可能弘法，當水牯牛去又何妨？只要自己不迷失就好了，該拉犁就拉犁，該拉車就拉車，該吃草睡覺就吃草睡覺，什麼事都沒有，不是最輕鬆愉快嗎？你說拉犁好辛苦！當牛時拉犁就不辛苦，人拉犁可苦了。所以異類中行是說：永遠都住於異類的境界中，時時刻刻以如來藏爲歸，就是異類墮。諸位正是異類，所以你們說這樣不奇怪。

因此「邪行」的人，不一定說他就是殺人放火才叫「邪行」，也不一定就是喇嘛教那樣淫人妻女才叫「邪行」，而是說他本身穿著如來衣、住在如來家、吃著如來食、口中說著如來法，卻都是在破如來法，那眞的叫作「邪行」。而這種狀況在末法時代的現在很普遍，所以才會跟人家亂蓋章印證；他自己大妄語要墮入三塗也就罷了，不要牽扯人家一起下墮。人家父母十月懷胎生他養他，推乾就濕含辛茹苦教養拉拔長大，送到他那裡去出家，被他這樣子耽誤，於心何忍？不出家、不跟他還好，頂多輪迴生死，不會下墮地獄；連墮三惡道都難，想要墮畜生道都不容易。沒想到好好一個孩子，辛苦拉拔長大後，心裡雖然很捨不得，還是讓他出家，結果被他所害；爲人父母知道自己的子女被這樣的大師害了，心裡有多痛！你說他們不是「邪行」嗎？所以爲什麼他會這樣「邪行」？值得探究。但 世尊早爲我們說明了，會「邪行」的人就是因爲顚倒，所見不實。明明是五陰假我，明明是十八界假我，他偏說那個不是世間我，說那是無我的實相境界。因此，我們才說這樣的人都是「邪行」。

世尊又開示說：「舍利弗！佛及弟子不說有我，不說有人，不說眾生，不說壽、不說命，不說斷常，是故佛及弟子名爲正見，何以故？正觀不顚倒故。」這一些開示很重要，所以 世尊特地再呼喚舍利弗，然後才開示。例

的、是常住的、是不壞的，他寫《廣論》時，都沒有想自己再過幾十年死了怎麼辦？如果色受想行識都是眞實我、都不壞，他就不應該會死。他認爲：佛陀講的斷我見，是指經中所說的各種「我眞實」的見解要把它斷掉，是只要把「我眞實」的名相斷除就是斷我見，但是我們每個人色受想行識的我是眞實的，這個不應該斷。就這樣說，眞是豈有此理！可是就有很多人信，包括教育部有好多官員都信，所以他們都學《廣論》；連這種邪見都能相信，那他們到底要教育眾生什麼？我搞不懂！學《廣論》的人其實應該要退出教育部，這樣的人主持教育是有問題的，怪不得臺灣佛教會變成今天這模樣。

密宗假藏傳佛教這一些人都落在三界我裡面，可是佛法明明不說三界諸法有我，都說三界法無我。如果有人繼續說：離念靈知是本來面目，不是五陰的我。我就說他不是佛弟子。宗喀巴是不是佛弟子？不是！達賴是不是？不是！因爲他們違背 佛陀的開示。佛說的是：「**佛及弟子不說有我，不說有人，不說眾生，**」但他們一天到晚都在說我，然後以這個五陰我作爲一切法的中心，就在這一切世間法裡面混著，而且混到團團轉，轉到連東西南北都分不清楚了，還要跟人家爭執說：「**不！那不是太陽下山，那是正在升起來，**

那裡是東方。」人家說：「明明那是夕陽，那是西方。」他們偏要說：「那是東方，那個太陽正在升起來。」顛倒到這個地步，像這樣的人 佛早就說了：「這種人不是佛弟子，因爲佛弟子不說有我。」

那麼說有我的人，一定會說眾生，會說壽命。所以你看密宗假藏傳佛教，他們不是要博愛嗎？達賴喇嘛到世界各國都去講博愛，可是那些政治人物就笨，外國人眞好騙。達賴喇嘛想的是：「你家老婆如果漂亮，我就愛；不漂亮，我就不愛；只要漂亮的，我統統愛，我很博愛。」可是他們聽不懂，而那些大官們的老婆們聽懂，因爲他們老婆跟著達賴學；只有那個大官他們自己聽不懂，被蒙在鼓裡。你看，達賴聰明不聰明？但是這些不都是墮在眾生我中嗎？

他們還有好手段，爲了在全球發展，所以往世死掉的喇嘛，可以變成一個西班牙兒童，變成一個臺灣的兒童；反正死掉的喇嘛已經下地獄去了，也不會跟他抗議，那名號就由著他去用，有什麼不可？笨父母就跟著被騙；好好一個孩子，他們來給他一個活佛的帽子戴，就高興死了，不曉得他們正在害孩子。所以這一些人都落在眾生境界中，不離眾生相。既然有我相、有眾生相，就希望求長壽。諸位還記不記得？密宗假藏傳佛教裡面不但有財神法，還有長壽法，很多人修過；問題來了，他們修財神法的人賺錢了沒？沒有，臺灣只有一個沈長聲修財神法賺錢，他是昧著良心倒了人家的錢而賺錢的；結果是教他財神法的喇嘛賺錢，因爲喇嘛先收了多少供養，才願意教這個財神法。所以不是因財神法的修習而賺錢，而是傳給別人財神法時人家會供養錢財，因此而賺的錢。

財神法如是，長壽法呢？那一些修了長壽法的人，好多是短命的人，只是遮遮掩掩不讓人家知道而已，有哪一個活到九十幾歲的？求長壽法時，還要供養山精鬼魅，但山精鬼魅是無福無德者，才會墮落山精鬼魅去，結果供養了那些山精鬼魅求長壽，這不是與虎謀皮嗎？就好像去拜託乞丐說：「乞丐啊！你教教我怎麼賺大錢吧！」乞丐就是賺不了大錢才去當乞丐，連一般薪水都拿不著，結果他去求乞丐教他賺大錢。密宗假藏傳佛教正是如此，那些財神不都是這樣嗎？財神正是靠這些信徒供養，才有得吃、有得喝，否則財神自己都要餓肚子；他自己的福德都不夠了，還能幫他的信徒發財？所以顚倒！

話說回來，他們求長壽，這不是在講壽命嗎？就是講壽命。既是講壽命，講壽的人就會講到命，因為命之不存，壽如何依附？壽將焉附？所以為了求命根增長，喝酒吃肉；而且他們不吃白肉，專吃紅肉。白肉，譬如雞肉、鴨肉、鵝肉，這些飛禽之肉都是白肉；豬肉也是白肉，他們不吃。他們要吃什麼？牛肉、羊肉，那都是紅肉，希望色身很健壯。所以你們如果去外面發傳單時看見西藏的喇嘛，西藏喇嘛是不是都比諸位壯一點？對啊！因為他們吃紅肉，這就是求命，希望色身與命根強壯。那他們求命根強壯目的是什麼？

（眾答：修雙身法。）對！你們講得好，就是為了雙身法。

喇嘛之中也有跟世俗人一樣去西藥房買壯陽藥吃的，以後密宗假藏傳佛教的弟子們——你們如果有朋友當密宗假藏傳佛教的弟子，建議他們：「你們不用買牛肉、羊肉供養上師，直接去買威而剛供養，他會更高興。」為什麼要這樣講？因為你如果不這樣講，他們不懂。你這樣告訴他們，他們一定會問你，你就可以解釋：「因為密宗假藏傳佛教上師吃紅肉的目的是為了壯陽，壯陽的目的是為了修雙身法；既然要壯陽，何必那麼麻煩，一天一顆威而剛不就好了？」這個密宗假藏傳佛教信徒這麼一聽，「懂了！原來如此。」

於是他們考慮再三，最後照作了，喇嘛上師眞的收下了。時間久了，心中懷疑：佛法是這樣的嗎？於是認清密宗假藏傳佛教的本質了，漸漸不想再親近密宗假藏傳佛教了。上次喇嘛來電話說：「你趕快來，我們今天有薈供，你趕快來。」他也許說：「對不起！今天我媽有事，叫我陪她去辦事情，今天不能去。」下個月或者下週，喇嘛上師又打電話來，又要辦薈供了。「對不起！這一回我爸有事，不能去。」未來就是：他兒子有事，女兒有事，奶奶有事，爺爺有事，漸漸就脫離邪法了，因爲知道密宗假藏傳佛教都是在五陰和我所上面用心，不是眞正的佛法或佛教。

這就是說，只有落於三界我之中的人，才會跟著有人相、眾生相、壽命相出現。如果他主張有我、有人、有壽有命、有眾生時，他所說的法一定不離斷、常兩邊；這一定逃不掉的，不落於斷就落於常。不單單是密宗假藏傳佛教，正統佛教末法時代的大小法師們也是如此；而密宗假藏傳佛教最特別，是因爲他們具足斷與常。喇嘛、法王們一邊說入了涅槃什麼都沒有，一邊卻又說涅槃就是我們這個樂空雙運時的快樂跟專心領受快樂的知覺心，那又變成常而且還加上我所，所以整部《菩提道次第廣論》具足了斷與常兩種邪見，再加上五陰的我所——男女根的樂觸。

那麼末法時代的正統佛教中沒有嗎？一樣是有斷常邪見，所以一天到晚都說：「佛法就是緣起性空，如來藏就是緣起性空的別說。」說如來藏是緣起性空的異名，這就是落於斷常。所以釋印順和他的門徒門孫全部都不離斷常，爲什麼呢？因爲那是必然的發展。當他們用緣起性空推翻一切法時，一定會發覺：依《阿含經》說的入涅槃時要滅盡五陰十八界、不受後有的聖教，那麼涅槃就是斷滅空。爲了補救這個過失，釋印順不得不回頭再建立「細意識常」的說法；當他建立細意識爲常住法時，又落入意識了，那就是常見外道所說的常，因爲同樣是意識。

他不可以辯解說：「我講的是細意識，常見外道的意識是粗意識。」他沒資格講這話，怎麼說呢？人家常見外道的意識有很多種不同境界的實證，現在要問問釋印順他有沒有？例如有的常見外道是依未到地定說：「這定中的離念靈知常。」這意識總比釋印順的意識細吧！釋印順還沒有未到地定，他一生也沒有講過未到地定的境界；有定的人一生之中都不曾講定的境界出來，那是很奇怪的事。那人家常見外道，有的人以初禪爲涅槃，說涅槃是常；

有的人以二禪、三禪、四禪乃至非想非非想定爲常，他們那個意識之細，都不是釋印順所能想像的，所以他沒有資格說：「我講的是細意識，外道的意識粗。」他眞的沒資格講。因此當他建立細意識常，以免落入斷滅空時，就是返身又落入常見裡面去了；而且他這個常比常見外道的意識還要粗，哪裡是細意識？

也許哪一天，他的門徒出來講話了：「我們印順導師講的細意識是不可知的。」諸位正好問他：「請問，既是不可知的，你如何證明這個細意識存在？你不就是說謊嗎？你講的不都是戲論嗎？我也可以依照你的模式或邏輯，我建立一個細意識非常，細細意識才是常；然後張三明天來了說，細細意識才是常，細細意識還是非常；同樣都是不可知、不可證的，那你怎麼說？」你這一問，他只好張口結舌。所以他們跟著釋印順學，對於自己說的法出了什麼問題，自己都不知道的，你說他們聰明嗎？不聰明！

因此，只要有人是落入三界我常的我見之中，不離我相的，他所說的無我全都是我時，就不免會跟「眾生」相應，跟「壽」相應，跟「命」相應；於是他斤斤計較的是：「我能否具足名聞利養，然後活到頭髮掉光了，牙齒也掉光了，無法再享受了，最後我才走人。」他一定會這樣計較，然後不能容許任何人評論他一個字，如果有誰膽敢寫出一篇文章來評論，馬上長篇累牘攻擊回去。所以釋印順和他的門徒對我蕭平實還眞寬容，我書中寫了他們這麼多，他們都不回應我，太吝嗇了吧？到底是吝嗇，還是寬容？也許兼而有之，讓我心得安慰。這種人永遠都不離斷常，因爲他們知道自己講一切法緣起性空時，必然免不了斷見的譏論，人家會譏笑他們是斷見論者，因此釋印順返身又建立了一個細意識常住，那不又落入識陰中了嗎？那跟常見外道沒有兩樣，所以他們具足斷見與常見。

但是，佛及諸弟子都不說我、不說人、不說眾生、不說壽、不說命，這樣子的人一定不會落入斷常兩邊；具足中道，永遠不墮兩邊。由於這個緣故，說諸佛以及弟子們都叫作正見之人。正見的原因當然很明白，就是正觀，就是不顚倒。正觀就表示如實的觀行，錯誤的觀行就不是正觀，會產生邪見；因爲有邪見就會產生邪行，因爲他們不如實見，所觀是錯誤的；只有正觀的人「心不顚倒」。但是「心不顚倒」的人，在末法時代很可憐，因爲沒有知音；就好比咱們正覺剛開始弘法時，咱們「心不顚倒」，咱們說如實語、眞實法，我們也不攻擊人家，我們一向都讚歎人家，但是人家都說：「你們正覺是邪魔外道，因爲你們的法跟我們不一樣；你們讚歎我也沒用，我還是要說你們是邪魔外道。」這時你心裡苦不苦？不苦啦！因爲如果苦，你就是有我了；所以我們不理會，繼續說我們的法。

可是到後來，對大法師們眞的失望了，我認爲已經沒有任何一個大法師可以讓我們仰望，可以讓我們寄望他會繼承如來藏正法、住持正法，只好自己來淌這個渾水；於是不怕泥、不怕水，一腳踩進去以後，第二腳就跟著往前踩，再也不停止了；就因爲這個緣故，我們成立了正覺同修會。當初我們要成立正覺同修會時，有一位已經離開的老師很反對，他跟我講：「老師啊！您眞的要踩進去了嗎？」我說：「大家都說要踩了，我這個教導大家走上來的人還能不踩嗎？」要依靠那些大法師們是遙遙無期，所以我只好踩進去了。當初我想：他對我還眞好，怕我渾身是泥水。後來知道不是這麼回事，原來他想要搞自己的：「你正覺同修會成立了，我還搞什麼？你不成立，我就可以搞自己的，我就自己成立個某某會、某某宗。」聽說他前幾年開宗立派，當一個開宗派的大師了。

但他那個「宗」可能大不起來，他的開宗立派可能比新興宗教壽命還短。也就是說，他的正觀不圓滿，所以後來被一個凡夫位的老菩薩給轉了，轉了以後專門弘揚念佛法門；到最後，我想這兩年他可能把那個老菩薩也給甩了吧？「因爲蕭平實都證明那老人是假的了，那我幹嘛還要去信他，我說法又不輸給那個老菩薩。」這就是說，他的正觀不圓滿，所以他那時心中有顚倒；這一顚倒，直到現在還繼續顚倒。我們呢，我們有正觀，我們不顚倒，所以我們正覺一以貫之的眞如與佛性，繼之以二乘解脫及一切種智無生法忍，就這麼繼續弘揚下去；二十幾年來不改變，將來也不會改變，一直要延續到末法最後一年。今天講到這裡。

《佛藏經》今天要從十五頁第二行開始：「**舍利弗！一切凡夫於此事中無能入者，何以故？一切凡夫都無正見，但有隨順正見得柔順忍，不能如實；舍利弗！是名正見邪見差別。**」上週說到那麼深妙的法，我想現代佛教大約找不到什麼人來把這一些聖教一一詳細解說的，所以說，眞正的「正見」是不容易建立的，因爲若有眞正的「**正見**」表示他從「**正觀**」而來。「**正觀**」是說明他有正確的現觀，而不是比量的思惟所知；唯有「**正觀**」才能夠是不顛倒的，那不顛倒的根由就是從「正觀」而來，因此「正觀」就是如實的現前觀察而發起了正確的見地，正確的見地就是「正見」。

所以談到「正見」時，這「正見」是應該分層次的。聞慧層面的「正見」，一定比不上正思惟層次的「正見」，而正思惟層次的「正見」一定比不上實修，實修時的「正見」一定又比不上親證後「正觀」的智慧。那麼，有「正觀」的人不會造作違背三寶的事，只有非正觀者，或者他所講的都符合「正觀」者所說的正知正見，但只是聽聞而得，沒有如實轉依成功，那麼他就不是真正的「正觀」；也許是善知識爲他明講般若密意，反而害了他。那麼這樣爲人明講般若密意的善知識，應該叫作惡知識；我曾經是這樣的一個人，我曾經幹過這種惡知識，爲人家明講，明講以後大概都待不住，所以一一退轉；退轉了這三次以後，留下來的大約就不會退轉了。

所以我早期也當過惡知識，具有雙重身分，既是善知識也是惡知識，自曝其糗。這個曝字，曝光，也是攤在太陽下，被照得清清楚楚而叫作曝光。我發覺大陸他們改爲簡體字以後，現在大家都講錯了，曝光都說成暴（抱）光，那曝晒是否要跟著變成唸作暴（抱）晒？又例如震懾，「攝受」的攝，提手旁改爲心字旁，那叫作慴（讀折），結果他們都唸作震慴（讀設），全都改了。所以改成簡體字以後也眞的很麻煩，那是題外話，且不談它。

也就是說，如實的「正觀」一定是有所實證，才有辦法如實的「正觀」；否則，一般大法師們所謂的「正觀」，例如他們常講的中觀，其實大多數是誤會的，是自以爲「正觀」而其實並沒有「正觀」，根本就不是中道的觀行。因此，當我們出來弘法講出了義的勝妙法，他們就無法回應了；表示他們原來自以爲的「正觀」，其實是錯誤的謬觀，那就表示他們沒有實證。凡是有這個「正觀」的人就稱之爲賢聖，當然這不是容易的事。所以這一段經文，古來少人說，於今絕無僅有。「絕無」聽起來好像很悲哀，但還有「僅有」兩個字，所以末法時代眞學佛法的人還是有希望的。

由此可見，要有這個「正見」是不容易的，因此，世尊就明白開示：「一切凡夫們在這一件大事之中，是沒有人能夠進入的。」如果這一句話出自我口，大概誹謗的話就會出自佛門四眾之口，因爲十年前的佛教界，很多人說：「蕭平實最狂，這個蕭平實動不動就說阿羅漢來到正覺講堂沒開口的餘地，所以蕭平實最狂。」可是這蕭平實判了教說：「證悟了沒什麼，只不過是三賢位中的第七住。」他們一樣罵我狂。他們自認為不狂的人罵我是狂人，但他們卻說「證悟時就成佛了」。你們覺得好笑，我不覺得，我不知道他們那個狂的標準是怎麼定的。我說證悟了只有七住位，還沒有入地，他們卻認為證悟了就是成佛，卻自認為不狂；對我這樣判教的人，對於從來不敢想自己是成佛的人，說是狂的人，而那些悟錯還自認為成佛的人，卻認為自己沒有狂，這是很奇怪的邏輯。

不過雙重標準在那些凡夫大法師們的環境中，是見怪不怪的事，是很正常的。因此說，想要能夠在這一件事情得入而有「正觀」，這是非常困難的。所以世尊說這話也只是據實而說，「一切凡夫於此事中無能入者」，這句話完全不狂，因為前提叫作「一切凡夫」。換句話說，於此事中眞能入者，表示他不是凡夫；所以我們所證所弘的這個正法，要引述正教來支持，那是隨處可得；只要在這樣的法中眞實能入，這個人一定不是凡夫，不在聖位就在賢位。那麼，諸位可以從這個地方來檢驗一下自己的所證，如果你已經證得如來藏了，你可以檢查自己對這些經文究竟懂或者不懂；如果眞的懂了，不是自以為懂，表示你已經進入這個智慧境界中，就不在「一切凡夫」之數中。

世尊當然有說明，爲什麼一切凡夫沒辦法進入這個法義的境界中，是因爲「**一切凡夫都無正見**」。可想而知，這裡所說的「**正見**」的定義，指的是實證後的「**正見**」，不是聞思修位所得的正見。凡夫們既然都無正見，他們聞思修三個階段的努力修行，難道就沒有作用嗎？其實不然，因爲這一些人雖然位在凡夫，尚非實證者，但其中有的人可以隨順於正見而得到「**柔順忍**」。法忍是入地後的事，柔順法忍是即將入地的事。但若可以「**於此正見**」得到「**柔順忍**」，表示他對於賢聖所說的這些智慧境界，可以隨順而生信，心中調伏而不剛強。剛強，是說聽聞實證的賢聖來解說這些法界實相的事實之後，或者他在當場心中有所懷疑以致不能隨順，也就是說他對正見的內涵無法安忍，就是對這個「**正見**」沒有「**柔順忍**」。

在以前我們弘揚這個「**無名相法**」如來藏時，常常被那些六識論的聲聞凡夫僧們攻擊爲「**外道神我的邪見**」，這表示他們對於賢聖之所說，對於賢聖顯示出來的「**正見**」，心中不能隨順、不能安忍。說老實話，早年的佛教界其實沒有正法可言，因爲他們大部分人，不論是大師或者居士，都認爲人只有一個心，這個心就是能見聞覺知的心；絕大多數的大師與居士們如是認爲，主張只要把覺知心修定離念了就是證悟，就是禪宗的開悟境界；然而這是一種錯誤的知見，表示他們對於基礎佛法沒有理解。由此看來，當年臺灣的佛教徒非常容易騙，只要看見人家頭上燙了戒疤、穿著僧服，不管他們講什麼，大家都信。

這是很正常的事，就像我老爸，我說的他不信，那些凡夫僧們說的，他都信，可是他不知道有很多僧眾在學我傳的這個法。我也不能告訴他說：「您相信的那一些僧眾，他們都在讀我的書。」我不能講，就只好隨緣了，所以這是很正常的事情。當年，大法師們絕大多數都認爲只有一個心，甚至我們有的同修實證了以後，去跟某大師說：「師父啊！我們跟著蕭平實老師學，我們能夠弄清楚眞心跟妄心。」這大師竟然說：「人只有一個心，哪來的兩個心？你們這樣不就是兩個心了嗎？」這位師姊回來跟我講了，我說：「人何止兩個心？人總共有八個心。我們只是爲了實證的方便，把那七轉識合起來說祂叫作妄心。」如果不這樣講的話，大家要證悟就很困難。其實這妄心總共有七個識，加上眞心如來藏，不就八個識了嗎？何止兩個？

那位大法師以前閉關讀經六年，到底是在讀個什麼？如果閉關眞的好好讀經，讀六年以後，至少《阿含經》也讀過了吧？《阿含經》二千多部，都說人有六個識，這六識叫作識陰；然後加上一個意，加這意根不就是七個識了？然後還有一個識能夠出生名色，那《阿含經》不就是講八個識了？怪不得這位自認爲證悟的大法師，終其一生沒有講過識陰的內容，眞的不可思議；名聞四海走過五大洲的大法師，竟不知道識陰的內涵。你們能夠想像這樣的人可以當大法師嗎？眞的叫作不可思議。所以人家問說：「**你們學佛以後，看見什麼不可思議的事沒有？**」你就說：「有！**我去正覺學法以後，發覺大法師竟然不知道識陰有六個識，不可思議啊！**」

那要談到意根就更別提了，所以乃至連印順都不知道意根是什麼，才會說意根是腦神經。問題是意根貫通三世，如果意根是腦神經，每一個人死時都要想辦法先把腦神經抽出來帶去未來世。所以我就說，我沒機會遇到釋印順，假使有機會遇見，我要問他：「**張某某、釋印順！你上一輩子死了，捨報時有沒有把腦神經帶到這一世來？**」現在任何人都知道釋印順那個說法很荒唐，所以你看，印順派的那一些門徒們，沒有一個人敢回答這個問題。

意根是心，又稱爲末那識，他們都不懂。如果你心裡面在猜測著說：「**也**

許他們有證得如來藏、有證眞如。」那就不應該說那三個字：「天知道。」因爲連天也不知道他們何時曾經實證眞如。所以你看，當年臺灣佛教界多麼好騙，臺灣佛教界幾乎所有佛教徒都被他們騙了。當然只有一個人不被騙，他叫作蕭平實；而這蕭平實眞是個壞蛋，不被釋印順欺騙也就罷了，還要教很多人不被騙。所以印順派的大小道場都痛恨我，怪不得要縱容徒弟們用各種匿名在網路上亂罵一通。這表示「正見」有很多層次，但要由實證上產生的「正觀」而顯示出來的「正見」，卻是不容易的。

因此說，所有的凡夫都沒有「正見」。如果由我來講這話，又要掀起一段時間網路上的謾罵。那「一切凡夫」既然都是凡夫，當然不可能有「正見」，所以當他們在爲人解說「正見」時，其實那些所謂「正見」的開示中，有許多都是邪見。但這是很正常的，所以我們也不要說他們都沒有「正見」，只要依據聖教告訴他們說：「《佛藏經》有這麼開示：一切凡夫都無正見。」就行了。既然「一切凡夫都無正見」，咱們爲什麼要出來弘法？當然要！因爲佛早講過了：「但有隨順正見得柔順忍。」既然都是凡夫，當然不可能有實證上的「正觀」產生的「正見」，但是其中有一些人可以隨順正見而得安忍；

因爲實證的賢聖解說了「正見」的內涵以後，他們可以隨順。

隨順以後，有的人也許遇到了惡因緣告訴他說：「第八識如來藏是個方便施設的假名言說，你不要相信實有。」於是他又退轉了，這就是遇到惡因緣。但不是每一個人遇到善法以後，都會遇到惡因緣；所以有的人隨順「正見」之後，接著發起了「柔順忍」，他對於八識論的正法隨順之後，心中不剛強，能得調伏，因此他可以安忍，這樣就是得「柔順忍」。所以你們剛進禪淨班時一定是有「柔順忍」，才不會聽上個半年、八個月，心中生起煩惱就走人，這表示已經有「柔順忍」。因爲咱們正覺的親教師們有一個特色，就是上課時往往會把一些錯誤的邪知邪見帶進來比對說明。比對說明的目的，是爲了讓大家容易區分「正見」與邪見的差別所在，大家的智慧進步就快。

比如我們早期不拿邪見來比對說明，因此有的人證悟以後，還弄不清楚邪見跟「正見」有什麼差別，所以他會想：「這位這樣講也對，跟我們正覺講的差不多。」有時候不得不罵人說：「你是糊塗了吧？這兩者差這麼多，怎麼會說差不多！」然後還得要爲他解說，他說：「喔！原來如此。」眞的是，我都想跟一句說：「原來如彼呢！還原來如此。」因爲他比較信的不是「此」，信的是「彼」。所以，往往有很多人證悟了以後，還在跑慈濟，還在跑什麼「有應公」，還在跑什麼地方，就這樣繼續盲目地跑。我說：「你到底『見地』在哪裡？」忍不住，我得要講了。《三字經》中不是講了嗎：「教不嚴，師之惰。」我變成個懶惰的人了。我不要讓人家評論說蕭平實好懶惰，弟子沒有教好，所以我得要講一講。因此，證悟以後還在歸依凡夫僧，那表示他的「見地」是有問題的，也表示他沒有轉依成功。那我就得講，不講就變成我怠惰了，沒有善盡爲師之責。

這就是說，凡夫雖然不能夠進入這樣的正見之中，但是其中有一些人大致上還是可以隨順的；隨順之中也會有很多人是可以得「柔順忍」的，心中一點兒也不懷疑。雖然因爲還沒有實證，所以心中有時會生起疑惑：「眞的有如來藏可以證嗎？我們這個名色眞的不是父母所生嗎？這名色眞是自己的如來藏生的嗎？」容或心中仍有疑惑，但他們生疑的時間不會很久，頂多一、二小時又回到完全信受的心態中，可以永遠忍住不退轉：「我繼續聽聞、繼續熏習、繼續修學，看最後怎麼樣再說。」

如果比較聰明、柔順忍很強的人會想：「我不必懷疑，因為既然有那麼多人都一一實證了，走過的人在前頭，總不可能蕭老師矇了這幾百人說可以實證，結果他們都沒有實證，只是被要求說可以實證，這幾百人都願意被矇，那是不可能的事啊！」所以當他們接觸了以後，說有這麼多人實證，而這一些宣稱已經實證的人，他們說出來的佛法都與眾不同、無可挑剔，顯然智慧很勝妙，於是當下就得忍了。這個人叫作得柔順忍，再也不剛強而不可調伏去質疑說：「你們說有實證，是眞的、假的？」再也不會質疑。有質疑時就表示他心中不柔順，完全相信而且心中柔順了然後能夠得安忍；安忍就是接受，心中完全接受了就是忍，不能接受就是無忍。為什麼佛法中說「無生忍、無生法忍」？為什麼用忍字？忍就是接受，表示這無生之法很難令人接受，那你實證以後能接受，就是得到無生之忍，得了無生忍就是賢聖了。

不能忍是因為不接受。譬如今天師父心情不好、開口罵人，弟子眾們就誠懇說：「抱歉！抱歉！師父！懺悔！懺悔！是我們的過錯，一定改進，後不復犯。」明明沒有犯，被師父罵了也得這麼講；這表示弟子對師父有忍，是因為接受了師父。為什麼能忍？因為接受。所以無生忍，就是無生之法已經接受了，表示不懷疑、不會退轉了；接受了就不會退轉。又如父母親，假使公司裡今天一個不小心賠了一百萬元，心情不好，回來東罵西罵，見了人就罵；這女兒一天到晚得他們寵愛，看見父親這樣子，能體諒父親今天一定是生意損失很大；所以看到每天都很疼愛自己，今天突然不疼愛了，心中都不起瞋，那也是安忍，就接受父親、體諒父親，趕快去泡了杯茶，不然弄了杯果汁來，好言慰藉，這表示她對父親有忍。

可是她如果不能忍，不然就逃開，不然就講話說：「**爸爸！您今天吃錯藥了吧？**」然後就走開，這表示她不能忍。所以忍就是接受的意思。她不接受，所以才會反應出那種抗議的言語出來，因此說，忍就表示接受。那麼凡夫都無正見，有隨順正見而得「**柔順忍**」的人，是因為他聽到這個法，心中覺得有道理，所以對這樣的「**正見**」心中柔順而能夠接受，這就是得「**柔順忍**」；得到「**柔順忍**」時還不能如實，因為他還沒有親證。

有柔順忍時往往會有許多的猜測，用推測來認為：可能是這樣，可能是那樣。所以有許多人剛進禪淨班時就找親教師小參：「**我已經開悟了。**」甚至於有的人說：「**我不但明心，還看見佛性了。**」覺得自己很行，找親教師要弄清楚。但我們親教師不該也不想處理這個事情，因爲這是禪三的事。有一些人報禪三時很有自信，例如「這一回參加禪三的目的是什麼？」有的人寫：「明心、見性兩關一起過。」看來我蕭平實有知音，有人發大心想要一回連過兩關。

假使眞有其人，我最高興了，因爲期待已久。假使有這麼一個人，讀了我的書以後可以一次連過兩關，我想要挑個首座一定沒什麼困難。我到現在還沒選首座，首座得要是那個料，可是我到現在爲止還沒有看見過誰眞的合適。結果第一次就要連過兩關的人，往往都是第三次、第四次上山才能過第一關；這樣已經算很好了，更多的是外面的人，隨便讀了我幾本書，都還不到十本，就說他是幾地菩薩了。如果他是四地、五地菩薩的話，那我不就是十地滿心了嗎？我寫的書可以讓人家證得四地、五地了！可是我都還不敢這樣想。所以不能如實，其實是現象法界中很常見的現象；他們都是用推測，然後讀過我的《公案拈提》等，心想「一定就是這樣」。也有人去打三之前，還會指導我們增上班的同修，很厲害吧？眞厲害了！可沒想到去打三時，他連第一關都過不了，而且監香老師說他還差很遠；那增上班的同修願意接受他的指導，眞的是腦袋瓜有問題啦！所以不能看表相。

那麼得「正觀」之前，雖然對於這個「無名相法」的實相境界，心得柔順而能安忍，可都不能如實，因爲畢竟還沒有實證。沒有實證，表示他認爲的實證境界其實都是比量，而那個比量偏偏是非量。比量如果是正確的才可以叫作比量，那比量錯了就成爲非量，因此說「正見」很難生起。當「正見」沒有辦法生起時，他的所見就叫作邪見，那麼邪見這兩個字是罵人嗎？其實不是。佛的意思是說，因爲所見是偏斜的，所以叫作邪見，不是罵人的話。所見是基於「正觀」而發起的才叫作「正見」，與「正見」不符就是偏斜了，那偏斜的就叫作邪見；所以 世尊說：「舍利弗！是名正見邪見差別。」「正見」與邪見的差別就在這裡，有「正觀」所知、所說的就是「正見」，沒有「正觀」所知、所說的就是邪見。所以「邪見」沒有罵人的意味，只是在表示某人所說跟「正見」有差別，因爲他不能如實「正觀」——他沒有辦法進入「無名相法」的境界中去作現觀。

世尊又開示說：「如實見故名爲正見，見世樂因增長財利是世間正見，是皆欺誑，不免生死；舍利弗！佛說世間正見，是說懈怠下劣之法。」即使是二乘菩提，四聖諦之中的道聖諦中也有談到「正見」。八正道裡的「正見」，我們親教師們也爲諸位講過，說八正道中一一都各分爲世間正道以及出世間正道，所以正見也有世間正見和出世間正見的差別；那麼正命等也一樣，都有世間與出世間的差別，親教師都跟諸位講過了。

佛爲了攝受眾生也談到人天善法，因爲不是每一個人都想要出離生死。不想出離生死的人，只希望下一輩子可以保住人身，或者下一輩子可以生天享樂，或者下一輩子可以生到色界天去過清淨的生活等，於是佛爲這一些人演述了世間的「正見」。因此，對於那些不想求解脫生死的人而言，就要爲他們解說世間法中的如實見。世間法中有如實見以及邪見，例如殺生來爲喜樂的事情慶祝，吉祥不吉祥？不吉祥喔？這是諸位講的，可是你們卻都見怪不怪。有沒有？很多。

例如有人家中頗有資財，孫子滿月了，所以辦滿月酒請客，殺豬宰羊。他兒子出生滿月，這是喜事，結果他殺豬宰羊，大大的殺生，這是用凶事來慶祝喜事，這就是一種顚倒。還有，結婚也是喜事，但結婚時大宴賓客，那他如果是很有錢的人，就要弄一些奇奇怪怪的，讓賓客覺得說這個很珍貴，以前從來沒吃過；於是有一些奇奇怪怪的東西出現，叫作珍奇動物，那一些有情不就被殺了嗎？那麼喜事用凶殺的方法來慶祝，這也是顛倒，表示這樣的見解不是「世間正見」。又例如，有時堂上老人家八十整壽，八十整壽很重要，所以要大肆慶祝，於是殺豬公祭天。要殺豬公，因爲他家族大，所以還不只殺一頭豬公，殺了好幾頭，爲他老爸慶祝八十大壽，沒想到八十大壽過沒幾天，老爸就死了，爲什麼呢？因爲他用凶事來慶祝吉事。殺生的凶事帶來的不會是吉祥的氣氛，那些被殺的眾生滿肚子怨氣；八十歲的老人家，他的氣運本來就比較衰微了，還用這種凶事來辦，這一沖把他給沖上西天去了。所以慶生的事，千萬不要用凶殺的事情來慶祝。

好在我都不慶祝生日，我都不過生日，每一天都是生日，有什麼好慶祝的？因爲這一世有這一世的生日，上一世也有一個日子是生日，上上世也有一個日子是生日；每一個人過往十百千世算下來，每一天都是生日；如果要慶祝，你生爲菩薩，而且不是凡夫，那你慶祝生日就應該每一世的生日都慶祝，要對每一世的母親都感恩。那糟了，慶祝不完了；既然慶祝不完，在心裡慶祝就好了：「每一天都是我的生日，每一天都快快樂樂，不讓每一世的父母難過。」這不就結了？所以我最好過日子，不必讓大家勞動，然後鬼神也不會留意我是哪一天生日。每年父親節時孩子要慶祝，行！父親節有那麼多人都在過，我混在其中也沒人注意到，隨俗一下無妨。

所以世間人沒有「正見」，對世間法的看法都已經是邪見了。譬如有人想要生天，應該修十善業；修十善業時不應該燒殺擄掠勒索錢財來布施，或是剋扣對父母的供養來布施，不應該這樣行善；應該用自己正當營商所得，來作各種布施行善；取財如法而作布施，死後可得生天在欲界天享福，這樣才是「世間正見」。想保住人身，不是各個宮廟到處去跑、去求爺爺告奶奶，找什麼王母娘娘、什麼公、什麼爺去求說：「你要保佑我下一輩子繼續當人。」那沒用！背地裡幹盡了惡事還想來世當人，不可能！最重要的就是持守五戒不犯眾生，不必求爺爺告奶奶一樣可以當人，這才是世間的如實見。所以，不必依靠誰幫你去天堂掛號，因為你行十善本來就該生天的，那是你自己的福德，不必他人來幫你掛號；也不要接受人家恐嚇說要「地府抽丁」就得怎樣去幹什麼事，你本來就沒有惡業，永遠不會去地獄，何必要他幫你在地府裡抽什麼丁？這才是世間的如實正見。這樣看來，一貫道也沒有世間的如實

「正見」。

假使有人想要生到色界天去，他說：「我要到初禪天去。」或是說要到二禪天去；或者說：「我要證得初禪，我要證得二禪。」結果他每天在修雙身法，這樣的人能生色界天才怪！可是，你看陳健民那部《曲肱齋全集》，還有那些喇嘛們寫的書，說要怎麼樣證得初禪、怎麼樣證得二禪，全都要藉雙身法的淫觸來證得。其實根本不是那回事，而且他們講的初禪、二禪，不是世間禪定的初禪、二禪，而是講他們密宗假藏傳佛教的所謂明點觀想等，練氣的目的是爲了修雙身法可以持久，目的在這裡而已，卻自以爲到達某一種淫樂境界時就是初禪、二禪……等。這樣的人想要證得色界天的境界，跟色界天是背道而馳的；因爲色界天是修梵行者才能去的地方，修清淨行的人不貪世間的五欲財色名食睡，只要犯了一種就沒有辦法生色界天，初禪永遠發不起，哪能生到初禪天去？

可是你看那些喇嘛們每天修雙身法，卻說他可以生色界天，可以證初禪天身、二禪天身等，那能叫作「正見」嗎？當然不是！所以「世間正見」也不容易有，他們連「世間正見」都沒有，怎能生色界天？譬如他們告訴人家說：「你只要努力修雙身法，修到第四喜的境界，你要什麼神通都會有。」可是古往今來現前看見的事實是：所有喇嘛們的大神通都是死後才有，生前都沒有。死後也不是他們自己示現，是他們的徒弟們哄抬出來說：「哇！師父示現什麼大神通。」都是用來騙世間人的，就是自欺欺人！因爲修神通者都必須斷除欲界愛，所以他們就是沒有「世間正見」。

《大智度論》也講過，有個國王夫人長得很美，這位國王也喜歡修道，他每天中午都供養一位五通仙人，這五通仙人每天中午都會飛進皇宮接受他的供養；接受供養以後，國王都會對他行頭面接足禮，然後他才飛走。有一天國王說：「我這位師父眞厲害，飛來飛去的。」王后說：「這樣的聖人，我應該見一見，你爲什麼不跟我引見一下。」國王說：「行！明天他來，妳就出來拜見一下。」皇后躲在後面，看著時辰到了，果然這個大師父飛過來接受國王供養。國王供養過了就說：「王夫人想要頂禮閣下。」那就頂禮吧！沒想到頂禮時，國王夫人用頭面接足禮，這是印度的最敬禮。這一頂禮完了，他起了欲心；因爲王后長得太美，這五通仙人起了欲心，於是神通當場失掉了，無法飛行離開；他就要求國王給他一輛馬車，國王說：「你爲什麼不用飛的？」當然不好講，國王只好就給他，他的神足通因欲失去就沒辦法飛了。

經論中還講過一個典故，說往世有一位五通仙人，每天接受國王供養。有一天他飛過空中，那個地方有一個女人唱歌非常非常好聽，他一面飛一面聽，聽著聽著起了欲心，神通就不見了，摔下來。不要說神足通，天眼通、天耳通也都不見了。只有離開男女欲的人才能修得神通，否則再怎麼修也不成功；那你想，密宗假藏傳佛教他們吹噓有大神通，可信嗎？這樣一想就知道了，所以那些人都是自欺欺人。他們欺騙別人，欺到習慣了以後，騙人時不會臉紅，耳根都不熱，因爲已經習慣謊言了，而且他們認爲這樣是理所當然的，因爲打從進入密宗假藏傳佛教以來上師都是這樣教導的。所以從他們的教義來看，表示他們對世間法尚且都無「正見」，因爲對世間的這一些法，他們是沒有如實見的，那就不叫「世間正見」。

世尊有時也爲人講「世間正見」，讓大眾對世間法有如實見，所以世尊就說：「假使世間有人看見世樂因、來增長他的財力，這就是世間正見。」世樂因，譬如想要能夠作生意賺很多錢，不單單這一世要用誠實以及童叟無欺的方式來營生，而且要往世曾經布施。但有的人童叟無欺也很誠實，可是他作生意不很成功；有的人一樣是童叟無欺也很誠實，但大家都找他買，爲什麼呢？因爲他往世有布施，大部分人多少都欠了他的人情，這個布施就是「**世樂因**」。菩薩爲什麼要布施，因爲菩薩希望世世都有豐厚的、足夠的行道資糧，所以一定要布施。

修聲聞法的人有沒有布施不重要，只要能信受布施的因果，也能夠恭敬奉侍上師就夠了，因爲他死後要出離三界。可是，你修菩薩道要歷經三大阿僧祇劫的過程，你想要實證那些勝妙法，就必須有足夠的福德，這就得要好好布施。你說：「**我一個出家人世世都受供養，哪來的布施？**」難道法施不可以嗎？佛法的布施也是布施，所以說布施有三種；有時候爲令眾生回歸正道，爲他講解正道的正理，這就是無畏施，讓他可以未來世不墮三惡道；這也可以是布施，而且這個布施遠比居士的供養來得更大。所以布施都可以作，但這些就是「**世樂因**」，能夠使未來世的行道資糧豐厚充足而無後顧之憂；不必到了七老八十還得每天朝九晚五爲道糧謀，這就是往世有沒有布施。

如果往世都有布施，作什麼生意都成功。往世如果有常常布施，路上隨便一站，都不必開口，托著缽，人家就不斷地供養。如果往世沒有布施，開口說：「施主！阿彌陀佛！」人家也是看一看就走過去。所以阿羅漢往世沒有布施的，往往還要托空鉢回道場。那大象往世有布施，牠不但吃甘蔗還掛瓔珞，這是很現實的事。也就是說「世樂因」，眾生其實也不容易看見，所以都沒有如實見。因此，你看商場上爾虞我詐，勾心鬥角，想辦法要把對手消滅掉，那未來世得要吃苦果。尤其是你們看那些手機廠，製造手機的大廠，那個心夠狠，但是能維持久遠嗎？不可能，他該賺的錢賺夠時也就是到那裡為止。如果錢賺得很多以後，結果都去供養外道一神教的神，他們能不能維持久遠？不可能！所以一旦趴下去了，就是一蹶不振。

這就是說他們不懂什麼叫作「世樂因」，世間法中該怎麼樣離苦得樂，他們不知道，因此以各種手段去作不如理的事。譬如你如果開一家公司，身為佛教徒，你的公司很大，幾千、幾萬人，該不該規定說：「進我的公司就得要學佛。」該不該這樣？不該。因為你往世的親朋好友，不是每一個人都學佛；如果你這樣作，就限縮了自己的道路，這條路會越來越狹窄。所以假使有人開了一家大公司，老闆信基督教，規定所有員工都要信基督教，否則就不得升遷，一不小心就把你降級；這一家公司可想而知經營不好，因為供奉外道一神教的神本來就不吉祥。

那外道的神指示他的信徒們：「**凡是異教徒都要加以剪除。**」那個神本來就不是吉祥慈愛的，那其實不是天神而是鬼神，他信了不吉祥的神以後，還要求他的公司職員都要信這個「天神」，那公司就越來越不吉祥。這表示他不懂「**世樂因**」，這一世把往世的福德實現了以後，如果不懂得好好去救濟貧窮而繼續搜括錢財，讓股東的股票大貶，他口袋裡賺得飽飽的。有沒有這樣的公司？有啊！公司不斷虧錢，他口袋越來越飽，他等於把往世的福德實現以外，還從股東的口袋裡面掏了錢；這是不正當的所得，那麼未來世不要怨天尤人，也別怨基督、怨耶和華，全都沒用，因為那是自己造的業。如果這樣也要怨耶和華、怨基督，那他們兩個又要怨誰？「**你自己造的業怨到我頭上來，我找誰怨去？**」他們一定抱怨。這就是說他們不懂「**世樂因**」。

他們不懂「**世樂因**」，也是因為那些撰寫《聖經》的人不懂「**世樂因**」，怎麼說呢？他們要剪除異教徒，說這樣奉行以後，死後可以生天。那諸位想一想，異教徒大多是行善之人，殺善人是大惡業，死後得墮落三惡道；他們卻說可以生天，這就是不懂「**世樂因**」。因此，以前基督教傳教時很強勢，中世紀時就更恐怖了，咱們就不談它，單說臺灣早期就好；那基督教徒都有唱聖歌的隊伍，每年到了耶誕節（請你們不要叫作聖誕節，我從來都叫作耶誕節，幾十年我都這麼說，因為他們無聖可言），每逢耶誕節，他們組了隊伍循著馬路開始唱聖詩聖歌遊行，唱著走著倒也罷了，遇到每一家宮、廟，就在人家大門前高聲唱著挑釁，我還親眼看見士林大市場那間慈諴宮被挑釁。

有一次我去大市場買東西，那基督教的唱聖歌隊伍就停在那家廟前對著廟裡大聲唱歌不走。我說他們還真有耐心，但廟方比他們更有耐心都沒反應，我就說：「**好吧，他們唱他們的，我買我的東西。**」當我買完了正要離開，時間已經過了大約二十分鐘，拉著腳踏車正要離開，忽然聽到廟裡用擴音機，把他們誦經的錄音用擴音機放出來，比基督教聖歌團更大聲；他們繼續唱完了某一首歌，看看沒轍只好走人。他們無緣無故跟人家示威，人家又沒有招惹他們。為什麼他們要示威？因為他們覺得自己信仰的天神是唯一的、是最高級的；可是真要從三界世間法的證量來看，那耶和華的等級還不如道教的天神，差多了！可是他們自己不知道，這就表示他們沒有看見「**世樂因**」，對於世間法的所見不如實。

所以如實看見「世間正見」的人，就是有「世樂因」的人。看見「世樂因」的人，知道怎樣可以得到未來世的世間快樂；用這一些方式，未來世世都可以得到世間的快樂，表示他看見了「世樂因」，是對「世樂因」有如實見的人，因此每一世不論作什麼事都能「增長財利」，這就是「世間正見」。可是如果從第一義的境界來看這一些「世間正見」，其實依舊是「欺誑」；為什麼說是「欺誑」？因為「不免生死」。如果有一個人，他每一世都作生意，每一世都賺大錢，每一世都家庭圓滿，就不會有出離心；如果有誰要度他修學解脫道，說可以出離三界生死，他一定拒絕；為他講什麼世間皆苦，他聽了想：「沒有啊！世間都是快樂啊！」他聽不進去的。

如果要從第一義來講更是如此，因為從解脫道來講，這已經是增長生死之法，所以「見世樂因」的「增長財利」固然是「世間正見」，但從解脫道來講已經是「欺誑」之法，因為會使他增長生死。如果有人告訴你說：「正覺現在都開始專門搞布施，不修正法不求實證，都告訴你們說：『你們只要布施就好，歡歡喜喜布施就是證初地；所有錢都拿到正覺來，正覺可以每年大量的布施，你們每年都奉獻很多錢來布施，只要很歡喜都沒有煩惱，你就進入初地了，這就是歡喜地了。』」如果有人這樣說的話，你就當面對他吐一口痰：「呸！」立刻走人。

因為這固然是「世間正見」，卻不是「如實見」，因為與出世間法互相違背，與第一義諦相違背，「不免生死」。「不免生死」的法當然就是「欺誑」之法，所以從第一義諦來看時，這一些可以使人「增長財利」的「世樂因」固然是「世間正見」，但是從第一義「聖法」的境界來看，永遠都是世間相。且不說「增長財利」的事，就算是有人告訴你說：「你來這裡修學一定可以證得三禪、四禪，那時就出離生死了。」那也是欺誑，因為證得四禪八定具足了，也都還只是三界流轉生死的境界，因此這也叫作「欺誑」，第一義「聖法」中沒有任何的世間法可得。

菩薩之所以規定每一世都要勤修布施，目的是為了增長未來世的行道資糧，藉這個行道資糧來求世世快速進道，可以使成佛之道走得很快；目的在此，而不是在於努力賺錢，然後累積起來存在自己身上。所以目的不在「增長財利」，而是為了每一世都可以繼續獲得快樂的異熟果，以這樣快樂的異熟果來行菩薩道，才不會讓世間人輕賤菩薩，也容易修道。如果每一個菩薩都是窮苦得要命，窮苦的結果只好修苦行，就告訴人家說：「我修苦行。」其實是沒有資財而不得不修苦行，有資財時他就放棄苦行，人家看見了就會說：「原來要當菩薩就是個個都要很窮，但是有資財時就不修苦行了。」那敬仰的人就更少了。縱使你眞的有實證的法、有勝妙法，人家的敬仰之心也會減少。

所以說，身爲一位弘法的菩薩，至少要有個房子住，至少要有一輛二手車開；總不能說只有一輛腳踏車，要來正覺講堂時得騎上二十公里，汗流浹背的，不該是這樣。否則，你想想看：假使正覺講堂所有菩薩們，每一個人都是那樣窮苦的話，正覺講堂還能弘法嗎？人家一看就說：「個個都是窮光蛋，我才不要去那裡。」所以你看 佛在世時的 維摩詰菩薩，當他現在家相時就是家財無量、眷屬無量；不但這樣顯現，而且還「入治政法」當大官。世人看見這樣的一位菩薩時說：「喔！當菩薩不錯！」而他的家，那家宅是多麼輝煌金光閃閃，眷屬又是那麼多。人家想：「當菩薩不錯呀！」就願意學佛。

這就是說，菩薩廣行六度，第一度就是布施；但布施的目的不是爲了下一世很有錢，而是為了下一世有很多錢可以用來繼續布施。為什麼要繼續布施？因為要攝受更多佛土，攝受眾生就是攝受佛土。所以《法華經》中那麼多「從地踊出」的菩薩，那都是八地、九地、十地的大菩薩，他們的眷屬都很多，可是其中也有菩薩只有一個人，沒眷屬，那他要何時成佛？他得要走回頭路再去布施、修集更廣大的福德，再去攝受眾生。這表示成佛不是一個人的事，而是一個人成佛時其實是一大群人的事，因此何不現在就開始攝受眾生？那每一世都去布施，因你布施而得到利益的人，就會對你有很好的感覺，那個感覺會一世一世延續下去，所以未來世不管男女老少，只要前世拿過你東西的，得過你錢財的人，未來世遇見了，你說：「你來學佛吧。」他就乖乖來了，因為他覺得你太好。但為什麼好？他也說不出個所以然。

往往你這一世都沒給他什麼，而你一說，他就來學佛了，這就是你攝受的佛土。當你攝受的這一些有情足夠了，他們的道業也學得差不多時，那就是你成佛之時了。所以菩薩得要世世修行布施，同時就攝受了佛土。布施以後，未來世一定會得到可愛的異熟果報，家屬圓滿，事業圓滿，財富圓滿，來世就有更多的資財與眷屬，再到下一世繼續布施，就這樣一世一世滾雪球一樣滾下去。如果賺了一百萬，不肯拿十萬塊錢出來布施，那他攝受佛土要攝受到何時？得要很久。

就好像你假使出家了，心想：「**我學到好多佛法，可是這一些法不需要給我的師兄弟們知道。**」都不肯爲人講解，就無法促成師兄弟們得到法義，他們就不會進步；如果他們從你身上得到了法義，他們進步了，未來世他們還會跟隨你，這就是你的法布施的功德。也就是說，世人看見了「**世樂因**」而行善，以及菩薩所見的「**世樂因**」而行善，雖然看來同樣是在「**世樂因**」上面去造作，但菩薩的目的不同，是爲了攝受佛土；而世間人的目的，是爲了來世可以得到很多錢財可以花用。因此菩薩布施，知道未來世可得很多的果報，卻是佛法中的「**正見**」；但世間人布施，知道未來世可以得很多果報，卻只是「**世間正見**」；依解脫道和第一義諦來講，那都是「**欺誑**」，因爲「**不免生死**」。這樣從「**世樂因**」來看「**世間正見**」、出世間正見、世出世間正見，道理就很清楚了。

接著世尊開示說：「**舍利弗！佛說世間正見，是說懈怠下劣之法。**」諸位現在可以想一想，你要的是「**懈怠下劣之法**」，或者是要了義之法？對啊！

不說你們，我也一樣要這個了義之法。如果單單要那些世間正見的話，我用不著四十幾歲就退休了。我有一些高中同學聽說我四十幾歲就退休，當時大家都覺得很訝異。當時我不想再賺錢了，因爲賺更多就是把往世的福德實現更多；實現那麼多福德成爲世間財以後，能全部帶到未來世去嗎？不能。那不如不再賺錢。我換一個方式來布施，我布施佛法、布施了義之法——布施無上勝義，未來世的福德更大。到了未來世我再實現一小部分福德，再繼續布施，就這樣滾雪球。

所以人家問說：你難道都沒有想要賺錢？我說「沒想要」。甚至即將退休前，還有舊客戶來找我，我說：「這個不用請我辦理，你自己去辦就行了，我教你，很簡單。」然後教他怎麼去辦，讓他自己去辦。他也辦成功了，然後問我說：「爲什麼我要給你錢賺，你還不想賺？」我說：「我不想賺就是不想賺，因爲賺更多也沒辦法花更多，飯還是吃那麼一碗，床還是那麼一床，總不能一個晚上睡十張床吧？衣服就穿這麼多，尤其夏天更不能穿多。既然如此，何必賺那麼多錢？我這一世要行道足夠了就行，不需要去賺那麼多錢，所以不想賺錢。」那時是覺得賺錢沒有意思，也就是人家說的「沒有意義」，這是很奇怪的想法呵！

其實不奇怪，我相信你們有很多人也是這樣想的。沒退休之前，隨分賺錢也是應該的，該賺就賺。如果很想退休，可是家裡還有一群人要養，你不想賺錢也得賺，因爲是義務。這就是說，凡是「世間正見」，依佛法修道精進來說，全部都是「懈怠下劣之法」，爲什麼說「懈怠」？你想想，像諸位這樣子努力修行的人，在臺灣佛教界能找到幾個？沒幾個。週二要聽經，週三要上課，週日要去作義工救護眾生發傳單；如果在增上班，週末還要再上三小時的課；如果當了組長、副組長、義工幹部等，還有一大堆的事要作；如果當了親教師，還加一天要再來上課。你看，累不累人？

不累喔？好厲害！眞是無敵鐵金剛。可是我告訴諸位，你要是把這種狀況去告訴外面所謂的學佛人，他們腳底都涼了，作不到。因此單單是去行善，就只是每週一天去行善，知道下輩子可以獲得很多的財富，這一種所謂的佛法修行就太懈怠了，跟諸位不能相提並論，因此說是很「懈怠」之法。這一種「懈怠」之法所得的果報也是下劣的，所以有個團體都說：「我們是慈濟人，生生世世都要當慈濟人。」但慈濟的特色是什麼？不必斷我見、不必修道、不必參禪開悟，更不用悟後修道就能入初地乃至成佛，這就是慈濟的特色，也就是每週只要一天、兩天來作世間善事就行了。

發這種願是個大麻煩，因爲出口成願，發了願就會成爲種子，未來世遇到正法時他會排斥。因此，下一世再遇到正法時又無緣，就這樣子永遠都在人間而得到財富，不離生死。可是有一個問題他們沒想到，一個凡夫在世間廣有財富時會怎麼樣？造什麼業？造惡業啊！也許他們下一世很有財富時聽到慈濟團體，他又不想參與了，他只會讚歎：「你們很好心，很好心。」但他忙著享樂，會成爲這個狀況，那當然是「下劣」。

所以 世尊乾脆明著說：「我如來爲諸位講的世間正見，那內容所說的都是懈怠之法、下劣之法。」換句話說，如來的本意是要大家增上，不要下劣；是要大家精進，不要懈怠；因爲只有精進可以證得世間正見、出世間正見以及世出世間正見，三者具足。如果是「下劣」的「懈怠」之法，就只能得「世間正見」；不但如此，還要進一步瞭解正法，世尊又開示說：「賢聖不作是念：『此是正見，此是邪見。』所以者何？一切諸見皆從虛妄緣起。」講完了「世間正見」，拿來跟出世間正見對比時，這還是在事相上講，因爲不離於人間的世俗法相。

但是講完之後還要回歸到第一義，回歸到第一義時就要這麼開示說：「一切成賢成聖的菩薩們，心中不會起這樣的念頭說：『這個是正見，這個是邪見。』」這是大乘法中獨有的勝妙法，永遠都不在兩邊，超脫於兩邊之上。也就是說，在大乘法中實證的賢聖，都是證得「無名相法」眞如的境界，依這個眞如境界來看時，沒有正見、沒有邪見。這並不是說：開悟以後，意識不知道正見與邪見。而是很清楚的知道：這是邪見，這是正見；但是意識轉依的眞如境界中，沒有正見也沒有邪見。這個境界中，既然無一法可得，那正見也是法，邪見也是法，當然這個眞如境界中，就沒有正見也沒有邪見；只有眞如，才能夠離兩邊。

眞如，顧名思義就是眞實而如如；眞實是因爲祂能生一切法，所以祂能被你親自實證，因此證明祂的眞實存在。這個眞實法於一切境界中，卻又永遠如如不動，祂不分別六塵境界中的一切法，所以祂如如不動；這個眞實如如之法就是如來藏心，只有這麼一個法是眞實而如如之法。這個眞實而如如之法，不了別一切法，所以祂心中沒有一切法可說；既然都無一切法，何況能有正見與邪見？

世尊再從另一個層面來解釋說：「所以者何？一切諸見皆從虛妄緣起。」換句話說，一切的見解或者一切的見地，全部都是藉著各種虛妄的助緣而生起的，如果沒有各種虛妄的藉緣，就不會生起。這樣講當然有些抽象，我們舉個例子來說，大家就很容易理解。例如人類廣知諸法，但人類所廣知的諸法都要由意識來了知，這個意識卻得要依靠意根、法塵才能現起；而意根與法塵等的生起，不是很單純的事，得要先去入胎，處胎十個月滿足而出生了，接著還要去作各種的學習，意識才能夠了別一切諸法。可是縱使成長成為一個大人了，了別諸法時意識也不能單獨運作，還得要藉前五識為工具來共同和合運作，才能了知一切諸法。那你想，意識了知諸法以後生起的見地，是不是要靠各種藉緣才能生起？是！這是最簡單的說法，表示一切的見解—不管是正見或者邪見—都是藉緣生起。

最簡單而可證實的例子，就是當藉緣生起的意識中斷了，諸法幾乎就全部不見了，比如晚上睡著沒有夢時，還有一法可得嗎？都沒了。所以一個人悟前沒有如實的正見，他擁有的邪見也得要醒來才會有；證悟了之後也得要等他第二天早上醒來才會有正見，意識之不存，諸法悉皆滅，那你還能夠說意識不在時會有什麼正見邪見？當意識不在時，意根還在，就已沒有諸法可說了，何況是醒來有了意識之後，再藉前五識共同和合運作才生起的正見與邪見。因此才說：「**一切諸見皆從虛妄緣起。**」

這樣講過以後，世尊怕有的人沒聽清楚，還重新再叮嚀一遍：「**舍利弗！若作是念『此是正見』，是人即是邪見。**」你看多老婆，人天至尊是這麼老婆心切。所以，世尊說祂把所有的弟子都當作獨子一樣看待，那是如實語，公開講經時還講到這麼親切，這麼叮嚀著：「**如果有了這樣的念頭說『這就是正見』，這個人其實就是邪見。**」心心念念吩咐弟子們要成功的轉依眞如心中無生死、無一切法的解脫境界，就怕弟子們的轉依沒有如實，所以祂要這樣的特地叮嚀。因此，正面講過再講反面，反面講過再回來講正面，太老婆心切了。

只有不瞭解 世尊的人，才會去貶抑說：「**世尊是怎麼樣、怎麼樣，不過如此，不如我們密宗藏傳佛教報身佛厲害。**」那叫作凡夫邪見，只有凡夫才會這樣，實證的人一定不會這樣，因爲有智慧明辨密宗假藏傳佛教的佛都是理即佛的凡夫。也就是說，當你轉依了眞如，從「無名相法」的境界中來看待一切邪見或正見時，其實任何一法都不可得。這時如果還說「這個是正見」，那就表示他是爲人悉檀方便來施設解說，而不是他證悟後所住的境界。如果有的人一直堅持說：「這個才是正見，我就住在這樣的正見裡面。」那就表示他轉依沒成功，這個人就是邪見。

世尊又開示說：「舍利弗！於聖法中拔斷一切諸見根本，悉斷一切諸言語道，如虛空中手無觸礙，諸沙門法皆應如是。」爲什麼我們特地要把這幾句經文在經本中印成粗體字呢？因爲爲了要對治末法時代所謂證得阿羅漢果的人，要改變他們、救他們回歸到正法來。「在神聖而究竟的勝妙法中，拔斷了一切各種見解的根本，全部斷除了一切的言語之道；在這個境界之中，沒有任何一法可得，更無物可觸，猶如在虛空中揮動時，手沒有所觸、也沒有障礙，一切出家人修行所證的法都應該如此。」

如果哪一天我去照了個相，請一位名雕刻師幫我雕刻了一尊，也許坐姿也許立姿不等，雕得好美好美的，命名叫作宇宙大覺者，讓大家請回去供養，你們就應該知道我已經著魔了，不然就是我退轉回凡夫位了，因爲轉依失敗了。在佛門聖法之中，是要拔斷一切諸見的根本；一切諸見的根本就是每一個人的識陰，這是產生諸見的根本。這識陰尚且要否定掉，一定要砍死；一刀砍死了以後就沒有諸見可言，竟然還在說三道四，那是不對的。因爲當你把識陰砍斷以後，還沒有到「**無名相法**」眞如的境界，就已經沒有言語道了；因爲意根的境界就是離言語道的，言語道都是六識裡的境界。所以，「**於聖法中拔斷一切諸見根本**」的人，沒有所謂正見，沒有所謂邪見。如果有說到正見、有說到邪見，只是爲人悉檀而施設方便，來教育大眾離開邪見回到正見；回到正見以後才能夠想方設法去實現他的「**正觀**」，然後才能證得「**拔斷一切諸見根本**」的智慧境界。今天講到這裡。

今天好大的雨，有一點風不調、雨不順的感覺，是因爲眾生造業太多了；但是要期待眾生突然變得很有智慧、變得很克制自己，是相當困難的，所以咱們要更努力來推廣正法，來改變眾生心。眾生的心地清淨了，世界國土就跟著清淨，才能夠風調雨順。假使眾生一直都往惡事的方向發展，上從國家下至庶民都如此，再大的功德迴向也沒用。所以咱們除了迴向以外，還要去教育眾生，從克己復禮開始，然後走向人天善法，最後是解脫道與佛菩提道。

否則的話，人心是很難改變的，尤其是時值末法。

回到《佛藏經》，上週講到十五頁第一段倒數第二行：「舍利弗！於聖法中拔斷一切諸見根本，悉斷一切諸言語道，如虛空中手無觸礙，諸沙門法皆應如是。」我們上週講到第一句「於聖法中拔斷一切諸見根本」，因為時間到了，只概略地講了一下，今天還得繼續從這一句再講。

首先說「於聖法中」，那得要先定義一下什麼是聖法？在世間法中有稱之為聖人的，諸位應當也聽過，例如儒家有至聖先師，表示在儒家中，聖位最高的就是孔老夫子；所以人人尊稱之為夫子，以下就有孟子這位亞聖，就是說他是次於孔老夫子的聖人；至於季聖等等，那就不提了。這所謂的聖，聖在何處呢？在於他大公無私，沒有私心，又有能夠治國平天下的功夫，而不單單是修身而已。從齊家開始到平天下，因為他有世間智慧而且無私心，所以在儒家就把他尊稱為聖人。

在一神教裡面，比如舊教的天主教，或是新教的基督教；至於天主教古時候封的聖人也就不提了，因為離我們太遠了。近代有一個很有名的德雷莎修女，她是死後幾年才被新教宗追封為聖人；以前的教宗不肯承認她是聖人，雖然以前的教宗心地遠不如她，但依舊不肯封她為聖人。她後來被封為聖人了，然而聖在何處？也在於她無私的奉獻，不求取權位名聞利養，一心為那一些痲瘋病患付出她的一生；因此，經過第二或者第三任的教宗以後，才接受建議封她為聖人。至於道教裡面就好像沒有聖人這個稱呼，不管是全眞派或者哪一派，好像都沒有，因為他們講求的是得道生天。如果有生天得道，那麼民間庶民大眾，也都認為那就是聖人。譬如林默娘後來被封為天上聖母，是因為她得道生天；那麼她就是慈悲努力救護在海上的討海人。向海裡討生活非常的危險，因為古時不像現在有氣象預報、有衛星定位，出海有很多時候是要靠運氣才能回得來，而她很努力去救護這一些人，保全了許多家庭；因為這樣的無私以及慈悲，所以後來被中國皇帝封為聖母。聖母當然也是聖人，這些都是世間聖。

我們不應該說：「那只是你們自己封的，我們佛教不承認。」我們可以接受他們是世間聖，也就是世間三界法中——特別是人間的聖人，還談不到色界天，這就是世間尤其是專指人間的聖人。道家講的得道生天就是死後上生忉利天，在那邊有個職位或者名銜，有時候並沒有職位，但是封了一個聖號，那就稱之爲聖。如果從世間比較高的層次來講，假使你們得了初禪，縱使不圓滿具足，至少死後是可以生到梵眾天去。梵眾天是初禪天裡面的第三種天，大梵天王是第一種天，再下來第二種天是梵輔天；那麼梵眾天歸梵輔天人所管，看來好像沒什麼，其實不然，因爲已經超過忉利天的天主境界了，超過道教裡的那一些聖人，因爲他們只能到達忉利天爲止。

得道生天，那是得了什麼道？天道。這樣看來，梵輔天下面所管的很多梵眾天人，有沒有資格稱爲聖人？假使他還在人間的話。有沒有？有！用點頭的，口中不答，也行。爲什麼我說他們有資格稱爲聖人？因爲他們是「梵行已立」，已經建立清淨梵行了。忉利天的天主釋提桓因所封的那一些在人間被供奉的聖人們都還沒有離欲，而梵眾天是「梵行已立」，當然可以說他們也是聖人，因爲他超越了忉利天主所封的聖人境界了。那麼以此類推，初禪天的梵輔天、大梵天王，到二禪天的少光天、無量光天、光音天等；這樣一直往上推，直到第四禪天去，當然更有資格稱爲聖人。但這些都只是世間聖人，不是出世間的聖人；即使證得非想非非想定，仍然在三界世間，不離生死輪轉，但是相對於一般的人類而言就稱之爲聖人了。

如果這樣看，那一些世間的聖人其實也就無足道哉，因爲人間都還有人證得初禪的。從證二禪的人來看，初禪也就不算啥，是稀鬆平常的一件小事；但是對於一般人來講，這就不得了了。所以一個人大公無私，從來不爲自己設想，死後生天時被忉利天的天主釋提桓因封爲聖人，因此他就成爲正神。神的意思是什麼？有一句話說「聰明正直名之爲神」，因爲他很正直又不笨。對於他們而言，修學某些可以使他們成爲所謂的神聖境界的那一些法門，就稱之爲聖法。所以天道的聖人之所以能成就爲世俗法中的聖人，就是因爲持五戒不害眾生，進而修十善業，都不考慮自己個人的利益，因此他死後生忉利天被封爲某一位上帝或者某一位聖母等，這就稱爲得道生天。依這個所追求的境界而言，他們所謂的聖法就是指五戒和十善，這就是聖法。

如果要求當梵眾天、梵輔天或者大梵天，他們要作什麼？除了五戒十善以外，要進修禪定。然而要得禪定不是那麼容易的事，得要好好靜坐修定而進入定境中。但修定就能夠發起初禪嗎？不行！往年我還在尋找禪三道場的土地，有人介紹我去南投縣國姓鄉，好遠，現在想起來都覺得好遠；但那時我的時間多的是，當作開車去兜風。去到國姓鄉環境是很好，看到很多一間又一間的小磚屋，每一間磚屋大概四坪左右。四坪等於幾平方米？大約十三平方米，搞建築的都知道。就這麼一間一間小小的磚房，在那樣的小磚房裡既要煮個麵來吃，也要當作床鋪，也當作盥洗和打坐的地方。就這樣，那生活很勤苦。但當年有好多出家人在那邊修行，不知道現在此風猶在否？以前我看到是很多，都是出家人。可是問題來了，以定為禪，至少總得要發起禪定呀！可是我弘法二十幾年，沒聽過哪位出世弘法者講過初禪怎麼證的；既沒聽過，表示他們都沒有初禪。

我弘法二十來年的過程中，曾經聽到一位居士說他有二禪，可也沒聽他講過或寫過初禪怎麼證、二禪怎麼證，發起的過程如何也沒聽過，後來發覺他原來也是誤會一場。所以禪定的實證，諸位千萬不要向外求，咱們正覺都有，要初禪可以教你，要二禪也可以教你。以前有一位同修也當上了親教師，後來在二〇〇三年時退轉了；他私底下跟同修們說：「我們在某某山安和分院，現在努力在修禪定，因為正覺同修會有慧沒有定。」有人聽到後傳話給我，說這位老師有這麼講。我就只好闢謠說：「綜觀現代全球佛教界，沒有誰證得初禪。有人既然說我們有慧無定，我當然得要公開簡擇一下，到底誰有證得禪定。」然後我再次下個註腳：全球佛教界沒看見誰有證得初禪的，就別說二禪了。

我又聲明：我們早期是講過禪定的，我們很早時講過《童蒙止觀》，就是智顗大師寫的《修習止觀坐禪法要》。我在講解的過程中，把初禪該如何證的原理和方法都講了，並且把初禪發起的過程以及後來的演變都講過了。我還指出來：智顗大師說初禪善根發時，看見身內如雲如影，講得不貼切，應該是如雲如霧。這些我都講了，不但講了，當年還有同修拿了去製成整套的錄音帶，我家裡現在還有一套，總共六十幾卷，我記得。我就請問：有誰聽過現代佛教哪個大師小師講過禪定怎麼修，禪定的原理和過程以及發起後的境界？答案是沒有！

我當眾說了，他老兄心裡很不舒暢；雖然我沒指名道姓，但是有很多人知道是他。我講得夠明白了：正覺同修會有禪定也有智慧，只是教禪定的時節因緣還沒有到來，所以我不教。因爲教了大家開始實修以後有很大的後遺症，我可不想再每天早上要去榮總長青樓五樓精神病院裡面去開示。現在聽說他們精神病院換了樓房，我不知道，不知道是哪一棟，以前是長青樓的五樓。當年我每天去開示，開示了整整一週才把他救回來；去開示那幾天，好像第三天或第四天，在電梯中要上樓，剛好遇到他三姊，知道我就是蕭老師，她說：「蕭老師啊！你如果放了什麼給他，就請你把它收回去。」你看冤枉不冤枉？所以我不是不能教，只是還不想教；要等到大家心性都調柔了，學了禪定不會出問題了，我才教。

我們是一開始就講禪定的，怎麼沒有定？你到某某山安和分院、或者某某山的總本山去，能學得到禪定嗎？那堂頭和尚本身就連未到地定都沒有，連看話頭的功夫都沒有，他能有什麼禪定證量？諸位看過黃老師寫那一本《見性與看話頭》，都列舉出來了，證明他連看話頭的功夫都沒有。當年我離開他們時，後來有一次過年他們辦園遊會，我接受了邀請去參加（我家佛堂供佛時放供杯的小供桌，就是那時在那園遊會上買的），我去時遇見了聖嚴法師，就向聖嚴法師索討；我索討什麼？因爲以前他聽說我教人家看話頭，一方面叫座下的法師把我洗臉，讓我不可以再開示，一方面找我去講話，問我說：「你這個功夫是怎麼修起來的？」我就爲他說明。

那個場景歷歷在目，在那個會客室裡面一個長沙發，他老人家斜靠在沙發上，兩隻腳伸直了交疊在地上，這樣問我的。他是很輕鬆的，但我那時依舊是很恭敬的；就說明我這個功夫怎麼修成功的，他就吩咐：「你可以把這一些東西寫出來，我們的《人生月刊》可以登出來，給大家修學。」就是要我寫一篇〈無相念佛〉，再寫一篇〈看話頭〉，另外還有一篇要寫什麼，現在忘了，我就用六百字的稿紙寫了。他說要在他們的《人生月刊》登出來利益大眾。我想，師父對徒眾太好了，我當然要寫。結果一篇又一篇，寫了三篇給他以後，全都石沉大海。後來我都離開了，依舊沒登出來；因爲我已經被視爲異類，沒辦法繼續在那裡安住，就離開了。

後來我想通了，是他自己要讀，不是要給信眾們修學的。於辦園遊會那次剛好遇見了，我就索討說：「那三篇文章，師父既然不用，請師父賜還。」於是他老人家在那稿件上面，釘上一張便條紙寫著四個字，是用簽字筆寫的：「交蕭某某。」只有四個字。有一天知客師通知我去取，我就拿回來了。那四個字的「墨寶」，我至今還跟那三件稿子釘在一起。那你想，他連看話頭的功夫都沒有，無相念佛的功夫也沒有，他能有未到地定嗎？不可能！既沒有未到地定，初禪就甭提了。

結果這位當了老師的老兄還去他們那裡，而且不是總本山，只是分院，跟他座下的法師想要學禪定。我不知他要學什麼禪定？現成有教過禪定具足方法與原理、內容的老師，他認爲沒有禪定；不懂禪定的大法師座下的小法師，他卻去跟著學禪定，那能學到什麼？無怪乎後來被楊先生一籠罩，也就退轉了。退轉後謗法，不是就被我們寫在書中了嗎？我們有時候就簡稱「楊蔡蓮三人」幹了謗法的事，如何謗法、如何錯誤等，他就是那三人中的一個；不過後來聽說他改名了，不是原來那個名字，算是擺脫了原來的臭名了。他原來的名字就等於一個記號、等於一個印象——謗法、破和合僧。他改了名字，人家不再叫他那個名字，萬一有誰讀過正覺的書，也不知道這個人就是那個蔡某某。

那你想，在人間現在這個時候，要證得禪定是多麼困難，且不說初禪的善根發是剎那間遍身發，單說運運而動的人，你就找不到幾個；縱使有，也只在正覺同修會中才有，其中有一位是很多年前就過世了，他叫作徐義雄；他來同修會之前就有癌症在身，以前是在日常法師的廣論班學了十幾年；然後來同修會裡才剛破參，我只是說：「你來寫一本書《廣論之平議》。」他說：

「我不曉得有沒有這個能力。」我說：「你在廣論班學那麼久了，沒有問題的，只要破參了就行。」他果眞就寫了，你們看他過世已經六、七年了（編案：這是二〇一五年九月所說），他寫的文字到現在還在《正覺電子報》連載中。他是有初禪的人，所以捨報前一直跟他的同修、孩子們說「不要貪」。表示什麼？表示他是個離欲者，所以他對世間的五欲不執著，唯有如此才能夠發起初禪。

那麼初禪發起的道理，是建立在梵行上面，而不是單靠定力能發起的。梵行就是清淨行，有清淨行的人不會執著欲界法。對許多人而言，固然男女之貪是欲界法，但還有一種是一般人都離不開的，貪什麼呢？貪孔方兄——貪錢。關於貪錢，也就是貪受供養；我倒想起一件很久以前的事，楊先生他們退轉前大約一年的事，應該還不到一年，有一天有同修報上來，說臺中有一位居士要供養正覺，說他手上有七、八千萬元臺幣，那是二〇〇二年夏天的事。我就想，既然這麼有錢，要供養給正覺，一定背後有什麼道理；我們正覺也正好欠一個禪三道場，那時正覺窮得不得了，買不起地。既然有人要捐這一筆錢，我們想買禪三道場的土地就沒問題了，加上我們自己本來有一點存款，這樣蓋起來就沒問題。於是我告知楊先生，讓他找個人開車，我們一起南下，去臺中講堂見那個人。

我這裡特別說明，是通知楊先生找人開車一起下去，包括我同修一起下去。那麼接見那人時總共是四個人。有一個故事叫作楊四知，聽過沒有？沒聽過？你們怎麼搞的？這也沒聽過。古時有一個當官的，他姓楊，有一天人家想要賄賂他，他拒絕接受；後來那個人晚上摸黑去他家裡閉室密談，拿出想要賄賂他的那些寶物來，說：「現在只有我們兩個人在，什麼人都不知道，所以沒有問題。」沒想到這位楊四知（楊四知本來不是他的名字，是後來人家給他的一個封號，本名倒忘失了）說：「不！現前你知、我知就有兩人，加上天知、地知就有四個人知道，所以你不能夠說只有我們知道、別人不知道，因此我還是不能收，就秉公處理。」後來那個人也欽佩：「唉呀！這個人眞清廉。」他就講出去了，所以人家說：「這官眞的是父母官，疼愛人民，秉公處理。」所以大家就用這個天知、地知、你知、我知而說他叫作楊四知。這樣這個故事記起來沒？記起來了。

我們一行四個人由賴□□開車，他是要支持楊先生上來領導同修會的，他們希望我退休回鄉吃老米去；也是因爲我本來有退休的計畫，所以我在故鄉、也去我同修故鄉都買地，想作爲回鄉養老之用；後來退不成，那就不談它。這樣我們四個人去臺中見了那個人，我印象中那個人還帶著另外一個人。我們在臺中講堂，那時還租在公館路巷子裡的一個地下室，在小參室裡面談。那個人名字很好記，叫作「劉海瑞」，如今想來大約也是假名；古時有個海瑞罷官的故事，所以我就記住這個名字——「劉海瑞」。

當初他告訴我的是那筆錢的由來，我要接受人家的捐贈時不能隨便接受，假使那是贓款，將來怎麼辦？我得要弄清楚，不隨便接受捐贈。我問說：「你爲什麼要捐贈這一大筆錢？」在二〇〇二年時七、八千萬元不是小錢。他說因爲他本來是個比丘，接受弟子眾們供養，這錢一直沒有花掉；又因爲他有學了技術可以幫人家治病，有一次治到一個女生，病治好了，結果他們後來成爲夫妻，他就還俗了。他想：這筆錢是三寶的錢，我不能用，那就得捐出去；但是捐給誰，看來看去就是正覺才是正法。那位劉先生長得有一點點胖，當時他這麼說，我就接受了。這是三寶的錢，而我們是三寶的代表，我們完全不謀私利，每一分、每一毫都用在正法來利樂眾生，沒有人在同修會、基金會裡面領薪水（那時也還沒有基金會），那我就接受了。

但他又說：目前有困難，因爲銀行的專員有一點刁難；說他當初成立時是怎麼回事，解釋了一大堆，那我們就不談它，一語帶過就好。我就說：「好！那就等您把手續都弄好了，您什麼時候撥款，通知我們一下，您可以跟這位楊老師聯絡。」我也沒留下他的電話，也沒留下他的地址，也不知道他住在臺中、還是南投、還是哪一個鄉鎮或哪一個縣市，我都不知道，一直都沒問；留下聯絡電話也都是楊先生他們去聯絡的。我到現在還都不知道他的電話，也不曾跟他講過電話，都沒有聯繫過，因爲我也不太記掛這件事情；回來臺北後一段時間都沒下文，我就把這件事情忘了。

一直到後來大家說現在應該要找禪三道場了，不然到處去借場所，都被人家刁難。所以還沒有找到地之前，不是去租了新店女童軍中心嗎？你們現在命好，那時在那裡打禪三，我告訴你們，晚上睡覺時得要側著睡，腳要彎著不能伸直，不能直躺；因爲那是給女孩子睡的床，女童軍還沒成年，個子小，所以那床鋪根本沒有辦法伸直了睡，我們就在那裡打禪三。後來大家說受不了，要趕快找地建禪三道場，就這樣才去找。我個人也在找，去看了好幾個地方。那時我對天氣有特權，只要我想去中山北路上課，不管雨下多大，我一騎車出門，雨就停。這個待遇一直保持兩、三年，一直到搬來承德路以後，那個待遇才消失；因為這裡有停車位，可以開車；若是偏要騎車，那你就淋吧！大概就是這個意思。所以那一段時間約了要去看地，不管雨下多大，要出發的那一天早上，雨就停了放晴。

那麼找來找去，他們告訴我說在大溪什麼地方有一塊地合適。我一聽就說：「**難不成是我以前出價的那一塊地嗎？**」去了一看果然沒錯。那塊地是我在一年半前，人家介紹我去看時，芒草超過一丈高，但是我從附近地勢觀察一下就出價了。雖然開一萬兩千元，我當場出價六千元，因為沒有那個一萬多塊錢的價值，相差太多了就拉倒。沒想到一年半以後，他們找來找去，到處都不適合，包括三芝和其他地方都去看過、找過了，我都陪著他們去看；他們運氣好，只要我一同去就不用淋雨。結果去了大溪一看，果然就是這塊地，後來買下來。

那麼我們禪三道場，當初沒有錢，所以一直沒買，預定要捐來的七、八千萬元是可以用的，計劃中我就是預定要來買禪三道場的土地。這當初也跟楊先生、賴師兄都談好的；因爲當初他們也找了一塊地，在土城，可是那裡有一座墳墓正好在這塊地的正後方高地，這在風水上是一個大忌諱，因爲那一座墳墓的後人會發跡，咱們不會發，對正法推廣不會有大助益；而且前面有個土地公的小廟，那倒不打緊，最重要的問題是地質有問題；我看那個地質就是紅土砂礫，只要大水一來一定崩。他們希望那七、八千萬元要用來買那一塊地，我現在講的這些過程每一句話都有連結的。那時候也找人來估計，說這個地方要申請變更用途，還找了土地開發公司來估計過。但我始終覺得這塊地不適合，因爲要花很多錢來整地保護，然後才有辦法蓋，何不去買一塊不必花什麼錢來改善土地的地皮，買了就可以蓋的。

當初與他們總共這樣四個人去臺中見那位「劉海瑞」先生，我到現在還不知道那是不是他的本名（但後來懷疑那也許是一個騙子），但因爲指定楊先生聯繫他，從臺中回來以後我也就忘記了，因爲我心中並沒有抱著期待。會外有很多人說要來捐款的，說好了的，到時候都沒來。沒來，可能是因爲發覺我們是一個很正直的道場，也是個實證的道場，不好意思開口騙我們，所以後來沒了。聽懂我的意思嗎？本來是希望從我們這裡弄個名義說：「我有這麼多錢要捐給你，但我現在手頭不方便，你先借我兩百萬元，才能把錢拿到手。」但也許看我們是很正派的，而且大家都是義工，並且後來知道都是實證的，所以就沒有下文。

過了一兩個月沒下文，我就想：劉先生大概也是這樣吧！這一件事情來龍去脈講過了，表示我一開始就無貪；如果對那七、八千萬元有意思或者有興趣，是不是應該說：「你把電話給我，以後我直接和你連絡。」然後私下相見就好了，何必帶著楊先生跟賴師兄一起去呢？對吧？若是以私心來運作，當然是要這樣。可我不是，我一開始就告訴他們：「你們要一起去，然後我們這筆錢要用在哪裡；而且是由你們聯繫，我不聯繫。」後來五、六年前，我聽誰講的現在忘了，網路上有一個人，他用了一個名號叫作「送貨員」，在網路上說我接受了七、八千萬元供養。後來知道送貨員原來是誰的人。那我現在這樣想：可見楊先生也沒有拿到那七、八千萬元，這也表示他沒有被騙錢，對吧？這就印證了我當初的判斷，說有可能那本來是一個騙子想要騙錢財，看到我們是這樣的一個團體，而且我們一直沒有催問，於是就取消了。

所以我絕不會說「楊先生有收到七、八千萬元的供養」，可是那個送貨員不明就裡，老是在網路上亂罵，罵說蕭平實貪錢，收了人家七、八千萬元供養。聽到時我都覺得好笑，要是不顧念人間大眾的話，我不必來人間，每一世都可以在色界天過得好愜意，什麼煩惱都沒有，何必來人間跟這些人混？何況我這個初禪又不是運運而動發起的，我是刹那間遍身發的，是一發就圓滿的初禪，後來還有更高的實證。所以這一些人腦袋瓜是有問題的，對禪定、或者對佛法、或者對解脫道，都是一知半解。

也就是說，一個「梵行已立」的人不會貪著人間的任何供養。如果要貪著供養，我何必一、二百萬又一、二百萬元這樣捐？不是個傻蛋嗎？我把錢留著就好了，根本不必受供養，我供養自己不行嗎？我如果每年供養自己一百萬元，日子多愜意？眞的很愜意！但我爲什麼每年這樣捐？我賺來的錢當然可以留著用，爲什麼不自己留著用？但是這樣子，也還是會有人故意罵我貪、說是爲了貪那七、八千萬元，所以故意去跑臺中一趟。

可是他沒講到說：去跑臺中那一趟，我是約楊先生請賴師兄當司機載著一起去的。我就是那一次在車上，藉機會把覺音論師的《清淨道論》三巨冊一目兩行，到臺中時我就讀完了。我就這樣讀完的，我讀那種書很快，因爲裡面寫的那些我用膝蓋就懂了，一目兩行掃過去，到臺中我就讀完了。如果說去臺中的目的是為了貪七、八千萬元的供養，那是不是楊先生、賴師兄兩個人也有分？是不是當初他們也同意說「咱們均分吧」？所以罵人也得要有智慧。

我今天正好談到「**聖法**」，就說有佛法實證而住於初禪，而且還在往前進發的人，就是「**梵行已立**」的人，從欲界來看，這就是「**聖法**」；他所學所修的法就是「**聖法**」，還先不談解脫道、佛菩提道的實證，只談這個世間道的禪定，修禪定時梵行已經成就，那不就是世間「**聖法**」嗎？有這個世間「**聖法**」的人還會貪世間的七、八千萬元？老實說人間現在若是有一個轉輪聖王要給我當，我還棄如敝屣。沒有誰可以勉強我去當，只有 佛說現在需要你去當，那我才去，否則我還不想幹。轉輪王再不濟也能夠擁有一個天下——四大天下之一，連這個都不看在眼裡了，還看那七、八千萬元，還不是美金！所以說他們的智慧很有問題，這表示他們對「**聖法**」完全不解。

因此「**聖法**」之所以為聖，有一個必須的基礎條件，就是無私；能夠往生到忉利天，所謂得道生天的人就已經有這種世間「**聖法**」了，更何況是超越欲界層次而到達色界天的人。可是雖然說證得色界境界的人很神聖，已經非世間、非人間之所能想像，然而從聲聞聖者的眼光來看，這根本不值一提，爲什麼呢？因爲初果人一看就說：「這個人，我見都沒斷，只是個異生。」「異生」這兩個字是罵人。初果人罵人不帶髒話，他說這個人不過是個異生，異生是說他身上還有異生性。人之所以能保住人身，是因爲他具有人的格。如果有的人專門燒殺擄掠、竊盜、欺騙錢財等，這個人就沒有人的格，表示他死後會墮落三惡道，所以叫作異生性。但只要我見眞的斷了，永遠不入三惡道，就說他的異生性永滅。

初果人是有資格講這些話的，因爲他一看，知道這些人都沒有斷我見，三縛結分明存在，所以這些人是異生凡夫；雖然現在還有人身，但也許某一個因緣被誘惑了，比如人家要供養七、八千萬元，他被誘惑了，拿了錢私吞以後，下輩子呢？人家是要供養三寶的錢，他拽進自己口袋裡去，下輩子當然不在人間，那就是異生。初果人有資格罵人家是異生，問題來了，三果人雖然不會瞧不起他人，然而心中會有一個作意生起；雖然心中沒有語言文字，但有這個作意：你也只是個凡夫。諸位有沒有覺得很詫異？「初果聖人，你怎麼還說他是個凡夫？」我偏說他是個凡夫，因爲他叫作須陀洹，須陀洹名爲預流；預流是什麼意思？預入聖流。表示他還不是眞正的聖人，但因爲斷了三縛結，所以預先把他列入聖人之流。

預先列入，表示他不是眞的，所以他還不是聖人。相對於世間的凡夫，說他叫作初果的聖人，那只是建立而已。在解脫道中眞正的聖人，二果還輪不到，得要三果開始。三果爲什麼稱之爲聖人？因爲他得有餘涅槃——有餘惑未斷、有餘生未盡，依這個道理而說他將來一定會次第往無餘涅槃前進，永不退還，所以才說他是聖人，說他得有餘涅槃，這樣的人才叫作聖人。所以聖人的基本條件是什麼？到達色界境界，「梵行已立」，接著一步一步邁向無餘涅槃永遠不會退轉，這樣才能稱爲眞正的聖人。所以三果人所得的法、所證的境界，才能稱之爲「聖法」，這樣來看初果、二果時又不算什麼了，所以證得初果、二果可以用下巴看人嗎？不行！這三果、四果的修行之道，讓他可以到達三果、四果之道，就是「聖法」。這個「聖法」可是眞正的聖，因爲三果、四果這兩種聖人都是出世間聖，沒有人可以反對的。

可是從緣覺的解脫智慧來看，又覺得阿羅漢不算什麼，因爲不懂因緣法，所以緣覺之法也是「聖法」。再從菩薩來看，例如諸位證得第一義諦，現觀一切有情莫不都有眞如；而這眞如恆時遍一切處，都顯示出祂的眞實與如如，永不改易其性，而這眞如就是涅槃，都看清楚了。這時聲聞或者緣覺兩種聖人來到面前，他要怎麼開口跟你們這些實證的菩薩說法？因爲他所講的，你們《阿含正義》讀過已經知道了；但是你隨便講一句話，他心裡面就矇了。比如問他們：「你們會走路嗎？」他們剛開始也許想：「豈有此理！我們都快捨壽了，怎麼問我們會不會走路，我們都走到你面前來了。」所以他們回答你時理直氣壯：「當然會走路，我們都到你面前來了。」你就說：「那不然你們再走走看。」他們就大搖大擺再走一遍，你說：「原來你們不會走路。」他們得要問你，因爲他們兩個人都是聖人，一個阿羅漢、一個緣覺，豈能隨意受人籠罩？得要問你：「那你說，我們不會走路，你得有個道理開示給我們吧？」你很簡單一句話就問他們：「我請問你們，你們走路到我面前來時，有事有理；事則不問，你且說說理。」然後你就看他們怎麼說。他們這時候如果不是張口結舌，那就是口掛壁上。

這時他們杵在當場，開不得口，你正好乘勝追擊，讓他們對菩薩更服氣，你就問他們：「請問兩位聖者、兩位應供，你們百年後入了無餘涅槃，無餘涅槃裡面是什麼？」管叫他們開不得口，他們能怎麼答？他們對第一義諦完全不懂，這時他們就懂了：「啊呀！原來菩薩的聖法遠超過我們。」可是菩薩證悟以後有了「聖法」，可以拿下巴看人嗎？也不行啦！雖然聲聞、緣覺來到你面前開不得口，但還是不能用下巴看人的，因爲你剛剛進入第七住位，也許前面老兄他是九住位、十住位，也許鄰坐師姊她是十住滿心要轉入初行位去了，因爲人家看見佛性了，你還沒看見。就算看見佛性了，很厲害吧？厲害啊！行！那請你來講講《楞嚴經》吧！是呀！

所以「聖法」的層次差別很多，不說他是十住位、初行位菩薩，你找一個初地菩薩來講《楞嚴經》，他心中也會畏畏縮縮的。我告訴你，他還是畏縮縮的，因爲要談到五陰盡，不容易啊！先要能夠作教判，才有辦法講那五陰盡，才能把五陰盡的位階判清楚，可是要判教並不容易。這樣看來，好像能夠講《楞嚴經》就是很行的人，可以用下巴看人了？還是不行，當菩薩就不許用下巴看人，因爲人外有人、天外有天，菩薩之外還有佛。所以，「聖法」千差萬別，函蓋無邊無際，沒有誰可以傲視於人。

也許有人想：「你講的有問題吧！成佛了，不就行了嗎？無上至尊！」我說：「成佛了，如果還會傲視於人，表示他仍不是佛，因為他的習氣種子還沒有斷盡，都還沒有進入第八地。」所以這樣說來，佛道之中好像沒有誰可以傲視於人，眞悲哀！其實不悲哀，這才是眞正的「聖法」。所以你看，「聖法」的層次差別其實非常多，但這不是短短一、兩個鐘頭可以講清楚的；因為光三賢位就要講很久了，如果還要再往十地去講，每一地各有二種愚要斷，各有兩種智慧要證，那你講到什麼時候？只能夠略說。也眞的是略說，因為我沒有打草稿，當然叫略說。

這樣看來「聖法」千差萬別，這一句聖教裡面講的「聖法」到底該定義在哪裡？到底該定義在哪裡？這可以從第一義諦的實證中最基本的見道來說，而且是見道位中的眞見道來說就夠了。大乘的見道有三位差別，第一位就是眞見道位，當你證得「無名相法」如來藏時，現前觀察如來藏在一切時、一切處運作的過程當中，也就是於一切行當中，都顯示祂的眞實與如如的法性，永遠不易其性，永遠都不改易。這時由眞如來反觀三界一切諸法，不論哪一類的有情，也不論哪一類有情世間的一切法，莫非生滅無常，所以這時也同時不退轉於二乘見道。這是要有現觀的，如果聽來的就不算數；這時叫作眞見道，有了無分別智。

但這個無分別智只是根本無分別智，再從這個階段繼續深觀作各種的觀察，就漸漸產生後得無分別智，那就是相見道位的無分別智。這第二位的相見道位要修什麼？有三品心。這三品心都不是安立諦，都屬於非安立諦；這三品心修行完成，需要的過程得很久，是從第七住位的初心到十迴向位的滿心才算修完。修這三品心，講起來很簡單，可是諸位去讀《大品般若》六百卷，看裡面講得那麼繁瑣，有時讀起來都覺得：佛陀講《大般若經》時似乎好囉嗦，有時一句話就有幾十個字。如果沒有實證，只有經文，你讀到中間時已經忘了前半句是講什麼；再讀到後面時，中間講的大約也忘了。讀這麼一句話，得要反反覆覆讀很多遍，才終於好像懂了：喔！原來大概是講這樣。也就只是大概而已。只有實證了，才能夠眞的讀懂。

那麼 佛陀從世間法講到世出世間法，然後說一切都無——一切法空。這時很多人就誤會了，包括釋印順在內，才會亂判教說：第二轉法輪的般若諸經講的就是性空唯名。意思是，全部都只有名相，講的就是一切都空。所以他就把地獄也空掉，不相信有地獄；把天界也空掉，不信有天界，那就落入頑空去了。所以這個眞見道沒那麼容易實證，相見道位的「聖法」也不容易修學。

在相見道位就是要學那麼多東西，《大品般若》六百卷所講的東西，要經歷很多世、很多劫不斷去重複熏習、重複觀察，配合你所修集的福德，配合你修除性障的心境，因此發起了不退的初禪；然後加修安立諦十六品心及九品心，成爲阿羅漢。這時可以入地了，所以每天都在佛前發十無盡願，發願到心中一點遲疑都沒有，也就是心得決定了，這就是你的增上意樂已經清淨了，這時才算眞的入地；這叫作通達位，也還是見道。所以你看，二乘見道有時一個小時完成，鈍的人三、四個月也可以完成。大乘的相見道是要很多劫、很多劫再加很多劫才能實證，因爲那是一大阿僧祇劫的三十分之二十四，那要修多久？這也是「聖法」。

但是這樣增上意樂清淨終於進入初地了，每一世都可以入無餘涅槃，依著十無盡願世世受生人間利樂有情，這樣能公開爲人宣講《楞嚴經》了吧？還不行！沒那麼容易的。所以「聖法」的層次差別，不是一般人之所能知。

如果「聖法」是一般人就能知道的，就不會有今天的正覺同修會。諸位想想看，增上班的同修們我就不說，說我們這些老師們，他們證悟後這麼久了，也上來當老師了，我不曾發過薪水給他們，也沒發過車馬費給他們；他們來講堂禪淨班爲大家上課、或在進階班爲大家上課，都得自己花車錢來。可是爲什麼他們不辭辛苦願意繼續作？因爲正覺還有學不完的法，「聖法」太多了，學不完；因此，都當老師了還繼續待在正覺，一定有他們的道理。

要是在世間法中，老闆的技術手腕都學會了，那就自立門戶去了；如果徒弟每年過年時還來向他拜年，就算看得起和感恩了。對吧？世間法是這樣的。可是你們看，我們會裡的老師們悟了繼續留下來，還義務開班授課，那你想這個「聖法」有那麼容易就學得完嗎？看我這個人傻不拉嘰，賺錢自己不會花，拿來布施。我出世弘揚最了義的究竟法，是可以受供養的；我就算受了供養，一個月收一百萬元供養也不爲過吧？可是我一毛錢也不要！不是說不要一毛錢而要一百萬，而是說連一毛錢這麼少也都不要，這不是天下特大號的傻瓜嗎？可是我不傻，你們聽我講經說法二十幾年了，有覺得我傻嗎？我聰明得很，我這算盤揹在背上，每天算著支出了這一些世間財，知道這邊少了一塊錢，那邊功德法財便多了一千萬元，可以每天算計著。這表示什麼呢？這是一個譬喻，當然我從來沒有算過，我就只是去作。這表示我認爲：我所知的「聖法」猶在少數，所不知的「聖法」依舊是多數，所以我要繼續努力。當我的福德更大了，那在「聖法」上的實證就可以更多，這是我的想法。所以不要小看「聖法」，但也不要因爲我們了知的「聖法」層次這麼高，就對世間的世間聖人瞧不起，只想著他們不懂三乘菩提；千萬不要如此，因爲「聖法」修得越好，越是與眾生無爭；除非是殘害眾生法身慧命的那一些惡人，否則絕對與眾生無爭。那請問：當你走過石頭公廟、有應公廟或者萬聖公廟，還會再去歧視他們嗎？再也不了，因爲你還想要攝受他們，爲什麼要輕視他們呢？

所以有時看見某些比丘尼走進了道教的廟裡面時，瞧不起那道教裡的神。你們出家人悟後不會如此，但是我親眼看過出家人如此。我倒覺得，她們是佛門三寶，應當要攝受鬼神們，爲什麼看不起他們？妳進了廟對他恭敬一下，只是問個訊，會少掉一塊肉嗎？不會啊！妳跟他問個訊，將來他投生到人間來就被妳攝受了，爲什麼不作？但她們就是在戒場被教壞了，因爲戒師教她們：妳們現在是三寶之一，所以妳們是被人家歸依的，不許再親近鬼神、不許禮拜父母……等。就教了一大堆，還沒有受三壇大戒之前都還好，受了三壇大戒回來就變了個樣。

這不是她們的問題，是戒師的問題。這表示：那些傳戒的戒師們沒有第一義諦的「**聖法**」，連二乘方便法的眞實義都沒有，才會這樣教導。所以我假使去到某個地方，必須進入道教的廟裡，或者不說道教的廟裡，就算是民間信仰的有應公、大樹公那一種鬼神廟，我也一樣對他們合掌說「阿彌陀佛」！表面看來我是在恭敬他們，可是未來世呢？大家要懂這個道理呵！當菩薩不可以只看現世，要看三世。

這樣子瞭解到，一個實證了義「**聖法**」的人，都沒有因緣、沒有資格、沒有機會可以輕視於一切有情，因爲現前看見一切有情和自己一樣都有眞如佛性，看見他們的眞如分明運行，也看見他們的佛性不斷地運作，那表示他們將來也會成佛。如果你成佛很久了，有一個有情後來終於成佛了，有一天他從很遙遠的世界給你一個念頭跟你感應說：「**我在千百萬億阿僧祇劫前，就是被你侮辱過的那一隻螞蟻。**」那你怎麼感覺？眞的要這樣想，所以當你有慈心時，「聖法」就跟著增長。

我剛好有一個例子可以說給諸位聽，我家裡正在作圍牆工程，都是爛泥巴；有一隻青蛙跳進爛泥巴裡面，眼睛也都看不見了，呼吸也困難，在那邊爬呀爬的，我伸手輕輕把牠抓起來放在空拳中，牠一動都不動，表示牠覺得很安心。一般被抓時會怎麼樣？會掙扎，可是牠都沒有動，表示牠感受到我沒有惡意，然後我把牠輕輕一丟，丟到水池裡；才過一會兒，牠在那邊呱呱呱、呱呱呱，似乎很喜歡的樣子。這就是說，你要是眞的實證「聖法」時，就不該有任何的心態去輕視人；可是該你當惡人時還是幹了，因爲那個人要殺害千萬人，來不及阻止了，唯一能阻止的辦法就是殺掉他，那時就殺了，就是這樣子。

那麼這樣看來，「聖法」之所以爲聖，有其原因：第一、就是在人間無私，以大公之心爲大眾作事；第二、就是「梵行已立」，得證色界清淨行的境界；第三、就是二乘出世間道的見道乃至薄貪瞋癡，因爲這已經超越世間人，所以名之爲聖；第四、就是步步邁向涅槃永不退還，以及阿羅漢捨壽入無餘涅槃，未捨壽前成爲人天應供；第五、緣覺也是出世的聖者，緣覺比獨覺好，獨覺不說法，緣覺會爲眾生說法，表示他悲心比獨覺更強；第六、就是菩薩，證悟的菩薩也稱之爲聖者，所以才剛證悟不退轉的人，就稱之爲菩薩摩訶薩；接著第七、就是入地乃至於八地、諸佛如來究竟地，這些都是聖者。這一些聖者之中，有的是世間聖，有的是出世間聖，有的是世出世間聖；但這一切的聖者之中，唯有佛菩提道中的聖者，才能夠是這一句話所說的「聖法」中的聖者，爲什麼呢？因爲這一句聖教說：「**於聖法中拔斷一切諸見根本。**」

「**一切諸見**」是從哪裡來的？這個問題且置，先說什麼叫「**一切諸見**」。「見」有很多種，世間人說他們父子不合，肇因於意見不同。意見不同導致父子不合，那母女之間、夫妻之間不也是一樣嗎？都是因爲意見不合所以吵架，吵久了就變成冤家，甚至變成仇家。意見不合就表示：兩個人所說的見解可能全部都錯了，也可能一個人對而另一個人錯；也可能兩個人都對，但是立場不同。你看，兩個人之間就有這麼多的變化，如果談到修行：什麼叫作解脫？那就有很多的見解了，所以《阿含經》中說有六十二種外道見，還有九十六種外道見，這表示見解是非常多的。

那麼那一些邪見固然是世間的錯誤見解，如果是世間法中正確的見解，譬如生天一定就是要行十善，要保住人身當然得要持五戒。如果想要求解脫，第一步也是要受五戒；最好加上八關齋戒，如果不適合每天持，那六齋日也行。這就是正見——出世間道的基本正見，這也是見。如果想要實證解脫，那就得要好好修學定力，然後要斷除三縛結，這也是見。所以初果人能為人說法，是因為他有見地，這時不叫作知見了。接著說阿羅漢，聲聞、菩薩莫不有見，可是問題來了，既然三乘聖者莫不有見，菩薩也跟大家討論這一些見；但是菩薩講完了，一定會說「於我心中一見也無」。為什麼菩薩講了一大堆見解，讓聲聞緣覺都無法回嘴以後，竟然說他心中一見也無，這是什麼道理？因為他是依所轉依的眞如境界而說。

剛才為聲聞緣覺講了一大堆的見，都是為人方便施設的悉檀，就是為了使聲聞緣覺瞭解佛菩提道的勝妙，願意迴心轉入佛菩提道來，這是他的為人悉檀；但他依為人悉檀講出來的，卻是第一義悉檀；既然講了第一義悉檀，攝受了這兩種聖人，他當然要回歸到自己的境界來，所以說：「就如我所見，無一見可言。」這時聲聞緣覺不信也得信，明明菩薩講了很多勝妙的見解，最後竟然說他心中無一見可得，也無一見可說，不懂啊！那麼每一次見了菩薩，總是看見菩薩滔滔不絕，如行雲流水一直講下去，想想自己枉為聖人，竟然插不上嘴，於是想要考慮修學佛菩提道了。可是一時間放不下涅槃，好不容易可以脫離三界生死的痛苦，現在又要重新再投入佛菩提道中，得要生生世世繼續在人間流轉生死，病還得病、痛還得痛、餓還得餓、寒熱還得寒熱，可就費思量了。

但是聲聞緣覺逐日裡跟菩薩接觸，聽聞菩薩說法時又捨不得不聽，於是每天來聽菩薩說法；聽久了以後，有一句現代的名詞叫什麼？「洗腦成功」，他們不知不覺變成菩薩種性了，於是有一天終於下定決心：「好啦！不入無餘涅槃了，跟著菩薩修學。」但是菩薩每一次說法完，一定告訴他：「於聖法中拔斷一切諸見根本。」他們總得要問：「為什麼菩薩於聖法中拔斷一切諸見根本？」菩薩當然得要開示，收了兩個聖人徒弟，哪能不開示？一定要讓他們體會到這個真實義，於是菩薩說了：在真正的「聖法」中以真如為體，真如以「無名相法」如來藏心為體；在如來藏顯示出真如法性的過程當中，顯示著如來藏永遠都是真如，無一時一刻、無一剎那不是真如，所以永遠都是眞實而如如；眞實而如如的境界是第八識如來藏的境界，一切的見解則是七轉識的境界，所以一切諸見莫非以七轉識爲根本。

這兩個聖弟子當然要繼續問：「爲何一切諸見皆以七轉識爲根本？」菩薩當然要開示：「一切諸見緣於七轉識的見聞覺知，由於七轉識在六塵境界中不斷生起見聞覺知，所以有種種的了別；有了了別性就產生出各種語言音聲互相溝通，於是藉著語言文字互相溝通之中作了各種思惟，因此就有了種種諸見的產生，所以種種諸見的產生是緣於覺觀，而覺觀之所從來則是七轉識，然而七轉識生滅無常，不是諸法之體，諸法是以如來藏妙眞如性爲體；而如來藏妙眞如性無有任何諸見，因爲祂離見聞覺知，恆離覺觀。」這樣一來就可以瞭解了，世尊說的「於聖法中拔斷一切諸見根本」，到底是拔斷了什麼？也就是依著所證的「無名相法」的妙眞如性來現觀一切諸法時，知道一切諸法緣於覺觀，而覺觀緣於七轉識，都是因爲妄心的覺觀才產生了一切諸見。但從眞如來看七轉識等一切法時，了知唯有眞如才是眞實，而眞如的境界中無一切諸見；有一切諸見的七轉識卻是可滅的、是生滅的，這時轉依了眞如境界而住時，也就沒有任何諸見可說了。

所以接著就爲兩個聖弟子開示說：「因此每一次我爲諸位說明種種諸法，引導諸位趣入佛菩提道之後，總是要依著我自住的境界說，而我心中沒有一見可得。」這時兩位聖弟子一定怎麼樣說？「師父！我懂了！我懂了！拜您作老師，拜您作師父。」因爲他剛才都已經不知不覺稱菩薩爲師父了。那麼這樣子，菩薩攝受佛土就會有很大的進展，這兩個徒弟，一個是阿羅漢，一個是緣覺，這是很得力的助手。因此由這個地方來看，從 世尊開示的這麼簡單一句話，來瞭解、看佛法到底是不是很容易理解的？不是喔！我已經跟諸位講到這麼明白了，諸位都還說不是。

但反過來，我要說諸位講的對，因爲佛法確實很難理解，不是容易理解的。因此，當我們進入佛菩提道時，要怎麼樣去長時間熏習自己心中的佛法種子，使自己可以快速的增長這一些佛法種子，讓自己的佛菩提種子快速增長？然後有一天水到渠成自然就實證了。這一實證就轉入另一個階段，因爲你自己親自走過來了，其中的種種都知道了，從此以後你總是有許多的方便善巧去接引眾生，而你心中很清楚知道「聖法」中一定是「拔斷一切諸見根本」的；雖然常常爲眾生有所論說，不是爲了爭論，而是爲了攝受有情、利益有情，因爲你心中已經「拔斷一切諸見根本」了。

縱使悟後依然每週來正覺上課，也每週來正覺聽經，這也是爲了增長自己對於「聖法」的實證層次，拉高這個層次，但依舊是依於眞見道位的這個「拔斷一切諸見根本」來說的。所以在這一句聖教中，佛說的這個「聖法」指的就是眞見道位的法；因此說，這眞見道位的功德已經能夠瞭解這一句經文的道理，只是如果沒有善知識詳細加以闡釋出來的話，可能一時間不會聯想到；但我跟你們說明了，例如你們證得眞如已經在增上班的人，聽完了就能確定：果然！因爲眞如的境界中確實沒有「一切諸見」。那麼沒有一切諸見的原因，則是因爲你把虛妄的七轉識否定了，把七轉識迴過頭來轉依眞如時，就沒有任何一見可言了。好，今天講到這裡。

（詳後第十輯中續說。）

佛教正覺同修會〈修學佛道次第表〉

第一階段

＊以憶佛及拜佛方式修習動中定力。
＊學第一義佛法及禪法知見。
＊無相拜佛功夫成就。
＊具備一念相續功夫—動靜中皆能看話頭。
＊努力培植福德資糧，勤修三福淨業。

第二階段

＊參話頭，參公案。
＊開悟明心，一片悟境。
＊鍛鍊功夫求見佛性。
＊眼見佛性〈餘五根亦如是〉親見世界如幻，成就如幻觀。
＊學習禪門差別智。
＊深入第一義經典。
＊修除性障及隨分修學禪定。
＊修證十行位陽焰觀。

第三階段

＊學一切種智真實正理—楞伽經、解深密經、成唯識論…。
＊參究末後句。
＊解悟末後句。
＊透牢關—親自體驗所悟末後句境界，親見實相，無得無失。
＊救護一切眾生迴向正道。護持了義正法，修證十迴向位如夢觀。
＊發十無盡願，修習百法明門，親證猶如鏡像現觀。
＊修除五蓋，發起禪定。持一切善法戒。親證猶如光影現觀。
＊進修四禪八定、四無量心、五神通。進修大乘種智，求證猶如谷響現觀。

佛菩提二主要道次第概要表——二道並修，以外無別佛法

佛菩提道——大菩提道

遠波羅蜜多

資糧位

十信位修集信心——一劫乃至一萬劫

初住位修集布施功德（以財施爲主）。

二住位修集持戒功德。

三住位修集忍辱功德。

四住位修集精進功德。

五住位修集禪定功德。

六住位修集般若功德（熏習般若中觀及斷我見，加行位也）。

外門廣修六度萬行

見道位

七住位明心般若正觀現前，親證本來自性清淨涅槃。

八住位起於一切法現觀般若中道。漸除性障。

十住位眼見佛性，世界如幻觀成就。

一至十行位，於廣行六度萬行中，依般若中道慧，現觀陰處界猶如陽焰，至第十行滿心位，陽焰觀成就。

一至十迴向位熏習一切種智；修除性障，唯留最後一分思惑不斷。第十迴向滿心位成就菩薩道如夢觀。

內門廣修六度萬行

初地：第十迴向位滿心時，成就道種智一分（八識心王一一親證後，領受五法、三自性、七種第一義、七種性自性、二種無我法）復由勇發十無盡願，成通達位菩薩。復又永伏性障而不具斷，能證慧解脫而不取證，由大願故留惑潤生。此地主修法施波羅蜜多及百法明門。證「猶如鏡像」現觀，故滿初地心。

二地：初地功德滿足以後，再成就道種智一分而入二地；主修戒波羅蜜多及一切種智。滿心位成就「猶如光影」現觀，戒行自然清淨。

解脫道：二乘菩提

→ 斷三縛結，成初果解脫

→ 薄貪瞋癡，成二果解脫

→ 斷五下分結，成三果解脫

入地前的四加行令煩惱障現行悉斷，成四果解脫，留惑潤生。分段生死已斷，煩惱障習氣種子開始斷除，兼斷無始無明上煩惱。

近波羅蜜多

修道位

三地：二地滿心再證道種智一分，故入三地。此地主修忍波羅蜜多及四禪八定、四無量心、五神通。能成就俱解脫果而不取證，留惑潤生。滿心位成就「猶如谷響」現觀及無漏妙定意生身。

四地：由三地再證道種智一分故入四地。主修精進波羅蜜多，於此土及他方世界廣度有緣，無有疲倦。進修一切種智，滿心位成就「如水中月」現觀。

五地：由四地再證道種智一分故入五地。主修禪定波羅蜜多及一切種智，斷除下乘涅槃貪。滿心位成就「變化所成」現觀。

六地：由五地再證道種智一分故入六地。此地主修般若波羅蜜多——依道種智現觀十二因緣一一有支及意生身化身，皆自心真如變化所現，「非有似有」，成就細相觀，不由加行而自然證得滅盡定，成俱解脫大乘無學。

七地：由六地「非有似有」現觀，再證道種智一分故入七地。此地主修一切種智及方便波羅蜜多，由重觀十二有支一一支中之流轉門及還滅門一切細相，成就方便善巧，念念隨入滅盡定。滿心位證得「如犍闥婆城」現觀。

七地滿心斷除故意保留之最後一分思惑時，煩惱障所攝色、受、想三陰有漏習氣種子全部斷盡。

大波羅蜜多

八地：由七地極細相觀成就故再證道種智一分而入八地。此地主修一切種智及願波羅蜜多。至滿心位純無相觀任運恆起，故於相土自在，滿心位復證「如實覺知諸法相意生身」故。

九地：由八地再證道種智一分故入九地。主修力波羅蜜多及一切種智，成就四無礙，滿心位證得「種類俱生無行作意生身」。

十地：由九地再證道種智一分故入此地。此地主修一切種智——智波羅蜜多。滿心位起大法智雲，及現起大法智雲所含藏種種功德，成受職菩薩。

等覺：由十地道種智成就故入此地。此地應修一切種智，圓滿等覺地無生法忍；於百劫中修集極廣大福德，以之圓滿三十二大人相及無量隨形好。

煩惱障所攝行、識二陰無漏習氣種子任運漸斷，所知障所攝上煩惱任運漸斷。

圓滿波羅蜜多

究竟位

妙覺：示現受生人間已斷盡煩惱障一切習氣種子，並斷盡所知障一切隨眠，永斷變易生死無明，成就大般涅槃，四智圓明。人間捨壽後，報身常住色究竟天利樂十方地上菩薩；以諸化身利樂有情，永無盡期，成就究竟佛道。

斷盡變易生死成就大般涅槃

圓滿成就究竟佛果

佛子蕭平實　謹製
（二〇〇九、〇二修訂）
（二〇一二、〇二增補）

佛教正覺同修會 共修現況 及 招生公告　2020/05/03

一、共修現況：（請在共修時間來電，以免無人接聽。）

台北正覺講堂 103 台北市承德路三段 277 號九樓 捷運淡水線圓山站旁
Tel..**總機** 02-25957295（晚上）（**分機：九樓**辦公室 10、11；知客櫃檯 12、13。 **十樓**知客櫃檯 15、16；書局櫃檯 14。 **五樓**辦公室 18；知客櫃檯 19。**二樓**辦公室 20；知客櫃檯 21。）
Fax..25954493

第一講堂　台北市承德路三段 277 號九樓

禪淨班：週一晚班、週三晚班、週四晚班、週五晚班、週六下午班、週六上午班（共修期間二年半，全程免費。皆須報名建立學籍後始可參加共修，欲報名者詳見本公告末頁。）

增上班：瑜伽師地論詳解：單週六晚班。雙週六晚班（重播班）。17.50～20.50。平實導師講解，2003 年 2 月開講至今，僅限已明心之會員參加。

禪門差別智：每月第一週日全天　平實導師主講（事冗暫停）。

不退轉法輪經詳解　本經所說妙法極爲甚深難解，時至末法，已然無有知者；而其甚深絕妙之法，流傳至今依舊多人可證，顯示佛法眞是義學而非玄談，其中甚深極妙令人拍案稱絕之第一義諦妙義。已於 2019 年元月底開講，由平實導師詳解。每逢週二晚上開講，第一至第六講堂都可同時聽聞，歡迎菩薩種性學人，攜眷共同參與此殊勝法會現場聞法，不限制聽講資格。本會學員憑上課證進入第一至第四講堂聽講，會外學人請以身分證件換證進入聽講（此爲大樓管理處安全管理規定之要求，敬請諒解）；第五及第六講堂（B1、B2）對外開放，不需出示任何證件，請由大樓側門直接進入。

第二講堂　台北市承德路三段 267 號十樓。

不退轉法輪經詳解：平實導師講解。每週二 18.50~20.50 影像音聲即時傳輸

禪淨班：週一晚班。

進階班：週三晚班、週四晚班、週五晚班、週六早班、週六下午班。禪淨班結業後轉入共修。

第三講堂　台北市承德路三段 277 號五樓。

不退轉法輪經詳解：平實導師講解。每週二 18.50~20.50 影像音聲即時傳輸

禪淨班：週六下午班。

進階班：週一晚班、週三晚班、週四晚班、週五晚班。

第四講堂　台北市承德路三段 267 號二樓。

不退轉法輪經詳解：平實導師講解。每週二 18.50~20.50 影像音聲即時傳輸

進階班：週一晚班、週三晚班、週四晚班（禪淨班結業後轉入共修）。

第五、第六講堂

不退轉法輪經詳解：平實導師講解。每週二 18.50~20.50 影像音聲即時傳

輸。第五、第六講堂為**開放式講堂**，不需以身分證件換證即可進入聽講，台北市承德路三段 267 號地下一樓、地下二樓。每逢週二晚上講經時段開放給會外人士自由聽經，請由大樓側面梯階逕行進入聽講。**聽講者請尊重講者的著作權及肖像權，請勿錄音錄影，以免違法；若有錄音錄影被查獲者，將依法處理。**

念佛班 每週日晚上，第六講堂共修（B2），一切求生極樂世界的三寶弟子皆可參加，不限制共修資格。

進階班：週一晚班、週三晚班、週四晚班。

正覺祖師堂 桃園市大溪區美華里信義路 650 巷坑底 5 之 6 號（台 3 號省道 34 公里處 妙法寺對面斜坡道進入）電話 03-3886110 傳眞 03-3881692 本堂供奉 克勤圓悟大師，專供會員每年四月、十月各三次精進禪三共修，兼作本會出家菩薩掛單常住之用。開放參訪日期請參見本會公告。教內共修團體或道場，得另申請其餘時間作團體參訪，務請事先與常住確定日期，以便安排常住菩薩接引導覽，亦免妨礙常住菩薩之日常作息及修行。

桃園正覺講堂（第一、第二講堂）：桃園市介壽路 286、288 號 10 樓（陽明運動公園對面）電話：03-3749363（請於共修時聯繫，或與台北聯繫）

禪淨班：週一晚班（1）、週一晚班（2）、週三晚班、週四晚班、週五晚班。

進階班：週四晚班、週五晚班、週六上午班。

增上班：雙週六晚班（增上重播班）。

不退轉法輪經詳解：平實導師講解。每週二晚上，以台北正覺講堂所錄 DVD 放映；歡迎會外學人共同聽講，不需出示身分證件。

新竹正覺講堂 新竹市東光路 55 號二樓之一 電話 03-5724297（晚上）

第一講堂：

禪淨班：週五晚班。

進階班：週三晚班、週四晚班、週六上午班（由禪淨班結業後轉入共修）。

增上班：單週六晚班。雙週六晚班（重播班）。

不退轉法輪經詳解：平實導師講解。每週二晚上，以台北正覺講堂所錄 DVD 放映。歡迎會外學人共同聽講，不需出示身分證件。

第二講堂：

禪淨班：週一晚班、週三晚班、週四晚班、週六上午班。

不退轉法輪經詳解：每週二晚上與第一講堂同步播放講經 DVD。

第三、第四講堂：裝修完畢，即將開放。

台中正覺講堂 04-23816090（晚上）

第一講堂 台中市南屯區五權西路二段 666 號 13 樓之四（國泰世華銀行樓上。鄰近縣市經第一高速公路前來者，由五權西路交流道可以快速到達，大樓旁有停車場，對面有素食館）。

禪淨班：週四晚班、週五晚班。

進階班：週一晚班、週三晚班、週六上午班（由禪淨班結業後轉入共修）。

增上班：單週六晚班。雙週六晚班（重播班）。

不退轉法輪經詳解：平實導師講解。每週二晚上，以台北正覺講堂所錄 DVD 放映。歡迎會外學人共同聽講，不需出示身分證件。

第二講堂　台中市南屯區五權西路二段 666 號 4 樓

禪淨班：週一晚班、週三晚班。

第三講堂台中市南屯區五權西路二段 666 號 4 樓

禪淨班：週一晚班。

第四講堂台中市南屯區五權西路二段 666 號 4 樓。

進階班：週一晚班、週四晚班、週六上午班。由禪淨班結業後轉入共修。

不退轉法輪經詳解：每週二晚上與第一講堂同步播放講經 DVD。

嘉義正覺講堂　嘉義市友愛路 288 號八樓之一　電話：05-2318228

第一講堂：

禪淨班：週四晚班、週五晚班、週六上午班。

進階班：週一晚班、週三晚班（由禪淨班結業後轉入共修）。

增上班：單週六晚班。雙週六晚班（重播班）。

不退轉法輪經詳解：平實導師講解。每週二晚上，以台北正覺講堂所錄 DVD 放映。歡迎會外學人共同聽講，不需出示身分證件。

第二講堂　嘉義市友愛路 288 號八樓之二。

第三講堂　嘉義市友愛路 288 號四樓之七。

禪淨班：週一晚班、週三晚班。

台南正覺講堂

第一講堂　台南市西門路四段 15 號 4 樓。06-2820541（晚上）

禪淨班：週一晚班、週三晚班、週四晚班、週五晚班、週六下午班。

增上班：單週六晚班。雙週六晚班（重播班）。

第二講堂　台南市西門路四段 15 號 3 樓。

不退轉法輪經詳解：每週二晚上與第三講堂同步播放講經 DVD。

第三講堂　台南市西門路四段 15 號 3 樓。

進階班：週一晚班、週三晚班、週四晚班、週五晚班（由禪淨班結業後轉入共修）。

不退轉法輪經詳解：平實導師講解。每週二晚上，以台北正覺講堂所錄 DVD 放映。歡迎會外學人共同聽講，不需出示身分證件。。

高雄正覺講堂　高雄市新興區中正三路 45 號五樓 07-2234248（晚上）

第一講堂（五樓）：

禪淨班：週一晚班、週三晚班、週四晚班、週五晚班、週六上午班。

增上班：單週六晚班。雙週六晚班（重播班）。

不退轉法輪經詳解：平實導師講解。每週二晚上，以台北正覺講堂所錄 DVD 放映。歡迎會外學人共同聽講，不需出示身分證件。

第二講堂（四樓）：

進階班：週三晚班、週四晚班、週六上午班（由禪淨班結業後轉入共修）。

不退轉法輪經詳解：每週二晚上與第一講堂同步播放講經 DVD。

第三講堂（三樓）：

進階班：週四晚班（由禪淨班結業後轉入共修）。

香港正覺講堂

九龍觀塘，成業街 10 號，電訊一代廣場 27 樓 E 室。

（觀塘地鐵站 B1 出口，步行約 4 分鐘）。電話：(852) 23262231

英文地址：Unit E，27th Floor, TG Place, 10 Shing Yip Street, Kwun Tong, Kowloon

禪淨班：雙週六下午班、雙週日下午班、單週六下午班、單週日下午班

進階班：雙週五晚上班、雙週日早上班（由禪淨班結業後轉入共修）。

增上班：每月第一週週日，以台北增上班課程錄成 DVD 放映之。

增上重播班：每月第一週週六，以台北增上班課程錄成 DVD 放映之。

大法鼓經詳解：平實導師講解。每週六、日 19:00～21:00，以台北正覺講堂所錄 DVD 放映；歡迎會外學人共同聽講，不需出示身分證件。

美國洛杉磯正覺講堂　☆已遷移新址☆

825 S. Lemon Ave Diamond Bar, CA 91789 U.S.A.
Tel. (909) 595-5222（請於週六 9:00~18:00 之間聯繫）
Cell. (626) 454-0607

禪淨班：每逢週末 16：00~18：00 上課。

進階班：每逢週末上午 10：00~12：00 上課。

不退轉法輪經詳解：平實導師講解。每週六下午 13：30~15：30 以台北所錄 DVD 放映。歡迎各界人士共享第一義諦無上法益，不需報名。

二、招生公告

本會台北講堂及全省各講堂、香港講堂，每逢四月、十月下旬開新班，每週共修一次（每次二小時。開課日起三個月內仍可插班）；**但美國洛杉磯共修處之禪淨班得隨時插班共修。各班共修期間皆為二年半，全程免費，欲參加者請向本會函索報名表**（各共修處皆於共修時間方有人執事，非共修時間請勿電詢或前來洽詢、請書），**或直接從本會官方網站**(http://www.enlighten.org.tw/newsflash/class)**或成佛之道網站下載報名表**。共修期滿時，若經報名禪三審核通過者，可參加四天三夜之禪三精進共修，有機會明心、取證如來藏，發起般若實相智慧，成為實義菩薩，脫離凡夫菩薩位。

三、新春禮佛祈福 農曆年假期間停止共修：自農曆新年前七天起停止共修與弘法，正月 8 日起回復共修、弘法事務。新春期間正月初一～初七 9.00～17.00 開放台北講堂、正月初一~初三開放新竹、台中、嘉義、台南、高雄講堂，以及大溪禪三道場（正覺祖師堂），方便會員供佛、祈福及會外人士請書。美國洛杉磯共修處之休假時間，請逕詢該共修處。

密宗四大派修雙身法，是外道性力派的邪法；又以生滅的識陰作為常住法，是常見外道，是假的藏傳佛教。

西藏覺囊巴以他空見弘揚第八識如來藏勝法，才是真藏傳佛教

佛教正覺同修會　弘法行事表

2019/02/18

1、**禪淨班**　以無相念佛及拜佛方式修習動中定力，實證一心不亂功夫。傳授解脫道正理及第一義諦佛法，以及參禪知見。共修期間：二年六個月。每逢四月、十月開新班，詳見招生公告表。

2、**進階班**　禪淨班畢業後得轉入此班，進修更深入的佛法，期能證悟明心。各地講堂各有多班，繼續深入佛法、增長定力，悟後得轉入增上班修學道種智，期能證得無生法忍。

3、**增上班 瑜伽師地論**詳解　詳解論中所言凡夫地至佛地等 17 師之修證境界與理論，從凡夫地、聲聞地……宣演到諸地所證無生法忍、一切種智之眞實正理。由平實導師開講，每逢一、三、五週之週末晚上開示，僅限已明心之會員參加。2003 年二月開講至今，預定 2019 年講畢。

4、**不退轉法輪經**詳解　本經所說妙法極爲甚深難解，時至末法，已然無有知者；而其甚深絕妙之法，流傳至今依舊多人可證，顯示佛法眞是義學而非玄談，其中甚深極妙令人拍案稱絕之第一義諦妙義。已於 2019 年元月底開講，由平實導師詳解。不限制聽講資格。

5、**精進禪三**　主三和尚：平實導師。於四天三夜中，以克勤圓悟大師及大慧宗杲之禪風，施設機鋒與小參、公案密意之開示，幫助會員剋期取證，親證不生不滅之眞實心——人人本有之如來藏。每年四月、十月各舉辦三個梯次；平實導師主持。僅限本會會員參加禪淨班共修期滿，報名審核通過者，方可參加。並選擇會中定力、慧力、福德三條件皆已具足之已明心會員，給以指引，令得眼見自己無形無相之佛性遍佈山河大地，眞實而無障礙，得以肉眼現觀世界身心悉皆如幻，具足成就如幻觀，圓滿十住菩薩之證境。

6、**阿含經**詳解　選擇重要之阿含部經典，依無餘涅槃之實際而加以詳解，令大眾得以現觀諸法緣起性空，亦復不墮斷滅見中，顯示經中所隱說之涅槃實際—如來藏—確實已於四阿含中隱說；令大眾得以聞後觀行，確實斷除我見乃至我執，證得**見到**眞現觀，乃至**身證**……等眞現觀；已得大乘或二乘見道者，亦可由此聞熏及聞後之觀行，除斷我所之貪著，成就慧解脫果。由平實導師詳解。不限制聽講資格。

7、**解深密經**詳解　重講本經之目的，在於令諸已悟之人明解大乘法道之成佛次第，以及悟後進修一切種智之內涵，確實證知三種自性性，並得據此證解七眞如、十眞如等正理。每逢週二 18.50~20.50 開示，由平實導師詳解。將於《**不退轉法輪經**》講畢後開講。不限制聽講資格。

8、**成唯識論**詳解　詳解一切種智眞實正理，詳細剖析一切種智之微細深妙廣大正理；並加以舉例說明，使已悟之會員深入體驗所證如來藏之微密行相；及證驗見分相分與所生一切法，皆由如來藏—阿賴耶識—直接或展轉而生，因此證知一切法無我，證知無餘涅槃之本際。將於增上班《瑜伽師地論》講畢後，由平實導師重講。僅限已明心之會員參加。

9、**精選如來藏系經典**詳解　精選如來藏系經典一部，詳細解說，以此完全印證會員所悟如來藏之眞實，得入不退轉住。另行擇期詳細解說之，由平實導師講解。僅限已明心之會員參加。

10、**禪門差別智**　藉禪宗公案之微細淆訛難知難解之處，加以宣說及剖析，以增進明心、見性之功德，啓發差別智，建立擇法眼。每月第一週日全天，由平實導師開示，僅限破參明心後，復又眼見佛性者參加（事冗暫停）。

11、**枯木禪**　先講智者大師的《小止觀》，後說《釋禪波羅蜜》，詳解四禪八定之修證理論與實修方法，細述一般學人修定之邪見與岔路，及對禪定證境之誤會，消除枉用功夫、浪費生命之現象。已悟般若者，可以藉此而實修初禪，進入大乘通教及聲聞教的三果心解脫境界，配合應有的大福德及後得無分別智、十無盡願，即可進入初地心中。親教師：平實導師。未來緣熟時將於正覺寺開講。不限制聽講資格。

註：本會例行年假，自 2004 年起，改爲每年農曆新年前七天開始停息弘法事務及共修課程，農曆正月 8 日回復所有共修及弘法事務。新春期間（每日 9.00~17.00）開放台北講堂，方便會員禮佛祈福及會外人士請書。大溪區的正覺祖師堂，開放參訪時間，詳見〈正覺電子報〉或成佛之道網站。本表得因時節因緣需要而隨時修改之，不另作通知。

佛教正覺同修會　贈閱書籍 目錄

2018/10/20

1.**無相念佛**　平實導師著　回郵 36 元
2.**念佛三昧修學次第**　平實導師述著　回郵 52 元
3.**正法眼藏—護法集**　平實導師述著　回郵 76 元
4.**真假開悟簡易辨正法＆佛子之省思**　平實導師著　回郵 26 元
5.**生命實相之辨正**　平實導師著　回郵 31 元
6.**如何契入念佛法門**（附：印順法師否定極樂世界）平實導師著　回郵 26 元
7.**平實書箋**—答元覽居士書　平實導師著　回郵 52 元
8.**三乘唯識**—如來藏系經律彙編　平實導師編　回郵 80 元
（精裝本　長 27 cm　寬 21 cm　高 7.5 cm　重 2.8 公斤）
9.**三時繫念全集**—修正本　回郵掛號 52 元（長 26.5 cm×寬 19 cm）
10.**明心與初地**　平實導師述　回郵 31 元
11.**邪見與佛法**　平實導師述著　回郵 36 元
12.**甘露法雨**　平實導師述　回郵 36 元
13.**我與無我**　平實導師述　回郵 36 元
14.**學佛之心態**—修正錯誤之學佛心態始能與正法相應　孫正德老師著　回郵52元
附錄：平實導師著**《略說八、九識並存…等之過失》**
15.**大乘無我觀**—《悟前與悟後》別說　平實導師述著　回郵 36 元
16.**佛教之危機**—中國台灣地區現代佛教之真相（附錄：公案拈提六則）
平實導師著　回郵 52 元
17.**燈　影**—燈下黑（覆「求教後學」來函等）　平實導師著　回郵 76 元
18.**護法與毀法**—覆上平居士與徐恒志居士網站毀法二文
張正圜老師著　回郵 76 元
19.**淨土聖道**—兼評**選擇本願念佛**　正德老師著　**由正覺同修會購贈**　回郵52元
20.**辨唯識性相**—對「紫蓮心海《辯唯識性相》書中否定阿賴耶識」之回應
正覺同修會 台南共修處法義組 著　回郵 52 元
21.**假如來藏**—對法蓮法師《如來藏與阿賴耶識》書中否定阿賴耶識之回應
正覺同修會 台南共修處法義組 著　回郵 76 元
22.**入不二門**—公案拈提集錦 第一輯（於平實導師公案拈提諸書中選錄約二十則，
合輯爲一冊流通之）平實導師著　回郵 52 元
23.**真假邪說**—西藏密宗索達吉喇嘛《破除邪說論》真是邪說
釋正安法師著　上、下冊回郵各 52 元
24.**真假開悟**—真如、如來藏、阿賴耶識間之關係　平實導師述著　回郵 76 元
25.**真假禪和**—辨正釋傳聖之謗法謬說　孫正德老師著　回郵 76 元
26.**眼見佛性**—駁慧廣法師**眼見佛性的含義**文中謬說
游正光老師著　回郵 52 元

27.**普門自在**—公案拈提集錦 第二輯（於平實導師公案拈提諸書中選錄約二十則，合輯爲一冊流通之）平實導師著　回郵52元

28.**印順法師的悲哀**—以現代禪的質疑為線索　恒毓博士著　回郵52元

29.**識蘊真義**—現觀識蘊內涵、取證初果、親斷三縛結之具體行門。
—依《成唯識論》及《惟識述記》正義，略顯安慧《大乘廣五蘊論》之邪謬
平實導師著　回郵76元

30.**正覺電子報** 各期紙版本　免附回郵　每次最多函索三期或三本。
（已無存書之較早各期，不另增印贈閱）

31.**現代人應有的宗教觀**　蔡正禮老師 著　回郵31元

32.**遠惑趣道**—正覺電子報般若信箱問答錄　第一輯　回郵52元

33.**遠惑趣道**—正覺電子報般若信箱問答錄　第二輯　回郵52元

34.**確保您的權益**—器官捐贈應注意自我保護　游正光老師 著　回郵31元

35.**正覺教團電視弘法三乘菩提 DVD 光碟（一）**
由正覺教團多位親教師共同講述錄製 DVD 8片，MP3 一片，共9片。有二大講題：一爲「三乘菩提之意涵」，二爲「學佛的正知見」。內容精闢，深入淺出，精彩絕倫，幫助大眾快速建立三乘法道的正知見，免被外道邪見所誤導。有志修學三乘佛法之學人不可不看。（製作工本費100元，回郵 52元）

36.**正覺教團電視弘法 DVD 專輯（二）**
總有二大講題：一爲「三乘菩提之念佛法門」，一爲「學佛正知見（第二篇）」，由正覺教團多位親教師輪番講述，內容詳細闡述如何修學念佛法門、實證念佛三昧，以及學佛應具有的正確知見，可以幫助發願往生西方極樂淨土之學人，得以把握往生，更可令學人快速建立三乘法道的正知見，免於被外道邪見所誤導。有志修學三乘佛法之學人不可不看。（一套17片，工本費160元。回郵 76元）

37.**喇嘛性世界**—揭開假藏傳佛教譚崔瑜伽的面紗　張善思 等人合著
由正覺同修會購贈　回郵52元

38.**假藏傳佛教的神話**—性、謊言、喇嘛教　張正玄教授編著
由正覺同修會購贈　回郵52元

39.**隨 緣**—理隨緣與事隨緣　平實導師述　回郵52元。

40.**學佛的覺醒**　正枝居士 著　回郵52元

41.**導師之真實義**　蔡正禮老師 著　回郵31元

42.**淺談達賴喇嘛之雙身法**—兼論解讀「密續」之達文西密碼
吳明芷居士 著　回郵31元

43.**魔界轉世**　張正玄居士 著　回郵31元

44.**一貫道與開悟**　蔡正禮老師 著　回郵31元

45.**博愛**—愛盡天下女人　正覺教育基金會 編印　回郵36元

46.**意識虛妄經教彙編**—實證解脫道的關鍵經文　正覺同修會編印　回郵36元

47.**邪箭囈語**—破斥藏密外道多識仁波切《破魔金剛箭雨論》之邪說

陸正元老師著　上、下冊回郵各 52 元

48.**真假沙門**—依 佛聖教闡釋佛教僧寶之定義

蔡正禮老師著　俟正覺電子報連載後結集出版

49.**真假禪宗**—藉評論釋性廣《印順導師對變質禪法之批判

及對禪宗之肯定》以顯示真假禪宗

附論一：凡夫知見 無助於佛法之信解行證

附論二：世間與出世間一切法皆從如來藏實際而生而顯

余正偉老師著　俟正覺電子報連載後結集出版　回郵未定

★ 上列贈書之郵資，係台灣本島地區郵資，大陸、港、澳地區及外國地區，請另計酌增（大陸、港、澳、國外地區之郵票不許通用）。尚未出版之書，請勿先寄來郵資，以免增加作業煩擾。

★ 本目錄若有變動，唯於後印之書籍及「成佛之道」網站上修正公佈之，不另行個別通知。

函索書籍請寄：佛教正覺同修會　103 台北市承德路 3 段 277 號 9 樓
台灣地區函索書籍者請附寄郵票，無時間購買郵票者可以等值現金抵用，但不接受郵政劃撥、支票、匯票。大陸地區得以人民幣計算，國外地區請以美元計算（請勿寄來當地郵票，在台灣地區不能使用）。欲以掛號寄遞者，請另附掛號郵資。

親自索閱：正覺同修會各共修處。　★請於共修時間前往取書，餘時無人在道場，請勿前往索取；共修時間與地點，詳見書末正覺同修會共修現況表（以近期之共修現況表為準）。

註：正智出版社發售之局版書，請向各大書局購閱。若書局之書架上已經售出而無陳列者，請向書局櫃台指定洽購；若書局不便代購者，請於正覺同修會共修時間前往各共修處請購，正智出版社已派人於共修時間送書前往各共修處流通。 郵政劃撥購書及 大陸地區 購書，請詳別頁正智出版社發售書籍目錄最後頁之說明。

成佛之道 網站：http://www.a202.idv.tw　正覺同修會已出版之結緣書籍，多已登載於 成佛之道 網站，若住外國、或住處遙遠，不便取得正覺同修會贈閱書籍者，可以從本網站閱讀及下載。　書局版之《宗通與說通》亦已上網，台灣讀者可向書局洽購，售價 300 元。《狂密與眞密》第一輯~第四輯，亦於 2003.5.1.全部於本網站登載完畢；台灣地區讀者請向書局洽購，每輯約 400 頁，售價 300 元（網站下載紙張費用較貴，容易散失，難以保存，亦較不精美）。

＊＊假藏傳佛教修雙身法，非佛教＊＊

正智出版社 籌募弘法基金發售書籍目錄　2020/07/13

1.**宗門正眼**—公案拈提 第一輯 重拈　平實導師著　500 元

因重寫內容大幅度增加故，字體必須改小，並增爲 576 頁 主文 546 頁。比初版更精彩、更有內容。初版《禪門摩尼寶聚》之讀者，可寄回本公司免費調換新版書。免附回郵，亦無截止期限。（2007 年起，每冊附贈本公司精製公案拈提〈超意境〉CD 一片。市售價格 280 元，多購多贈。）

2.**禪淨圓融**　平實導師著　200 元（第一版舊書可換新版書。）

3.**真實如來藏**　平實導師著　400 元

4.**禪—悟前與悟後**　平實導師著　上、下冊，每冊 250 元

5.**宗門法眼**—公案拈提 第二輯　平實導師著　500 元
（2007 年起，每冊附贈本公司精製公案拈提〈超意境〉CD 一片）

6.**楞伽經詳解**　平實導師著　全套共 10 輯　每輯 250 元

7.**宗門道眼**—公案拈提 第三輯　平實導師著　500 元
（2007 年起，每冊附贈本公司精製公案拈提〈超意境〉CD 一片）

8.**宗門血脈**—公案拈提 第四輯　平實導師著　500 元
（2007 年起，每冊附贈本公司精製公案拈提〈超意境〉CD 一片）

9.**宗通與說通**—成佛之道 平實導師著 主文 381 頁 全書 400 頁售價 300 元

10.**宗門正道**—公案拈提 第五輯　平實導師著　500 元
（2007 年起，每冊附贈本公司精製公案拈提〈超意境〉CD 一片）

11.**狂密與真密 一～四輯**　平實導師著　西藏密宗是人間最邪淫的宗教，本質不是佛教，只是披著佛教外衣的印度教性力派流毒的喇嘛教。此書中將西藏密宗密傳之男女雙身合修樂空雙運所有祕密與修法，毫無保留完全公開，並將全部喇嘛們所不知道的部分也一併公開。內容比大辣出版社喧騰一時的《西藏慾經》更詳細。並且函蓋藏密的所有祕密及其錯誤的中觀見、如來藏見……等，藏密的所有法義都在書中詳述、分析、辨正。每輯主文三百餘頁　每輯全書約 400 頁　售價每輯 300 元

12.**宗門正義**—公案拈提 第六輯　平實導師著　500 元
（2007 年起，每冊附贈本公司精製公案拈提〈超意境〉CD 一片）

13.**心經密意**—心經與解脫道、佛菩提道、祖師公案之關係與密意　平實導師述　300 元

14.**宗門密意**—公案拈提 第七輯　平實導師著　500 元
（2007 年起，每冊附贈本公司精製公案拈提〈超意境〉CD 一片）

15.**淨土聖道**—兼評「選擇本願念佛」　正德老師著　200 元

16.**起信論講記**　平實導師述著　共六輯　每輯三百餘頁　售價各 250 元

17.**優婆塞戒經講記**　平實導師述著 共八輯 每輯三百餘頁 售價各 250 元

18.**真假活佛**—略論附佛外道盧勝彥之邪說（對前岳靈犀網站主張「盧勝彥是證悟者」之修正）　正犀居士（岳靈犀）著　流通價 140 元

19.**阿含正義**—唯識學探源　平實導師著　共七輯　每輯 300 元

20.**超意境** CD 以平實導師公案拈提書中超越意境之頌詞，加上曲風優美的旋律，錄成令人嚮往的超意境歌曲，其中包括正覺發願文及平實導師親自譜成的黃梅調歌曲一首。詞曲雋永，殊堪翫味，可供學禪者吟詠，有助於見道。內附設計精美的彩色小冊，解說每一首詞的背景本事。每片 280 元。【每購買公案拈提書籍一冊，即贈送一片。】

21.**菩薩底憂鬱** CD 將菩薩情懷及禪宗公案寫成新詞，並製作成超越意境的優美歌曲。 1.主題曲〈菩薩底憂鬱〉，描述地後菩薩能離三界生死而迴向繼續生在人間，但因尚未斷盡習氣種子而有極深沈之憂鬱，非三賢位菩薩及二乘聖者所知，此憂鬱在七地滿心位方才斷盡；本曲之詞中所說義理極深，昔來所未曾見；此曲係以優美的情歌風格寫詞及作曲，聞者得以激發嚮往諸地菩薩境界之大心，詞、曲都非常優美，難得一見；其中勝妙義理之解說，已印在附贈之彩色小冊中。 2.以各輯公案拈提中直示禪門入處之頌文，作成各種不同曲風之超意境歌曲，值得玩味、參究；聆聽公案拈提之優美歌曲時，請同時閱讀內附之印刷精美說明小冊，可以領會超越三界的證悟境界；未悟者可以因此引發求悟之意向及疑情，眞發菩提心而邁向求悟之途，乃至因此眞實悟入般若，成眞菩薩。 3.正覺總持咒新曲，總持佛法大意；總持咒之義理，已加以解說並印在隨附之小冊中。本 CD 共有十首歌曲，長達 63 分鐘。每盒各附贈二張購書優惠券。每片 280 元。

22.**禪意無限** CD 平實導師以公案拈提書中偈頌寫成不同風格曲子，與他人所寫不同風格曲子共同錄製出版，幫助參禪人進入禪門超越意識之境界。盒中附贈彩色印製的精美解說小冊，以供聆聽時閱讀，令參禪人得以發起參禪之疑情，即有機會證悟本來面目而發起實相智慧，實證大乘菩提般若，能如實證知般若經中的眞實意。本 CD 共有十首歌曲，長達 69 分鐘，每盒各附贈二張購書優惠券。每片 280 元。

23.**我的菩提路**第一輯　釋悟圓、釋善藏等人合著　售價 300 元

24.**我的菩提路**第二輯　郭正益等人合著　售價 300 元（停售，俟改版後另行發售）

25.**我的菩提路**第三輯　王美伶等人合著　售價 300 元

26.**我的菩提路**第四輯　陳晏平等人合著　售價 300 元

27.**我的菩提路**第五輯　林慈慧等人合著　售價 300 元

28.**我的菩提路**第六輯　劉惠莉等人合著　售價 300 元

29.**鈍鳥與靈龜**—考證後代凡夫對大慧宗杲禪師的無根誹謗。

平實導師著　共 458 頁　售價 350 元

30.**維摩詰經講記**　平實導師述　共六輯　每輯三百餘頁　售價各 250 元

31.**真假外道**—破劉東亮、杜大威、釋證嚴常見外道見　正光老師著　200 元

32.**勝鬘經講記**—兼論印順《勝鬘經講記》對於《勝鬘經》之誤解。

平實導師述　共六輯　每輯三百餘頁　售價 250 元

33.**楞嚴經講記** 平實導師述 共**15**輯，每輯三百餘頁 售價300元

34.**明心與眼見佛性**—駁慧廣〈蕭氏「眼見佛性」與「明心」之非〉文中謬說
正光老師著 共448頁 售價300元

35.**見性與看話頭** 黃正倖老師 著，本書是禪宗參禪的方法論。
內文375頁，全書416頁，售價300元。

36.**達賴真面目**—玩盡天下女人 白正偉老師 等著 中英對照彩色精裝大本 800元

37.**喇嘛性世界**—揭開假藏傳佛教譚崔瑜伽的面紗 張善思 等人著 200元

38.**假藏傳佛教的神話**—性、謊言、喇嘛教 正玄教授編著 200元

39.**金剛經宗通** 平實導師述 共九輯 每輯售價250元。

40.**空行母**—性別、身分定位，以及藏傳佛教。
珍妮·坎貝爾著 呂艾倫 中譯 售價250元

41.**末代達賴**—性交教主的悲歌 張善思、呂艾倫、辛燕編著 售價250元

42.**霧峰無霧**—給哥哥的信 辨正釋印順對佛法的無量誤解
游宗明 老師著 售價250元

43.**霧峰無霧**—第二輯—救護佛子向正道 細說釋印順對佛法的各類誤解
游宗明 老師著 售價250元

44.**第七意識與第八意識？**—穿越時空「超意識」
平實導師述 每冊300元

45.**黯淡的達賴**—失去光彩的諾貝爾和平獎
正覺教育基金會編著 每冊250元

46.**童女迦葉考**—論呂凱文〈佛教輪迴思想的論述分析〉之謬。
平實導師 著 定價180元

47.**人間佛教**—實證者必定不悖三乘菩提
平實導師 述，定價400元

48.**實相經宗通** 平實導師述 共八輯 每輯250元

49.**真心告訴您(一)**—達賴喇嘛在幹什麼？
正覺教育基金會編著 售價250元

50.**中觀金鑑**—詳述應成派中觀的起源與其破法本質
孫正德老師著 分爲上、中、下三冊，每冊250元

51.**藏傳佛教要義**—《狂密與真密》之簡體字版 平實導師 著 上、下冊
僅在大陸流通 每冊300元

52.**法華經講義** 平實導師述 共二十五輯 每輯300元
已於2015/05/31起開始出版，每二個月出版一輯

53.**西藏「活佛轉世」制度**—附佛、造神、世俗法
許正豐、張正玄老師合著 定價150元

54.**廣論三部曲** 郭正益老師著 定價150元

55.**真心告訴您(二)**—達賴喇嘛是佛教僧侶嗎？
—補祝達賴喇嘛八十大壽
正覺教育基金會編著 售價300元

56.**次法**—實證佛法前應有的條件

張善思居士著　分爲上、下二冊，每冊 250 元

57.**涅槃**—解說四種涅槃之實證及內涵　平實導師著 上、下冊 各 350 元

58.**山法**—西藏關於他空與佛藏之根本論

篤補巴．喜饒堅贊著　　傑弗里．霍普金斯英譯

張火慶教授、張志成、呂艾倫等中譯　精裝大本 1200 元

59.**假鋒虛焰金剛乘**—揭示顯密正理，兼破索達吉師徒《般若鋒兮金剛焰》

釋正安法師著 簡體字版 即將出版 售價未定

60.**廣論之平議**—宗喀巴《菩提道次第廣論》之平議　正雄居士著

約二或三輯　俟正覺電子報連載後結集出版　書價未定

61.**菩薩學處**—菩薩四攝六度之要義　陸正元老師著　出版日期未定。

62.**八識規矩頌**詳解　〇〇居士 註解　出版日期另訂　書價未定。

63.**印度佛教史**—法義與考證。依法義史實評論印順《印度佛教思想史、佛教史地考論》之謬說　正偉老師著　出版日期未定　書價未定

64.**中國佛教史**—依中國佛教正法史實而論。〇〇老師 著　書價未定。

65.**中論正義**—釋龍樹菩薩《中論》頌正理。

孫正德老師著　出版日期未定　書價未定

66.**中觀正義**—註解平實導師《中論正義頌》。

〇〇法師（居士）著　出版日期未定　書價未定

67.**佛藏經講記**　平實導師述　已於 2019 年 7 月 31 日出版　共 21 輯，每二個月出版一輯，每輯 300 元。

68.**阿含經講記**—將選錄四阿含中數部重要經典全經講解之，講後整理出版。

平實導師述　約二輯　每輯 300 元　出版日期未定

69.**實積經講記**　平實導師述　每輯三百餘頁 優惠價 300 元 出版日期未定

70.**解深密經講記**　平實導師述 約四輯　將於重講後整理出版

71.**成唯識論略解**　平實導師著　五～六輯　每輯300 元　出版日期未定

72.**修習止觀坐禪法要講記**　平實導師述　每輯三百餘頁

將於正覺寺建成後重講、以講記逐輯出版　出版日期未定

73.**無門關**—《無門關》公案拈提　平實導師著　出版日期未定

74.**中觀再論**—兼述印順《中觀今論》謬誤之平議。正光老師著 出版日期未定

75.**輪迴與超度**—佛教超度法會之真義。

〇〇法師（居士）著　出版日期未定　書價未定

76.**《釋摩訶衍論》平議**—對偽稱龍樹所造《釋摩訶衍論》之平議

〇〇法師（居士）著　出版日期未定　書價未定

77.**正覺發願文**註解—以真實大願為因 得證菩提

正德老師著　出版日期未定　書價未定

78.**正覺總持咒**—佛法之總持　正圜老師著　出版日期未定　書價未定

79.**三自性**—依四食、五蘊、十二因緣、十八界法，說三性三無性。

作者未定　出版日期未定

80.**道品**—從三自性說大小乘三十七道品　作者未定　出版日期未定
81.**大乘緣起觀**—依四聖諦七真如現觀十二緣起 作者未定　出版日期未定
82.**三德**—論解脫德、法身德、般若德。　作者未定　出版日期未定
83.**真假如來藏**—對印順《如來藏之研究》謬說之平議　作者未定 出版日期未定
84.**大乘道次第**　作者未定　出版日期未定　書價未定
85.**四緣**—依如來藏故有四緣。　作者未定　出版日期未定
86.**空之探究**—印順《空之探究》謬誤之平議　作者未定 出版日期未定
87.**十法義**—論阿含經中十法之正義　作者未定　出版日期未定
88.**外道見**—論述外道六十二見　作者未定　出版日期未定

正智出版社有限公司　書籍介紹

禪淨圓融：言淨土諸祖所未曾言，示諸宗祖師所未曾示；禪淨圓融，另闢成佛捷徑，兼顧自力他力，闡釋淨土門之速行易行道，亦同時揭櫫聖教門之速行易行道；令廣大淨土行者得免緩行難證之苦，亦令聖道門行者得以藉著淨土速行道而加快成佛之時劫。乃前無古人之超勝見地，非一般弘揚禪淨法門典籍也，先讀為快。平實導師著　200元。

宗門正眼—公案拈提第一輯：繼承克勤圜悟大師碧巖錄宗旨之禪門鉅作。先則舉示當代大法師之邪說，消弭當代禪門大師鄉愿之心態，摧破當今禪門「世俗禪」之妄談；次則旁通教法，表顯宗門正理；繼以道之次第，消弭古今狂禪；後藉言語及文字機鋒，直示宗門入處。悲智雙運，禪味十足，數百年來難得一睹之禪門鉅著也。平實導師著　500元（原初版書《禪門摩尼寶聚》，改版後補充為五百餘頁新書，總計多達二十四萬字，內容更精彩，並改名為《宗門正眼》，讀者原購初版《禪門摩尼寶聚》皆可寄回本公司免費換新，免附回郵，亦無截止期限）（2007年起，凡購買公案拈提第一輯至第七輯，每購一輯皆贈送本公司精製公案拈提〈超意境〉CD一片，市售價格280元，多購多贈）。

禪—悟前與悟後：本書能建立學人悟道之信心與正確知見，圓滿具足而有次第地詳述禪悟之功夫與禪悟之內容，指陳參禪中細微淆訛之處，能使學人明自真心、見自本性。若未能悟入，亦能以正確知見辨別古今中外一切大師究係真悟？或屬錯悟？便有能力揀擇，捨名師而選明師，後時必有悟道之緣。一旦悟道，遲者七次人天往返，便出三界，速者一生取辦。學人欲求開悟者，不可不讀。　平實導師著。上、下冊共500元，單冊250元。

眞實如來藏：如來藏眞實存在，乃宇宙萬有之本體，並非印順法師、達賴喇嘛等人所說之「唯有名相、無此心體」。如來藏是涅槃之本際，是一切有智之人竭盡心智、不斷探索而不能得之生命實相；是古今中外許多大師自以為悟而當面錯過之生命實相。如來藏即是阿賴耶識，乃是一切有情本自具足、不生不滅之眞實心。當代中外大師於此書出版之前所未能言者，作者於本書中盡情流露、詳細闡釋。眞悟者讀之，必能增益悟境、智慧增上；錯悟者讀之，必能檢討自己之錯誤，免犯大妄語業；未悟者讀之，能知參禪之理路，亦能以之檢查一切名師是否眞悟。此書是一切哲學家、宗教家、學佛者及欲昇華心智之人必讀之鉅著。　平實導師著　售價400元。

宗門法眼—公案拈提第二輯：列舉實例，闡釋土城廣欽老和尚之悟處；並直示這位不識字的老和尚妙智橫生之根由，繼而剖析禪宗歷代大德之開悟公案，解析當代密宗高僧卡盧仁波切之錯悟證據，並例舉當代顯宗高僧、大居士之錯悟證據（凡健在者，為免影響其名聞利養，皆隱其名）。藉辨正當代名師之邪見，向廣大佛子指陳禪悟之正道，彰顯宗門法眼。悲勇兼出，強捋虎鬚；慈智雙運，巧探驪龍；摩尼寶珠在手，直示宗門入處，禪味十足；若非大悟徹底，不能為之。禪門精奇人物，允宜人手一冊，供作參究及悟後印證之圭臬。本書於2008年4月改版，增寫為大約500頁篇幅，以利學人研讀參究時更易悟入宗門正法，以前所購初版首刷及初版二刷舊書，皆可免費換取新書。平實導師著　500元（2007年起，凡購買公案拈提第一輯至第七輯，每購一輯皆贈送本公司精製公案拈提〈超意境〉CD一片，市售價格280元，多購多贈）。

宗門道眼—公案拈提第三輯：繼宗門法眼之後，再以金剛之作略、慈悲之胸懷、犀利之筆觸，舉示寒山、拾得、布袋三大士之悟處，消弭當代錯悟者對於寒山大士……等之誤會及誹謗。　亦舉出民初以來與虛雲和尚齊名之蜀郡鹽亭袁煥仙夫子——南懷瑾老師之師，其「悟處」何在？並蒐羅許多眞悟祖師之證悟公案，顯示禪宗歷代祖師之睿智，指陳部分祖師、奧修及當代顯密大師之謬悟，作為殷鑑，幫助禪子建立及修正參禪之方向及知見。假使讀者閱此書已，一時尚未能悟，亦可一面加功用行，一面以此宗門道眼辨別眞假善知識，避開錯誤之印證及歧路，可免大妄語業之長劫慘痛果報。欲修禪宗之禪者，務請細讀。平實導師著　售價500元（2007年起，凡購買公案拈提第一輯至第七輯，每購一輯皆贈送本公司精製公案拈提〈超意境〉CD一片，市售價格280元，多購多贈）。

楞伽經詳解：本經是禪宗見道者印證所悟眞僞之根本經典，亦是禪宗見道者悟後起修之依據經典；故達摩祖師於印證二祖慧可大師之後，將此經典連同佛缽祖衣一併交付二祖，令其依此經典佛示金言、進入修道位，修學一切種智。由此可知此經對於眞悟之人修學佛道，是非常重要之一部經典。此經能破外道邪說，亦破佛門中錯悟名師之謬說，亦破禪宗部分祖師之狂禪：不讀經典、一向主張「一悟即成究竟佛」之謬執。並開示愚夫所行禪、觀察義禪、攀緣如禪、如來禪等差別，令行者對於三乘禪法差異有所分辨；亦糾正禪宗祖師古來對於如來禪之誤解，嗣後可免以訛傳訛之弊。此經亦是法相唯識宗之根本經典，禪者悟後欲修一切種智而入初地者，必須詳讀。 平實導師著，全套共十輯，已全部出版完畢，每輯主文約320頁，每冊約352頁，定價250元。

宗門血脈—公案拈提第四輯：末法怪象—許多修行人自以爲悟，每將無念靈知認作眞實；崇尚二乘法諸師及其徒衆，則將外於如來藏之緣起性空—無因論之無常空、斷滅空、一切法空—錯認爲 佛所說之般若空性。這兩種現象已於當今海峽兩岸及美加地區顯密大師之中普遍存在；人人自以爲悟，心高氣壯，便敢寫書解釋祖師證悟之公案，大多出於意識思惟所得，言不及義，錯誤百出，因此誤導廣大佛子同陷大妄語之地獄業中而不能自知。彼等書中所說之悟處，其實處處違背第一義經典之聖言量。彼等諸人不論是否身披袈裟，都非佛法宗門血脈，或雖有禪宗法脈之傳承，亦只徒具形式；猶如螟蛉，非眞血脈，未悟得根本眞實故。禪子欲知 佛、祖之眞血脈者，請讀此書，便知分曉。平實導師著，主文452頁，全書464頁，定價500元（2007年起，凡購買公案拈提第一輯至第七輯，每購一輯皆贈送本公司精製公案拈提〈超意境〉CD一片，市售價格280元，多購多贈）。

宗通與說通：古今中外，錯誤之人如麻似粟，每以常見外道所說之靈知心，認作眞心；或妄想虛空之勝性能量爲眞如，或錯認物質四大元素藉冥性（靈知心本體）能成就吾人色身及知覺，或認初禪至四禪中之了知心爲不生不滅之涅槃心。此等皆非通宗者之見地。復有錯悟之人一向主張「宗門與教門不相干」，此即尚未通達宗門之人也。其實宗門與教門互通不二，宗門所證者乃是眞如與佛性，教門所說者乃說宗門證悟之眞如佛性，故教門與宗門不二。本書作者以宗教二門互通之見地，細說「宗通與說通」，從初見道至悟後起修之道、細說分明；並將諸宗諸派在整體佛教中之地位與次第，加以明確之教判，學人讀之即可了知佛法之梗概也。欲擇明師學法之前，允宜先讀。平實導師著，主文共381頁，全書392頁，只售成本價300元。

宗門正道—公案拈提第五輯：修學大乘佛法有二果須證—解脫果及大菩提果。二乘人不證大菩提果，唯證解脫果；此果之智慧，名爲聲聞菩提、緣覺菩提。大乘佛子所證二果之菩提果爲佛菩提，故名大菩提果，其慧名爲一切種智—函蓋二乘解脫果。然此大乘二果修證，須經由禪宗之宗門證悟方能相應。而宗門證悟極難，自古已然；其所以難者，咎在古今佛教界普遍存在三種邪見：1.以修定認作佛法，2.以無因論之緣起性空—否定涅槃本際如來藏以後之一切法空作爲佛法，3.以常見外道邪見（離語言妄念之靈知性）作爲佛法。如是邪見，或因自身正見未立所致，或因邪師之邪教導所致，或因無始劫來虛妄熏習所致。若不破除此三種邪見，永劫不悟宗門眞義、不入大乘正道，唯能外門廣修菩薩行。 平實導師於此書中，有極爲詳細之說明，有志佛子欲摧邪見、入於內門修菩薩行者，當閱此書。主文共496頁，全書512頁。售價500元（2007年起，凡購買公案拈提第一輯至第七輯，每購一輯皆贈送本公司精製公案拈提〈超意境〉CD一片，市售價格280元，多購多贈）。

狂密與眞密：密教之修學，皆由有相之觀行法門而入，其最終目標仍不離顯教經典所說第一義諦之修證；若離顯教第一義經典、或違背顯教第一義經典，即非佛教。西藏密教之觀行法，如灌頂、觀想、遷識法、寶瓶氣、大聖歡喜雙身修法、喜金剛、無上瑜伽、大樂光明、樂空雙運等，皆是印度教兩性生生不息思想之轉化，自始至終皆以如何能運用交合淫樂之法達到全身受樂爲其中心思想，純屬欲界五欲的貪愛，不能令人超出欲界輪迴，更不能令人斷除我見；何況大乘之明心與見性，更無論矣！故密宗之法絕非佛法也。而其明光大手印、大圓滿法教，又皆同以常見外道所說離語言妄念之無念靈知心錯認爲佛地之眞如，不能直指不生不滅之眞如。西藏密宗所有法王與徒衆，都尙未開頂門眼，不能辨別眞僞，以依人不依法、依密續不依經典故，不肯將其上師喇嘛所說對照第一義經典，純依密續之藏密祖師所說爲準，因此而誇大其證德與證量，動輒謂彼祖師上師爲究竟佛、爲地上菩薩；如今台海兩岸亦有自謂其師證量高於 釋迦文佛者，然觀其師所述，猶未見道，仍在觀行即佛階段，尙未到禪宗相似即佛、分證即佛階位，竟敢標榜爲究竟佛及地上法王，誑惑初機學人。凡此怪象皆是狂密，不同於眞密之修行者。近年狂密盛行，密宗行者被誤導者極衆，動輒自謂已證佛地眞如，自視爲究竟佛，陷於大妄語業中而不知自省，反謗顯宗眞修實證者之證量粗淺；或如義雲高與釋性圓…等人，於報紙上公然誹謗眞實證道者爲「騙子、無道人、人妖、癩蛤蟆…」等，造下誹謗大乘勝義僧之大惡業；或以外道法中有爲有作之甘露、魔術……等法，誑騙初機學人，狂言彼外道法爲眞佛法。如是怪象，在西藏密宗及附藏密之外道中，不一而足，舉之不盡，學人宜應愼思明辨，以免上當後又犯毀破菩薩戒之重罪。密宗學人若欲遠離邪知邪見者，請閱此書，即能了知密宗之邪謬，從此遠離邪見與邪修，轉入眞正之佛道。 平實導師著 共四輯 每輯約400頁（主文約340頁） 每輯售價300元。

宗門正義—公案拈提第六輯：佛教有六大危機，乃是藏密化、世俗化、膚淺化、學術化、宗門密意失傳、悟後進修諸地之次第混淆；其中尤以宗門密意之失傳，爲當代佛教最大之危機。由宗門密意失傳故，易令 世尊本懷普被錯解，易令 世尊正法被轉易爲外道法，以及加以淺化、世俗化，是故宗門密意之廣泛弘傳與具緣佛弟子，極爲重要。然而欲令宗門密意之廣泛弘傳予具緣之佛弟子者，必須同時配合錯誤知見之解析、普令佛弟子知之，然後輔以公案解析之直示入處，方能令具緣之佛弟子悟入。而此二者，皆須以公案拈提之方式爲之，方易成其功、竟其業，是故平實導師續作宗門正義一書，以利學人。 全書500餘頁，售價500元（2007年起，凡購買公案拈提第一輯至第七輯，每購一輯皆贈送本公司精製公案拈提〈超意境〉CD一片，市售價格280元，多購多贈）。

心經密意—心經與解脫道、佛菩提道、祖師公案之關係與密意。 二乘菩提所證之解脫道，實依第八識心之斷除煩惱障現行而立解脫之名；大乘菩提所證之佛菩提道，實依親證第八識如來藏之涅槃性、清淨自性、及其中道性而立般若之名；禪宗祖師公案所證之眞心，即是此第八識如來藏；是故三乘佛法所修所證之三乘菩提，皆依此如來藏心而立名也。此第八識心，即是《心經》所說之心也。證得此如來藏已，即能漸入大乘佛菩提道，亦可因證知此心而了知二乘無學所不能知之無餘涅槃本際，是故《心經》之密意，與三乘佛菩提之關係極爲密切、不可分割，三乘佛法皆依此心而立名故。今者平實導師以其所證解脫道之無生智及佛菩提之般若種智，將《心經》與解脫道、佛菩提道、祖師公案之關係與密意，以演講之方式，用淺顯之語句和盤托出，發前人所未言，呈三乘菩提之眞義，令人藉此《心經密意》一舉而窺三乘菩提之堂奧，迥異諸方言不及義之說；欲求眞實佛智者、不可不讀！主文317頁，連同跋文及序文…等共384頁，售價300元。

宗門密意—公案拈提第七輯：佛教之世俗化，將導致學人以信仰作爲學佛，則將以感應及世間法之庇祐，作爲學佛之主要目標，不能了知學佛之主要目標爲親證三乘菩提。大乘菩提則以般若實相智慧爲主要修習目標，以二乘菩提解脫道爲附帶修習之標的；是故學習大乘法者，應以禪宗之證悟爲要務，能親入大乘菩提之實相般若智慧中故，般若實相智慧非二乘聖人所能知故。此書則以台灣世俗化佛教之三大法師，說法似是而非之實例，配合眞悟祖師之公案解析，提示證悟般若之關節，令學人易得悟入。平實導師著，全書五百餘頁，售價500元（2007年起，凡購買公案拈提第一輯至第七輯，每購一輯皆贈送本公司精製公案拈提〈超意境〉CD一片，市售價格280元，多購多贈）。

淨土聖道—兼評選擇本願念佛：佛法甚深極廣，般若玄微，非諸二乘聖僧所能知之，一切凡夫更無論矣！所謂一切證量皆歸淨土是也！是故大乘法中「聖道之淨土、淨土之聖道」，其義甚深，難可了知；乃至眞悟之人，初心亦難知也。今有正德老師眞實證悟後，復能深探淨土與聖道之緊密關係，憐憫衆生之誤會淨土實義，亦欲利益廣大淨土行人同入聖道，同獲淨土中之聖道門要義，乃振奮心神、書以成文，今得刊行天下。主文279頁，連同序文等共301頁，總有十一萬六千餘字，正德老師著，成本價200元。

起信論講記：詳解大乘起信論心生滅門與心眞如門之眞實意旨，消除以往大師與學人對起信論所說心生滅門之誤解，由是而得了知眞心如來藏之非常非斷中道正理；亦因此一講解，令此論以往隱晦而被誤解之眞實義，得以如實顯示，令大乘佛菩提道之正理得以顯揚光大；初機學者亦可藉此正論所顯示之法義，對大乘法理生起正信，從此得以眞發菩提心，眞入大乘法中修學，世世常修菩薩正行。平實導師演述，共六輯，都已出版，每輯三百餘頁，售價各250元。

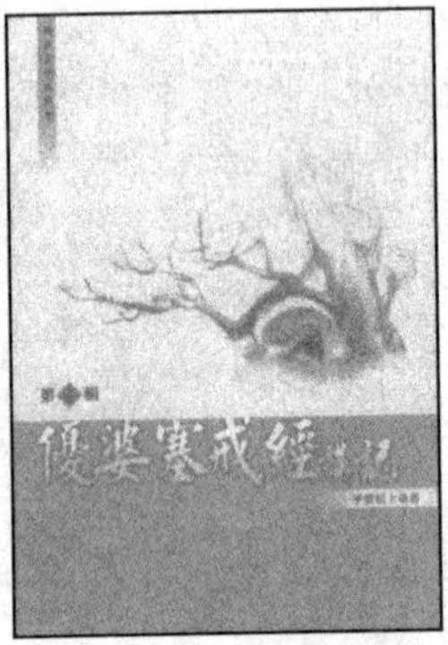

優婆塞戒經講記：本經詳述在家菩薩修學大乘佛法，應如何受持菩薩戒？對人間善行應如何看待？對三寶應如何護持？應如何正確地修集此世後世證法之福德？應如何修集後世「行菩薩道之資糧」？並詳述第一義諦之正義：五蘊非我非異我、自作自受、異作異受、不作不受……等深妙法義，乃是修學大乘佛法、行菩薩行之在家菩薩所應當了知者。出家菩薩今世或未來世登地已，捨報之後多數將如華嚴經中諸大菩薩，以在家菩薩身而修行菩薩行，故亦應以此經所述正理而修之，配合《楞伽經、解深密經、楞嚴經、華嚴經》等道次第正理，方得漸次成就佛道；故此經是一切大乘行者皆應證知之正法。平實導師講述，每輯三百餘頁，售價各250元；共八輯，已全部出版。

真假活佛——略論附佛外道盧勝彥之邪說：人人身中都有眞活佛，永生不滅而有大神用，但衆生都不了知，所以常被身外的西藏密宗假活佛籠罩欺瞞。本來就眞實存在的眞活佛，才是眞正的密宗無上密！諾那活佛因此而說禪宗是大密宗，但藏密的所有活佛都不知道、也不曾實證自身中的眞活佛。本書詳實宣示眞活佛的道理，舉證盧勝彥的「佛法」不是眞佛法，也顯示盧勝彥是假活佛，直接的闡釋第一義佛法見道的眞實正理。眞佛宗的所有上師與學人們，都應該詳細閱讀，包括盧勝彥個人在內。正犀居士著，優惠價140元。

阿含正義—唯識學探源：廣說四大部《阿含經》諸經中隱說之眞正義理，一一舉示佛陀本懷，令阿含時期初轉法輪根本經典之眞義，如實顯現於佛子眼前。並提示末法大師對於阿含眞義誤解之實例，一一比對之，證實唯識增上慧學確於原始佛法之阿含諸經中已隱覆密意而略說之，證實 世尊確於原始佛法中已曾密意而說第八識如來藏之總相；亦證實 世尊在四阿含中已說此藏識是名色十八界之因、之本—證明如來藏是能生萬法之根本心。佛子可據此修正以往受諸大師（譬如西藏密宗應成派中觀師：印順、昭慧、性廣、大願、達賴、宗喀巴、寂天、月稱、……等人）誤導之邪見，建立正見，轉入正道乃至親證初果而無困難；書中並詳說三果所證的心解脫，以及四果慧解脫的親證，都是如實可行的具體知見與行門。全書共七輯，已出版完畢。平實導師著，每輯三百餘頁，售價300元。

超意境CD：以平實導師公案拈提書中超越意境之頌詞，加上曲風優美的旋律，錄成令人嚮往的超意境歌曲，其中包括正覺發願文及平實導師親自譜成的黃梅調歌曲一首。詞曲雋永，殊堪翫味，可供學禪者吟詠，有助於見道。內附設計精美的彩色小冊，解說每一首詞的背景本事。每片280元。【每購買公案拈提書籍一冊，即贈送一片。】

我的菩提路第一輯：凡夫及二乘聖人不能實證的佛菩提證悟，末法時代的今天仍然有人能得實證，由正覺同修會釋悟圓、釋善藏法師等二十餘位實證如來藏者所寫的見道報告，已爲當代學人見證宗門正法之絲縷不絕，證明大乘義學的法脈仍然存在，爲末法時代求悟般若之學人照耀出光明的坦途。由二十餘位大乘見道者所繕，敘述各種不同的學法、見道因緣與過程，參禪求悟者必讀。全書三百餘頁，售價300元。

我的菩提路第二輯：由郭正益老師等人合著，書中詳述彼等諸人歷經各處道場學法，一一修學而加以檢擇之不同過程以後，因閱讀正覺同修會、正智出版社書籍而發起抉擇分，轉入正覺同修會中修學；乃至學法及見道之過程，都一一詳述之。

（本書暫停發售，俟改版重新發售流通。）

我的菩提路第三輯：由王美伶老師等人合著。自從正覺同修會成立以來，每年夏初、冬初都舉辦精進禪三共修，藉以助益會中同修們得以證悟明心發起般若實相智慧；凡已實證而被平實導師印證者，皆書具見道報告用以證明佛法之眞實可證而非玄學，證明佛法並非純屬思想、理論而無實質，是故每年都能有人證明正覺同修會的「實證佛教」主張並非虛語。特別是眼見佛性一法，自古以來中國禪宗祖師實證者極寡，較之明心開悟的證境更難令人信受；至2017年初，正覺同修會中的證悟明心者已近五百人，然而其中眼見佛性者至今唯十餘人爾，可謂難能可貴，是故明心後欲冀眼見佛性者實屬不易。黃正倖老師是懸絕七年無人見性後的第一人，她於2009年的見性報告刊於本書的第二輯中，爲大衆證明佛性確實可以眼見；其後七年之中求見性者都屬解悟佛性而無人眼見，幸而又經七年後的2016冬初，以及2017夏初的禪三，復有三人眼見佛性，希冀鼓舞四衆佛子求見佛性之大心，今則具載一則於書末，顯示求見佛性之事實經歷，供養現代佛教界欲得見性之四衆弟子。全書四百頁，售價300元，已於2017年6月30日發行。

我的菩提路第四輯：由陳晏平等人著。中國禪宗祖師往往有所謂「見性」之言，所言多屬看見如來藏具有能令人發起成佛之自性，並非《大般涅槃經》中如來所說之眼見佛性。眼見佛性者，於親見佛性之時，即能於山河大地眼見自己佛性，亦能於他人身上眼見自己佛性及對方之佛性，如是境界無法爲尚未實證者解釋；勉強說之，縱使眞實明心證悟之人聞之，亦只能以自身明心之境界想像之，但不論如何想像多屬非量，能有正確之比量者亦是稀有，故說眼見佛性極爲困難。眼見佛性之人若所見極分明時，在所見佛性之境界下所眼見之山河大地、自己五蘊身心皆是虛幻，自有異於明心者之解脫功德受用，此後永不思證二乘涅槃，必定邁向成佛之道而進入第十住位中，已超第一阿僧祇劫三分有一，可謂之爲超劫精進也。今又有明心之後眼見佛性之人出於人間，將其明心及後來見性之報告，連同其餘證悟明心者之精彩報告一同收錄於此書中，供養眞求佛法實證之四眾佛子。全書380頁，售價300元，已於2018年6月30日發行。

我的菩提路第五輯：林慈慧老師等人著，本輯中所舉學人從相似正法中來到正覺同修會的過程，各人都有不同，發生的因緣亦是各有差別，然而都會指向同一個目標——證實生命實相的源底，確證自己生從何來、死往何去的事實，所以最後都證明佛法眞實而可親證，絕非玄學；本書將彼等諸人的始修及末後證悟之實例，羅列出來以供學人參考。本期亦有一位會裡的老師，是從1995年即開始追隨 平實導師修學，1997年明心後持續進修不斷，直到2017年眼見佛性之實例，足可證明《大般涅槃經》中世尊開示眼見佛性之法正眞無訛，第十住位的實證在末法時代的今天仍有可能，如今一併具載於書中以供學人參考，並供養現代佛教界欲得見性之四眾弟子。全書四百頁，售價300元，已於2019年12月31日發行。

我的菩提路第六輯：劉正莉老師等人著。書中詳敘學佛路程之辛苦萬端，直至得遇正法之後如何修行終能實證，現觀眞如而入勝義菩薩僧數。本輯亦錄入一位1990年明心後追隨平實導師學法弘法的老師，不數年後又再眼見佛性的實證者，文中詳述見性之過程，欲令學人深信眼見佛性其實不難，冀得奮力向前而得實證。然古來能得明心又得見性之祖師極寡，禪師們所謂見性者往往屬於明心時親見第八識如來藏具備能使人成佛之自性，即名見性，例如六祖等人，是明心時看見了如來藏具有能使人成佛的自性，當作見性，其實只是明心而階眞見道位，尚非眼見佛性。但非《大般涅槃經》中所說之「眼見佛性」之實證。今本書提供十幾篇明心見道報告及眼見佛性者的見性報告一篇，以饗讀者，已於2020年6月30日出版。全書384頁，300元。

鈍鳥與靈龜：鈍鳥及靈龜二物，被宗門證悟者說為二種人：前者是精修禪定而無智慧者，也是以定為禪的愚癡禪人；後者是或有禪定、或無禪定的宗門證悟者，凡已證悟者皆是靈龜。但後者被人虛造事實，用以嘲笑大慧宗杲禪師，說他雖是靈龜，卻不免被天童禪師預記「患背」痛苦而亡：「鈍鳥離巢易，靈龜脫殼難。」藉以貶低大慧宗杲的證量。同時將天童禪師實證如來藏的證量，曲解為意識境界的離念靈知。自從大慧禪師入滅以後，錯悟凡夫對他的不實毀謗就一直存在著，不曾止息，並且捏造的假事實也隨著年月的增加而越來越多，終至編成「鈍鳥與靈龜」的假公案、假故事。本書是考證大慧與天童之間的不朽情誼，顯現這件假公案的虛妄不實；更見大慧宗杲面對惡勢力時的正直不阿，亦顯示大慧對天童禪師的至情深義，將使後人對大慧宗杲的誣謗至此而止，不再有人誤犯毀謗賢聖的惡業。書中亦舉證宗門的所悟確以第八識如來藏為標的，詳讀之後必可改正以前被錯悟大師誤導的參禪知見，日後必定有助於實證禪宗的開悟境界，得階大乘真見道位中，即是實證般若之賢聖。全書459頁，售價350元。

維摩詰經講記：本經係 世尊在世時，由等覺菩薩維摩詰居士藉疾病而演說之大乘菩提無上妙義，所說函蓋甚廣，然極簡略，是故今時諸方大師與學人讀之悉皆錯解，何況能知其中隱含之深妙正義，是故普遍無法為人解說；若強為人說，則成依文解義而有諸多過失。今由平實導師公開宣講之後，詳實解釋其中密意，令維摩詰菩薩所說大乘不可思議解脫之深妙正法得以正確宣流於人間，利益當代學人及與諸方大師。書中詳實演述大乘佛法深妙不共二乘之智慧境界，顯示諸法之中絕待之實相境界，建立大乘菩薩妙道於永遠不敗不壞之地，以此成就護法偉功，欲冀永利娑婆人天。已經宣講圓滿整理成書流通，以利諸方大師及諸學人。全書共六輯，每輯三百餘頁，售價各250元。

真假外道：本書具體舉證佛門中的常見外道知見實例，並加以教證及理證上的辨正，幫助讀者輕鬆而快速的了知常見外道的錯誤知見，進而遠離佛門內外的常見外道知見，因此即能改正修學方向而快速實證佛法。游正光老師著 。成本價200元。

勝鬘經講記：如來藏爲三乘菩提之所依，若離如來藏心體及其含藏之一切種子，即無三界有情及一切世間法，亦無二乘菩提緣起性空之出世間法；本經詳說無始無明、一念無明皆依如來藏而有之正理，藉著詳解煩惱障與所知障間之關係，令學人深入了知二乘菩提與佛菩提相異之妙理；聞後即可了知佛菩提之特勝處及三乘修道之方向與原理，邁向攝受正法而速成佛道的境界中。平實導師講述，共六輯，每輯三百餘頁，售價各250元。

楞嚴經講記：楞嚴經係密教部之重要經典，亦是顯教中普受重視之經典；經中宣說明心與見性之內涵極爲詳細，將一切法都會歸如來藏及佛性—妙眞如性；亦闡釋佛菩提道修學過程中之種種魔境，以及外道誤會涅槃之狀況，旁及三界世間之起源。然因言句深澀難解，法義亦復深妙寬廣，學人讀之普難通達，是故讀者大多誤會，不能如實理解佛所說之明心與見性內涵，亦因是故多有悟錯之人引爲開悟之證言，成就大妄語罪。今由平實導師詳細講解之後，整理成文，以易讀易懂之語體文刊行天下，以利學人。全書十五輯，全部出版完畢。每輯三百餘頁，售價每輯300元。

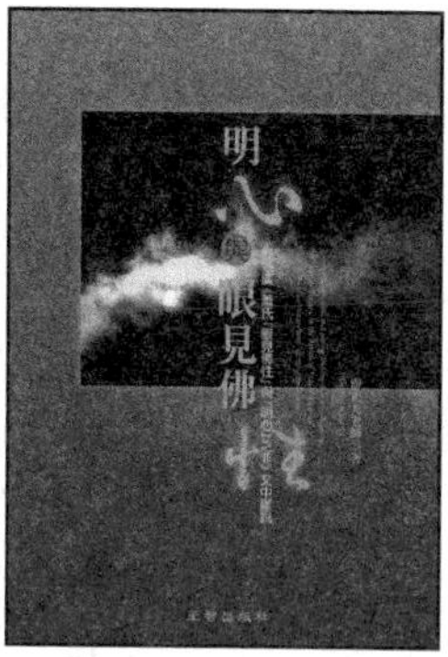

明心與眼見佛性：本書細述明心與眼見佛性之異同，同時顯示了中國禪宗破初參明心與重關眼見佛性二關之間的關聯；書中又藉法義辨正而旁述其他許多勝妙法義，讀後必能遠離佛門長久以來積非成是的錯誤知見，令讀者在佛法的實證上有極大助益。也藉慧廣法師的謬論來教導佛門學人回歸正知正見，遠離古今禪門錯悟者所墮的意識境界，非唯有助於斷我見，也對未來的開悟明心實證第八識如來藏有所助益，是故學禪者都應細讀之。　游正光老師著　共448頁　售價300元。

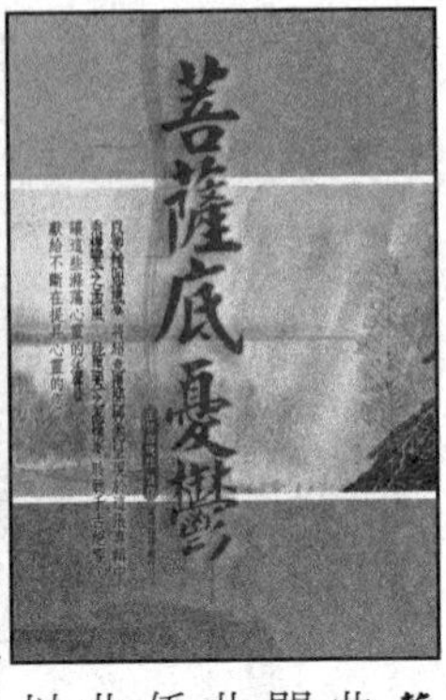

菩薩底憂鬱CD：將菩薩情懷及禪宗公案寫成新詞，並製作成超越意境的優美歌曲。1.主題曲〈菩薩底憂鬱〉，描述地後菩薩能離三界生死而迴向繼續生在人間，但因尚未斷盡習氣種子而有極深沈之憂鬱，非三賢位菩薩及二乘聖者所知，此憂鬱在七地滿心位方才斷盡；本曲之詞中所說義理極深，昔來所未曾見；此曲係以優美的情歌風格寫詞及作曲，聞者得以激發嚮往諸地菩薩境界之大心，詞、曲都非常優美，難得一見；其中勝妙義理之解說，已印在附贈之彩色小冊中。2.以各輯公案拈提中直示禪門入處之頌文，作成各種不同曲風之超意境歌曲，值得玩味、參究；聆聽公案拈提之優美歌曲時，請同時閱讀內附之印刷精美說明小冊，可以領會超越三界的證悟境界；未悟者可以因此引發求悟之意向及疑情，眞發菩提心而邁向求悟之途，乃至因此眞實悟入般若，成眞菩薩。3.正覺總持咒新曲，總持佛法大意；總持咒之義理，已加以解說並印在隨附之小冊中。本CD共有十首歌曲，長達63分鐘，附贈二張購書優惠券。每片280元。

禪意無限CD：平實導師以公案拈提書中偈頌寫成不同風格曲子，與他人所寫不同風格曲子共同錄製出版，幫助參禪人進入禪門超越意識之境界。盒中附贈彩色印製的精美解說小冊，以供聆聽時閱讀，令參禪人得以發起參禪之疑情，即有機會證悟本來面目，實證大乘菩提般若。本CD共有十首歌曲，長達69分鐘，每盒各附贈二張購書優惠券。每片280元。

金剛經宗通：三界唯心，萬法唯識，是成佛之修證內容，是諸地菩薩之所修；般若則是成佛之道（實證三界唯心、萬法唯識）的入門，若未證悟實相般若，即無成佛之可能，必將永在外門廣行菩薩六度，永在凡夫位中。然而實相般若的發起，全賴實證萬法的實相；若欲證知萬法的眞相，則必須探究萬法之所從來，則須實證自心如來—金剛心如來藏，然後現觀這個金剛心的金剛性、眞實性、如如性、清淨性、涅槃性、能生萬法的自性性、本住性，名爲證眞如；進而現觀三界六道唯是此金剛心所成，人間萬法須藉八識心王和合運作方能現起。如是實證

《華嚴經》的「三界唯心、萬法唯識」以後，由此等現觀而發起實相般若智慧，繼續進修第十住位的如幻觀、第十行位的陽焰觀、第十迴向位的如夢觀，再生起增上意樂而勇發十無盡願，方能滿足三賢位的實證，轉入初地；自知成佛之道而無偏倚，從此按部就班、次第進修乃至成佛。第八識自心如來是般若智慧之所依，般若智慧的修證則要從實證金剛心自心如來開始；《金剛經》則是解說自心如來之經典，是一切三賢位菩薩所應進修之實相般若經典。這一套書，是將平實導師宣講的《金剛經宗通》內容，整理成文字而流通之；書中所說義理，迥異古今諸家依文解義之說，指出大乘見道方向與理路，有益於禪宗學人求開悟見道，及轉入內門廣修六度萬行。已於2013年9月出版完畢，總共9輯，每輯約三百餘頁，售價各250元。

空行母—性別、身分定位，以及藏傳佛教：本書作者為蘇格蘭哲學家，因為嚮往佛教深妙的哲學內涵，於是進入當年盛行於歐美的假藏傳佛教密宗，擔任卡盧仁波切的翻譯工作多年以後，被邀請成為卡盧的空行母（又名佛母、明妃），開始了她在密宗裡的實修過程；後來發覺在密宗雙身法中的修行，其實無法使自己成佛，也發覺密宗對女性岐視而處處貶抑，並剝奪女性在雙身法中擔任一半角色時應有的身分定位。當她發覺自己只是雙身法中被喇嘛利用的工具，沒有獲得絲毫應有的尊重與基本定位時，發現了密宗的父權社會控制女性的本質；於是作者傷心地離開了卡盧仁波切與密宗，但是卻被恐嚇不許講出她在密宗裡的經歷，也不許她說出自己對密宗的教義與教制下對女性剝削的本質，否則將被咒殺死亡。後來她去加拿大定居，十餘年後方才擺脫這個恐嚇陰影，下定決心將親身經歷的實情及觀察到的事實寫下來並且出版，公諸於世。出版之後，她被流亡的達賴集團人士大力攻訐，誣指她為精神狀態失常、說謊……等。但有智之士並未被達賴集團的政治操作及各國政府政治運作吹捧達賴的表相所欺，使她的書銷售無阻而又再版。正智出版社鑑於作者此書是親身經歷的事實，所說具有針對「藏傳佛教」而作學術研究的價值，也有使人認清假藏傳佛教剝削佛母、明妃的男性本位實質，因此洽請作者同意中譯而出版於華人地區。珍妮·坎貝爾女士著，呂艾倫 中譯，每冊250元。

霧峰無霧—給哥哥的信　本書作者藉兄弟之間信件往來論義，略述佛法大義；並以多篇短文辨義，舉出釋印順對佛法的無量誤解證據，並一一給予簡單而清晰的辨正，令人一讀即知。久讀、多讀之後即能認清楚釋印順的六識論見解，與眞實佛法之牴觸是多麼嚴重；於是在久讀、多讀之後，於不知不覺之間提升了對佛法的極深入理解，正知正見就在不知不覺間建立起來了。當三乘佛法的正知見建立起來之後，對於三乘菩提的見道條件便將隨之具足，於是聲聞解脫道的見道也就水到渠成；接著大乘見道的因緣也將次第成熟，未來自然也會有親見大乘菩提之道的因緣，悟入大乘實相般若也將自然成功，自能通達般若系列諸經而成實義菩薩。作者居住於南投縣霧峰鄉，自喻見道之後不復再見霧峰之霧，故鄉原野美景一一明見，於是立此書名爲《霧峰無霧》；讀者若欲撥霧見月，可以此書爲緣。游宗明　老師著　已於2015年出版　售價250元。

霧峰無霧—第二輯—救護佛子向正道　本書作者藉釋印順著作中之各種錯謬法義提出辨正，以詳實的文義一一提出理論上及實證上之解析，列舉釋印順對佛法的無量誤解證據，藉此教導佛門大師與學人釐清佛法義理，遠離岐途轉入正道，然後知所進修，久之便能見道明心而入大乘勝義僧數。被釋印順誤導的大師與學人極多，很難救轉，是故作者大發悲心深入解說其錯謬之所在，佐以各種義理辨正而令讀者在不知不覺之間轉歸正道。如是久讀之後欲得斷身見、證初果，即不爲難事；乃至久之亦得大乘見道而得證眞如，脫離空有二邊而住中道，實相般若智慧生起，於佛法不再茫然，漸漸亦知悟後進修之道。屆此之時，對於大乘般若等深妙法之迷雲暗霧亦將一掃而空，生命及宇宙萬物之故鄉原野美景一一明見，是故本書仍名《霧峰無霧》，爲第二輯；讀者若欲撥雲見日、離霧見月，可以此書爲緣。游宗明　老師著　已於2019年出版　售價250元。

假藏傳佛教的神話—性、謊言、喇嘛教：本書編著者是由一首名爲「阿姊鼓」的歌曲爲緣起，展開了序幕，揭開假藏傳佛教—喇嘛教—的神秘面紗。其重點是蒐集、摘錄網路上質疑「喇嘛教」的帖子，以揭穿「假藏傳佛教的神話」爲主題，串聯成書，並附加彩色插圖以及說明，讓讀者們瞭解西藏密宗及相關人事如何被操作爲「神話」的過程，以及神話背後的眞相。作者：張正玄教授。售價200元。

達賴真面目—玩盡天下女人：假使您不想戴綠帽子，請記得詳細閱讀此書；假使您不想讓好朋友戴綠帽子，請您將此書介紹給您的好朋友。假使您想保護家中的女性，也想要保護好朋友的女眷，請記得將此書送給家中的女性和好友的女眷都來閱讀。本書爲印刷精美的大本彩色中英對照精裝本，爲您揭開達賴喇嘛的眞面目，內容精彩不容錯過，爲利益社會大眾，特別以優惠價格嘉惠所有讀者。編著者：白志偉等。大開版雪銅紙彩色精裝本。售價800元。

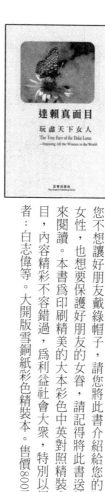

童女迦葉考—論呂凱文〈佛教輪迴思想的論述分析〉之謬：童女迦葉是佛世率領五百大比丘遊行於人間的歷史事實，是以童貞行而依止菩薩戒弘化於人間的大菩薩，不依別解脫戒（聲聞戒）來弘化於人間。這是大乘佛教與聲聞佛教同時存在於佛世的歷史明證，證明大乘佛教不是從聲聞法中分裂出來的部派佛教的產物，卻是聲聞佛教分裂出來的部派佛教聲聞凡夫僧所不樂見的史實；於是古今聲聞法中的凡夫都欲加以扭曲而作詭說，更是末法時代高聲大呼「大乘非佛說」的六識論聲聞凡夫極力想要扭曲的佛教史實之一，於是想方設法扭曲迦葉菩薩爲聲聞僧，以及扭曲迦葉童女爲比丘僧等荒謬不實之論著便陸續出現，古時聲聞僧寫作的《分別功德論》是最具體之事例，現代之代表作則是呂凱文先生的〈佛教輪迴思想的論述分析〉論文。鑑於如是假藉學術考證以籠罩大眾之不實謬論，未來仍將繼續造作及流竄於佛教界，繼續扼殺大乘佛教學人法身慧命，必須舉證辨正之，遂成此書。平實導師 著，每冊180元。

末代達賴—性交教主的悲歌：簡介從藏傳僞佛教（喇嘛教）的修行核心—性力派男女雙修，探討達賴喇嘛及藏傳僞佛教的修行內涵。書中引用外國知名學者著作、世界各地新聞報導，包含：歷代達賴喇嘛的祕史、達賴六世修雙身法的事蹟，以及《時輪續》中的性交灌頂儀式……等；達賴喇嘛書中開示的雙修法、達賴喇嘛的黑暗政治手段；達賴喇嘛所領導的寺院爆發喇嘛性侵兒童；新聞報導《西藏生死書》作者索甲仁波切性侵女信徒、澳洲喇嘛秋達公開道歉、美國最大假藏傳佛教組織領導人邱陽創巴仁波切的性氾濫，等等事件背後眞相的揭露。作者：張善思、呂艾倫、辛燕。售價250元。

黯淡的達賴—失去光彩的諾貝爾和平獎：本書舉出很多證據與論述，詳述達賴喇嘛不爲世人所知的一面，顯示達賴喇嘛並不是眞正的和平使者，而是假借諾貝爾和平獎的光環來欺騙世人；透過本書的說明與舉證，讀者可以更清楚的瞭解，達賴喇嘛是結合暴力、黑暗、淫欲於喇嘛教裡的集團首領，其政治行爲與宗教主張，早已讓諾貝爾和平獎的光環染污了。　本書由財團法人正覺教育基金會寫作、編輯，由正覺出版社印行，每冊250元。

第七意識與第八意識？—穿越時空「超意識」：「三界唯心，萬法唯識」是佛教中應該實證的聖教，也是《華嚴經》中明載而可以實證的法界實相。唯心者，三界一切境界、一切諸法唯是一心所成就，即是每一個有情的第八識如來藏，不是意識心。唯識者，即是人類各各都具足的八識心王——眼識、耳鼻舌身意識、意根、阿賴耶識，第八阿賴耶識又名如來藏，人類五陰相應的萬法，莫不由八識心王共同運作而成就，故說萬法唯識。依聖教量及現量、比量，都可以證明意識是二法因緣生，是由第八識藉意根與法塵二法爲因緣而出生，又是夜夜斷滅不存之生滅心，即無可能反過來出生第七識意根、第八識如來藏，當知不可能從生滅性的意識心中，細分出恆審思量的第七識意根，更無可能細分出恆而不審的第八識如來藏。本書是將演講內容整理成文字，細說如是內容，並已在《正覺電子報》連載完畢，今彙集成書以廣流通，欲幫助佛門有緣人斷除意識我見，跳脫於識陰之外而取證聲聞初果；嗣後修學禪宗時即得不墮外道神我之中，得以求證第八識金剛心而發起般若實智。平實導師 述，每冊300元。

中觀金鑑—詳述應成派中觀的起源與其破法本質：學佛人往往迷於中觀學派之不同學說，被應成派與自續派所迷惑；修學般若中觀二十年後自以爲實證般若中觀了，卻仍不曾入門，甫聞實證般若中觀者之所說，則茫無所知，迷惑不解；隨後信心盡失，不知如何實證佛法；凡此，皆因惑於這二派中觀學說所致。自續派中觀所說同於常見，以意識境界立爲第八識如來藏之境界，應成派所說則同於斷見，但又同立意識爲常住法，故亦具足斷常二見。今者孫正德老師有鑑於此，乃將起源於密宗的應成派中觀學說，追本溯源，詳考其來源之外，亦一一舉證其立論內容，詳加辨正，令密宗雙身法祖師以識陰境界而造之應成派中觀學說本質，詳細呈現於學人眼前，令其維護雙身法之目的無所遁形。若欲遠離密宗此二大派中觀謬說，欲於三乘菩提有所進道者，允宜具足閱讀並細加思惟，反覆讀之以後將可捨棄邪道返歸正道，則於般若之實證即有可能，證後自能現觀如來藏之中道境界而成就中觀。本書分上、中、下三冊，每冊250元，全部出版完畢。

人間佛教—實證者必定不悖三乘菩提：「大乘非佛說」的講法似乎流傳已久，卻只是日本人企圖擺脫中國正統佛教的影響，而在明治維新時期才開始提出來的說法；台灣佛教、大陸佛教的淺學無智之人，由於未曾實證佛法而迷信日本人錯誤的學術考證，錯認爲這些別有用心的日本佛學考證的講法爲天竺佛教的眞實歷史；甚至還有更激進的反對佛教者提出「釋迦牟尼佛並非眞實存在，只是後人捏造的假歷史人物」，竟然也有少數人願意跟著「學術」的假光環而信受不疑，於是開始有一些佛教界人士造作了反對中國佛教而推崇南洋小乘佛教的行爲，使佛教的信仰者難以檢擇，導致一般大陸人士開始轉入基督教的盲目迷信中。在這些佛教及外教人士之中，也就有一分人根據此邪說而大聲主張「大乘非佛說」的謬論，這些人以「人間佛教」的名義來抵制中國正統佛教，公然宣稱中國的大乘佛教是由聲聞部派佛教的凡夫僧所創造出來的。這樣的說法流傳於台灣及大陸佛教界凡夫僧之中已久，卻非眞正的佛教歷史中曾經發生過的事，只是繼承六識論的聲聞法中凡夫僧依自己的意識境界立場，純憑臆想而編造出來的妄想說法，卻已經影響許多無智之凡夫僧俗信受不移。本書則是從佛教的經藏法義實質及實證的現量內涵本質立論，證明大乘佛法本是佛說，是從《阿含正義》尚未說過的不同面向來討論「人間佛教」的議題，證明「大乘眞佛說」。閱讀本書可以斷除六識論邪見，迴入三乘菩提正道發起實證的因緣；也能斷除禪宗學人學禪時普遍存在之錯誤知見，對於建立參禪時的正知見有很深的著墨。　平實導師　述，內文488頁，全書528頁，定價400元。

喇嘛性世界—揭開假藏傳佛教譚崔瑜伽的面紗：這個世界中的喇嘛，號稱來自世外桃源的香格里拉，穿著或紅或黃的喇嘛長袍，散布於我們的身邊傳教灌頂，吸引了無數的人嚮往學習；這些喇嘛虔誠地為大眾祈福，手中拿著寶杵（金剛）與寶鈴（蓮花），口中唸著咒語：「唵．嘛呢．叭咪．吽……」，咒語的意思是說：「我至誠歸命金剛杵上的寶珠伸向蓮花寶穴之中」！「喇嘛性世界」是什麼樣的「世界」呢？本書將為您呈現喇嘛世界的面貌。當您發現真相以後，您將會唸：「噢！喇嘛．性．世界，譚崔性交嘛！」作者：張善思、呂艾倫。售價200元。

見性與看話頭：黃正倖老師的《見性與看話頭》於《正覺電子報》連載完畢，今結集出版。書中詳說禪宗看話頭的詳細方法，並細說看話頭與眼見佛性的關係，以及眼見佛性者求見佛性前必須具備的條件。本書是禪宗實修者追求明心開悟時參禪的方法書，也是求見佛性者作功夫時必讀的方法書，內容兼顧眼見佛性的理論與實修之方法，是依實修之體驗配合理論而詳述，條理分明而且極為詳實、周全、深入。本書內文375頁，全書416頁，售價300元。

實相經宗通：學佛之目的在於實證一切法界背後之實相，禪宗稱之為本來面目或本地風光，佛菩提道中稱之為實相法界；此實相法界即是金剛藏，又名佛法之祕密藏，即是能生有情五陰、十八界及宇宙萬有（山河大地、諸天、三惡道世間）的第八識如來藏，又名阿賴耶識心，即是禪宗祖師所說的真如心，此心即是三界萬有背後的實相。證得此第八識心時，自能瞭解般若諸經中隱說的種種密意，即得發起實相般若——實相智慧。每見學佛人修學佛法二十年後仍對實相般若茫然無知，亦不知如何入門，茫無所趣；更因不知三乘菩提的互異互同，是故越是久學者對佛法越覺茫然，都肇因於尚未瞭解佛法的全貌，亦未瞭解佛法的修證內容即是第八識心所致。本書對於修學佛法者所應實證的實相境界提出明確解析，並提示趣入佛菩提道的入手處，有心親證實相般若的佛法實修者，宜詳讀之，於佛菩提道之實證即有下手處。平實導師述著，共八輯，已於2016年出版完畢，每輯成本價250元。

真心告訴您（一）——達賴喇嘛在幹什麼？這是一本報導篇章的選集，更是「破邪顯正」的暮鼓晨鐘。「破邪」是戳破假象，說明達賴喇嘛及其所率領的密宗四大派法王、喇嘛們，弘傳的佛法是仿冒的佛法；他們是假藏傳佛教，是坦特羅（譚崔性交）外道法和藏地崇奉鬼神的苯教混合成的「喇嘛教」，推廣的是以所謂「無上瑜伽」的男女雙身法冒充佛法的假佛教，詐財騙色誤導眾生，常常造成信徒家庭破碎、家中兒少失怙的嚴重後果。「顯正」是揭櫫眞相，指出眞正的藏傳佛教只有一個，就是覺囊巴，傳的是　釋迦牟尼佛演繹的第八識如來藏妙法，稱爲他空見大中觀。正覺教育基金會即以此古今輝映的如來藏正法正知見，在眞心新聞網中逐次報導出來，將箇中原委「眞心告訴您」，如今結集成書，與想要知道密宗眞相的您分享。售價250元。

法華經講義：此書爲平實導師始從2009/7/21演述至2014/1/14之講經錄音整理所成。世尊一代時教，總分五時三教，即是華嚴時、聲聞緣覺教、般若教、種智唯識教、法華時；依此五時三教區分爲藏、通、別、圓四教。本經是最後一時的圓教經典，圓滿收攝一切法教於本經中，是故最後的圓教聖訓中，特地指出無有三乘菩提，其實唯有一佛乘；皆因眾生愚迷故，方便區分爲三乘菩提以助眾生證道。世尊於此經中特地說明如來示現於人間的唯一大事因緣，便是爲有緣眾生「開、示、悟、入」諸佛的所知所見——第八識如來藏妙眞如心，並於諸品中隱說「妙法蓮花」如來藏心的密意。然因此經所說甚深難解，眞義隱晦，古來難得有人能窺堂奧；平實導師以知如是密意故，特爲末法佛門四眾演述《妙法蓮華經》中各品蘊含之密意，使古來未曾被古德註解出來的「此經」密意，如實顯示於當代學人眼前。乃至〈藥王菩薩本事品〉、〈妙音菩薩品〉、〈觀世音菩薩普門品〉、〈普賢菩薩勸發品〉中的微細密意，亦皆一併詳述之，開前人所未曾言之密意，示前人所未見之妙法。最後乃至以〈法華大義〉而總其成，全經妙旨貫通始終，而依佛旨圓攝於一心如來藏妙心，厥爲曠古未有之大說也。平實導師述，共有25輯，已於2019/05/31出版完畢。每輯300元。

西藏「活佛轉世」制度—附佛、造神、世俗法：歷來關於喇嘛教活佛轉世的研究，多針對歷史及文化兩部分，於其所以成立的理論基礎，較少系統化的探討。尤其是此制度是否依據「佛法」而施設？是否合乎佛法眞實義？現有的文獻大多含糊其詞，或人云亦云，不曾有明確的闡釋與如實的見解。因此本文先從活佛轉世的由來，探索此制度的起源、背景與功能，並進而從活佛的尋訪與認證之過程，發掘活佛轉世的特徵，以確認「活佛轉世」在佛法中應具足何種果德。定價150元。

真心告訴您(二)—達賴喇嘛是佛教僧侶嗎？補祝達賴喇嘛八十大壽：這是一本針對當今達賴喇嘛所領導的喇嘛教，冒用佛教名相、於師徒間或師兄姊間，實修男女邪淫，而從佛法三乘菩提的現量與聖教量，揭發其謊言與邪術，證明達賴及其喇嘛教是仿冒佛教的外道，是「假藏傳佛教」。藏密四大派教義雖有「八識論」與「六識論」的表面差異，然其實修之內容，皆共許「無上瑜伽」四部灌頂爲究竟「成佛」之法門，也就是共以男女雙修之邪淫法爲「即身成佛」之密要，雖美其名曰「欲貪爲道」之「金剛乘」，並誇稱其成就超越於（應身佛）釋迦牟尼佛所傳之顯教般若乘之上；然詳考其理論，則或以意識離念時之粗細心爲第八識如來藏，或以中脈裡的明點爲第八識如來藏，或如宗喀巴與達賴堅決主張第六意識爲常恆不變之眞心者，分別墮於外道之常見與斷見中；全然違背 佛說能生五蘊之如來藏的實質。售價300元。

涅槃—解說四種涅槃之實證及內涵：眞正學佛之人，首要即是見道，由見道故方有涅槃之實證，證涅槃者方能出生死，但涅槃有四種：二乘聖者的有餘涅槃、無餘涅槃，以及大乘聖者的本來自性清淨涅槃、佛地的無住處涅槃。大乘聖者實證本來自性清淨涅槃，入地前再取證二乘涅槃，然後起惑潤生捨離二乘涅槃，繼續進修而在七地心前斷盡三界愛之習氣種子，依七地無生法忍之具足而證得念念入滅盡定；八地後進斷異熟生死，直至妙覺地下生人間成佛，具足四種涅槃，方是眞正成佛。此理古來少人言，以致誤會涅槃正理者比比皆是，今於此書中廣說四種涅槃、如何實證之理、實證前應有之條件，實屬本世紀佛教界極重要之著作，令人對涅槃有正確無訛之認識，然後可以依之實行而得實證。本書共有上下二冊，每冊各四百餘頁，對涅槃詳加解說，每冊各350元。

佛藏經講義：本經說明爲何佛菩提難以實證之原因，都因往昔無數阿僧祇劫前的邪見，引生此世求證時之業障而難以實證。即以諸法實相詳細解說，繼之以念佛品、念法品、念僧品，說明諸佛與法之實質；然後以淨戒品之說明，期待佛弟子四眾堅持清淨戒而轉化心性，並以往古品的實例說明，教導四眾務必滅除邪見轉入正見中，然後以了戒品的說明和囑累品的付囑，期望末法時代的佛門四眾弟子皆能清淨知見而得以實證。平實導師於此經中有極深入的解說，總共21輯，每輯300元，於2019/07/31開始發行。

修習止觀坐禪法要講記：修學四禪八定之人，往往錯會禪定之修學知見，欲以無止盡之坐禪而證禪定境界，卻不知修除性障之行門才是修證四禪八定不可或缺之要素，故智者大師云「性障初禪」；性障不除，初禪永不現前，云何修證二禪等？又：行者學定，若唯知數息，而不解六妙門之方便善巧者，欲求一心入定，未到地定極難可得，智者大師名之爲「事障未來」：障礙未到地定之修證。又禪定之修證，不可違背二乘菩提及第一義法，否則縱使具足四禪八定，亦不能實證涅槃而出三界。此諸知見，智者大師於《修習止觀坐禪法要》中皆有闡釋。作者平實導師以其第一義之見地及禪定之實證證量，曾加以詳細解析。將俟正覺寺竣工啓用後重講，不限制聽講者資格；講後將以語體文整理出版。欲修習世間定及增上定之學者，宜細讀之。平實導師述著。

解深密經講記：本經係　世尊晚年第三轉法輪，宣說地上菩薩所應熏修之唯識正義經典，經中所說義理乃是大乘一切種智增上慧學，以阿陀那識—如來藏—阿賴耶識爲主體。禪宗之證悟者，若欲修證初地無生法忍乃至八地無生法忍者，必須修學《楞伽經、解深密經》所說之八識心王一切種智；此二經所說正法，方是眞正成佛之道；印順法師否定第八識如來藏之後所說萬法緣起性空之法，是以誤會後之二乘解脫道取代大乘眞正成佛之道，尚且不符二乘解脫道正理，亦已墮於斷滅見中，不可謂爲成佛之道也。平實導師曾於本會郭故理事長往生時，於喪宅中從首七開始宣講，於每一七各宣講三小時，至第十七而快速略講圓滿，作爲郭老之往生佛事功德，迴向郭老早證八地、速返娑婆住持正法。茲爲今時後世學人故，將擇期重講《解深密經》，以淺顯之語句講畢後，將會整理成文，用供證悟者進道；亦令諸方未悟者，據此經中佛語正義，修正邪見，依之速能入道。平實導師述著，全書輯數未定，每輯三百餘頁，將於未來重講完畢後逐輯出版。

阿含經講記—小乘解脫道之修證：數百年來，南傳佛法所說證果之不實，所說解脫道之虛妄，所弘解脫道法義之世俗化，皆已少人知之；從南洋傳入台灣與大陸之後，所說法義虛謬之事，亦復少人知之；今時台灣全島印順系統之法師居士，多不知南傳佛法數百年來所說解脫道之義理已然偏斜、已然世俗化、已非眞正之二乘解脫正道，猶極力推崇與弘揚。彼等南傳佛法近代所謂之證果者皆非眞實證果者，譬如阿迦曼、葛印卡、帕奧禪師、一行禪師……等人，悉皆未斷我見故。近年更有台灣南部大願法師，高抬南傳佛法之二乘修證行門為「捷徑究竟解脫之道」者，然而南傳佛法縱使眞修實證，得成阿羅漢，至高唯是二乘菩提解脫之道，絕非究竟解脫，無餘涅槃中之實際尚未得證故，法界之實相尚未了知故，習氣種子待除故，一切種智未實證故，焉得謂為「究竟解脫」？即使南傳佛法近代眞有實證之阿羅漢，尚且不及三賢位中之七住明心菩薩本來自性清淨涅槃智慧境界，則不能知此賢位菩薩所證之無餘涅槃實際，仍非大乘佛法中之見道者，何況普未實證聲聞果乃至未斷我見之人？謬充證果已屬逾越，更何況是誤會二乘菩提之後，以未斷我見之凡夫知見所說之二乘菩提解脫偏斜法道，焉可高抬為「究竟解脫」？而且自稱「捷徑之道」？又妄言解脫之道即是成佛之道，完全否定般若實智、否定三乘菩提所依之如來藏心體，此理大大不通也！平實導師為令修學二乘菩提欲證解脫果者，普得迴入二乘菩提正見、正道中，是故選錄四阿含諸經中，對於二乘解脫道法義有具足圓滿說明之經典，預定未來十年內將會加以詳細講解，令學佛人得以了知二乘解脫道之修證理路與行門，庶免被人誤導之後，未證言證，梵行未立，干犯道禁自稱阿羅漢或成佛，成大妄語，欲升反墮。本書首重斷除我見，以助行者斷除我見而實證初果為著眼之目標，若能根據此書內容，配合平實導師所著《識蘊眞義》《阿含正義》內涵而作實地觀行，實證初果非為難事，行者可以藉此三書自行確認聲聞初果為實際可得現觀成就之事。此書中除依二乘經典所說加以宣示外，亦依斷除我見等之證量，及大乘法中道種智之證量，對於意識心之體性加以細述，令諸二乘學人必定得斷我見、常見，免除三縛結之繫縛。次則宣示斷除我執之理，欲令升進而得薄貪瞋痴，乃至斷五下分結……等。平實導師將擇期講述，然後整理成書。共二冊，每冊三百餘頁。每輯300元。

喇嘛教修外道雙身法，墮識陰境界，非佛教

弘揚如來藏他空見的覺囊派才是真正藏傳佛教

總經銷： 聯合發行股份有限公司

231 新北市新店區寶橋路 235 巷 6 弄 6 號 4F

Tel.02－2917-8022（代表號） Fax.02－2915-6275（代表號）

零售：1.**全台連鎖經銷書局：**

三民書局、誠品書局、何嘉仁書店

敦煌書店、紀伊國屋、金石堂書局、建宏書局

諾貝爾圖書城、墊腳石圖書文化廣場

2.**台北市：**佛化人生 **大安區**羅斯福路 3 段 325 號 6 樓之 4 台電大樓對面

3.**新北市：**春大地書店 **蘆洲區**中正路 117 號

4.**桃園市：**御書堂 **龍潭區**中正路 123 號

5.**新竹市：**大學書局 **東區**建功路 10 號

6.**台中市：**瑞成書局 **東區**雙十路 1 段 4 之 33 號

佛教詠春書局 **南屯區**永春東路 884 號

文春書店 **霧峰區**中正路 1087 號

7.**彰化市：**心泉佛教文化中心 南瑤路 286 號

8.**高雄市：**政大書城 **前鎮區**中華五路 789 號 2 樓（高雄夢時代店）

明儀書局 **三民區**明福街 2 號

青年書局 **苓雅區**青年一路 141 號

9.**台東市：**東普佛教文物流通處 博愛路 282 號

10.**其餘鄉鎮市經銷書局：**請電詢總經銷**聯合**公司。

11.**大陸地區請洽：**

香港：樂文書店

旺角店 :香港九龍旺角西洋菜街 62 號 3 樓

電話 : (852) 2390 3723 email: luckwinbooks@gmail.com

銅鑼灣店 :香港銅鑼灣駱克道 506 號 2 樓

電話 : (852) 2881 1150 email: luckwinbs@gmail.com

廈門：廈門外圖臺灣書店有限公司

地址：廈門市思明區湖濱南路809 號 廈門外圖書城3 樓 郵編：361004

電話：0592-5061658（臺灣地區請撥打 86-592-5061658）

E-mail：JKB118＠188.COM

12.**美國：世界日報圖書部：**紐約圖書部 電話 7187468889#6262

洛杉磯圖書部 電話 3232616972#202

13.**國內外地區網路購書：**

正智出版社 書香園地 http://books.enlighten.org.tw/

（書籍簡介、經銷書局可直接聯結下列網路書局購書）

三民 網路書局 http://www.sanmin.com.tw

誠品 網路書局 http://www.eslitebooks.com

博客來 網路書局 http://www.books.com.tw

金石堂 網路書局　http://www.kingstone.com.tw

聯合 網路書局　http:// www.nh.com.tw

附註：1.請儘量向各經銷書局購買：郵政劃撥需要八天才能寄到（本公司在您劃撥後第四天才能接到劃撥單，次日寄出後第二天您才能收到書籍，此六天中可能會遇到週休二日，是故共需八天才能收到書籍）若想要早日收到書籍者，請劃撥完畢後，將劃撥收據貼在紙上，旁邊寫上您的姓名、住址、郵區、電話、買書詳細內容，直接傳真到本公司 02-28344822，並來電 02-28316727、28327495 確認是否已收到您的傳真，即可提前收到書籍。 2.因台灣每月皆有五十餘種宗教類書籍上架，書局書架空間有限，故唯有新書方有機會上架，通常每次只能有一本新書上架；本公司出版新書，大多上架不久便已售出，若書局未再叫貨補充者，書架上即無新書陳列，則請直接向書局櫃台訂購。 3.若書局不便代購時，可於晚上共修時間向正覺同修會各共修處請購（共修時間及地點，詳閱**共修現況表**。每年例行年假期間請勿前往請書，年假期間請見共修現況表）。 4.郵購：郵政劃撥帳號 19068241。 5.正覺同修會會員購書都以八折計價（戶籍台北市者為一般會員，外縣市為護持會員）都可獲得優待，欲一次購買全部書籍者，可以考慮入會，節省書費。入會費一千元（第一年初加入時才需要繳），年費二千元。**6.尚未出版之書籍，請勿預先郵寄書款與本公司，謝謝您！** 7.若欲一次購齊本公司書籍，或同時取得正覺同修會贈閱之全部書籍者，請於正覺同修會共修時間，親到各共修處請購及索取；**台北市讀者**請洽：103 台北市承德路三段 267 號 10 樓（捷運淡水線 圓山站旁）請書時間：週一至週五為 18.00~21.00，第一、三、五週週六為 10.00~21.00，雙週之週六為 10.00~18.00 請購處專線電話：25957295-分機 14（於請書時間方有人接聽）。

敬告大陸讀者：

大陸讀者購書、索書捷徑（尚未在大陸出版的書籍，以下二個途徑都可以購得，電子書另包括結緣書籍）：

1.廈門外國圖書公司：廈門市思明區湖濱南路 809 號 廈門外圖書城 3F
郵編：361004　電話：0592-5061658　網址：http://www.xibc.com.cn/

2.電子書：正智出版社有限公司及正覺同修會在台灣印行的各種局版書、結緣書，已有『**正覺電子書**』陸續上線中，提供讀者於手機、平板電腦上購書、下載、閱讀正智出版社、正覺同修會及正覺教育基金會所出版之電子書，詳細訊息敬請參閱『正覺電子書』專頁：http://books.enlighten.org.tw/ebook

關於平實導師的書訊，請上網查閱：
成佛之道　http://www.a202.idv.tw
正智出版社 書香園地　http://books.enlighten.org.tw/

中國網採訪佛教正覺同修會、正覺教育基金會訊息：

http://big5.china.com.cn/gate/big5/fangtan.china.com.cn/2014-06/19/content_32714638.htm

http://pinpai.china.com.cn/

★ 正智出版社有限公司售書之稅後盈餘，全部捐助財團法人正覺寺籌備處、佛教正覺同修會、正覺教育基金會，供作弘法及購建道場之用；懇請諸方大德支持，功德無量。

★ 聲　明 ★

本社於 2015/01/01 開始調整本目錄中部分書籍之售價，以因應各項成本的持續增加。

＊ 喇嘛教修外道雙身法、墮識陰境界，非佛教 ＊

＊ 弘揚如來藏他空見的覺囊派才是真正藏傳佛教 ＊

售後服務—換書啓事（免附回郵）　2017/12/05

《楞伽經詳解》第三輯初版免費調換新書啓事：茲因 平實導師弘法早期尚未回復往世全部證量，有些法義接受他人的說法，寫書當時並未察覺而有二處（同一種法義）跟著誤說，如今發現已將之修正。茲爲顧及讀者權益，已開始免費調換新書；敬請所有讀者將以前所購第三輯（不論第幾刷），攜回或寄回本公司免費換新；郵寄者之回郵由本公司負擔，不需寄來郵票。因此而造成讀者閱讀、以及換書的不便，在此向所有讀者致上萬分的歉意，祈請讀者大眾見諒！

《楞嚴經講記》第 14 輯初版首刷本免費調換新書啓事：本講記第 14 輯出版前因 平實導師諸事繁忙，未將之重新閱讀而只改正校對時發現的錯別字，故未能發覺十年前所說法義有部分錯誤，於第 15 輯付印前重閱時才發覺第 14 輯中有部分錯誤尚未改正。今已重新審閱修改並已重印完成，煩請所有讀者將以前所購第 14 輯初版首刷本，寄回本公司免費換新（初版二刷本無錯誤），本公司將於寄回新書時同時附上您寄書來換新時的郵資，並在此向所有讀者致上最誠懇的歉意。

《心經密意》初版書免費調換二版新書啓事：本書係演講錄音整理成書，講時因時間所限，省略部分段落未講。後於再版時補寫增加 13 頁，維持原價流通之。茲爲顧及初版讀者權益，自 2003/9/30 開始免費調換新書，原有初版一刷、二刷書籍，皆可寄來本公司換書。

《宗門法眼》已經增寫改版爲 464 頁新書，2008 年 6 月中旬出版。讀者原有初版之第一刷、第二刷書本，都可以寄回本公司免費調換改版新書。改版後之公案及錯悟事例維持不變，但將內容加以增說，較改版前更具有廣度與深度，將更能助益讀者參究實相。

換書者**免附回郵**，亦無截止期限；舊書請寄：111 台北郵政 73-151 號信箱 或 103 台北市承德路三段 267 號 10 樓 正智出版社有限公司。舊書若有塗鴨、殘缺、破損者，仍可換取新書；但缺頁之舊書至少應仍有五分之三頁數，方可換書。所有讀者不必顧念本公司是否有盈餘之問題，都請踴躍寄來換書；本公司成立之目的不是營利，只要能眞實利益學人，即已達到成立及運作之目的。若以郵寄方式換書者，免附回郵；並於寄回新書時，由本公司附上您寄來書籍時耗用的郵資。造成您不便之處，再次致上萬分的歉意。

正智出版社有限公司 啓

換書及道歉公告

《法華經講義》第十三輯，因謄稿、印製等相關人員作業疏失，導致該書中的經文及內文用字將「**親近**」誤植成「清淨」。茲為顧及讀者權益，自 2017/8/30 開始免費調換新書；敬請所有讀者將以前所購第十三輯初版首刷及二刷本，攜回或寄回本社免費換新，或請自行更正其中的錯誤之處；郵寄者之回郵由本社負擔，不需寄來郵票。同時對因此而造成讀者閱讀、以及換書的困擾及不便，在此向所有讀者致上最誠懇的歉意，祈請讀者大眾見諒！錯誤更正說明如下：

一、第 256 頁第 10 行~第 14 行：【就是先要具備「**法親近處**」、「**眾生親近處**」；法**親近**處就是在實相之法有所實證，如果在實相法上有所實證，他在二乘菩提中自然也能有所實證，以這個作為第一個**親近**處——第一個基礎。然後還要有第二個基礎，就是瞭解應該如何善待眾生；對於眾生不要有排斥或者是貪取之心，平等觀待而攝受、親近一切有情。以這兩個**親近**處作為基礎，來實行其他三個安樂行法。】。

二、第 268 頁第 13 行：【具足了那兩個「**親近處**」，使你能夠在末法時代，如實而圓滿的演述《法華經》時，那麼你作這個夢，它就是如理作意的，完全符合邏輯去完成這個過程，就表示你那個晚上，在那短短的一場夢中，已經度了不少眾生了。】

正智出版社有限公司 敬啓

國家圖書館出版品預行編目(CIP)資料

佛藏經講義 / 平實導師述著. -- 初版.
-- 臺北市 : 正智, 2019.07
面 ; 公分
ISBN 978-986-97233-8-1(第一輯;平裝)
ISBN 978-986-98038-1-6(第二輯;平裝)
ISBN 978-986-98038-5-4(第三輯;平裝)
ISBN 978-986-98038-8-5(第四輯;平裝)
ISBN 978-986-98038-9-2(第五輯;平裝)
ISBN 978-986-98891-3-1(第六輯;平裝)
ISBN 978-986-98891-5-5(第七輯;平裝)
ISBN 978-986-98891-9-3(第八輯;平裝)
ISBN 978-986-99558-0-5(第九輯;平裝)
1.經集部
221.733　　108011014

佛藏經講義——第九輯

著　述　者：平實導師
音文轉換：蔡正利　黃昇金
校　　對：章乃鈞　陳介源　孫淑貞　傅素嫻　王美伶
出　版　者：正智出版社有限公司
電話：〇二 28327495　28316727（白天）
傳眞：〇二 28344822
111 台北郵政 73-151 號信箱
郵政劃撥帳號：一九〇六八二四一
正覺講堂：總機〇二 25957295（夜間）
總　經　銷：聯合發行股份有限公司
231 新北市新店區寶橋路 235 巷 6 弄 6 號 4 樓
電話：〇二 29178022（代表號）
傳眞：〇二 29156275
初版首刷：二〇二〇年十一月三十日　二千冊
定　　價：三〇〇元